蔣介石、張學良與北洋軍閥

臧卓回憶錄

臧卓——原著　蔡登山——主編

蔣介石

馮玉祥

蔣介石

馮玉祥

馮玉祥

陳銘樞

張智中

唐生智

閻錫山

陳誠

胡宗南

張作霖

張學良

蔣百里

韓復榘

目次

導讀　臧卓和他的回憶錄

蔡登山

最早記得臧卓的名字，是看了上海家族研究專家宋路霞女士，採訪孫曜東而寫成的回憶錄《浮世萬象》（二〇〇四年，上海教育出版社）。該書其中有一節寫到〈張伯駒一品香酒店搶潘妃〉，張伯駒何許人也？他和末代皇帝溥儀的族兄溥侗、袁世凱的次子袁寒雲、奉系軍閥張作霖之子張學良，並稱「四公子」。張伯駒除是著名的詩詞學家外，還集鑑賞家、書畫家、京劇藝術研究者等身分於一身。

孫曜東說：「張伯駒早年曾有過兩位太太，一位是封建家庭父母給作主的，一位開頭關係還好，由於志趣不同，日久也就乏味了。他最鍾情的、並與之相攜到老的是第三位太太——後來成為著名青綠山水畫家的潘素女士。潘素女士，大家又稱她為潘妃，蘇州人，彈得一手好琵琶，曾在上海西藏路汕頭路路口『張幟迎客』。初來上海時大字認不了幾個，但人出落得秀氣，談吐不俗，受『蘇州片子』的影響，也能揮筆成畫，於是在五方雜處、無奇不有的上海灘，曾大紅大紫過。依我看，張伯駒與潘素結為伉儷，也是天作一對，因為潘素身上也存在著一大堆不可理解的『矛盾性』，也是位『大怪』之人。那時的『花界』似乎也有『分工』，像含香老五、吳嫣等人，接的客多為官場上的人，而潘妃的客人多為上海白相的二等流氓。紅火的時候天天有人到她家『擺譜兒』，吃『花酒』，客人們正在打牌或者吃酒，她照樣可以出堂差，且應接不暇。那時有些男人喜歡『紋身』，即在身上刺花紋，多為黑社會的人，而潘妃的手臂上也刺有一朵花……最終她的『內秀』卻被張伯駒開發了出來。」

孫曜東又說：「張伯駒在鹽業銀行任總稽核，實際上並不管多少事，整日埋頭於他的書畫收藏和京劇、詩詞，每年到上海分行查賬兩次，來上海就先找我。其實查賬也是做做樣子的，他來上海只是玩玩而已。既然來玩，也時而走走『花界』，結果就撞上了潘妃，兩人英雄識英雄，怪人愛怪人，一發而不可收，雙雙墜入愛河。張伯駒第一次見到潘妃，就驚為天女下凡，才情大發，提筆就是一副對聯：『潘步掌中輕，十步香塵生羅襪；妃彈塞上曲，鞦胡語入琵琶。』不僅把『潘妃』兩個字都嵌進去了，而且把潘妃比作漢朝的王昭君出塞，把她擅彈琵琶的特點也概括進去了，聞者無不擊掌歡呼。可是問題並非那麼簡單，潘妃已經名花有主，成為國民黨的一個叫臧卓的中將的囊中之物，而且兩人已經到了談婚論嫁的程度，誰知半路殺出了個張伯駒。潘妃此時改口，決定跟定張伯駒，而臧卓豈肯罷休？於是臧把潘妃『軟禁』了起來，在西藏路漢口路的一品香酒店租了間房把她關在裡面，不許露面。

潘妃無奈，每天只以淚洗面。而張伯駒此時心慌意亂，因他在上海人生地不熟，對手又是個國民黨中將，硬來怕惹出大亂子，他只好又來找我。我那時候年輕氣盛，為朋友敢於兩肋插刀。趁天黑我開出一輛車帶著伯駒，先到靜安寺路上的靜安別墅租了一套房子，說是先租一個月，因為那兒基本都是上海灘大老爺們的『小公館』，來往人很雜，不容易暴露。然後驅車來一品香，買通了臧卓的衛兵，知道臧不在房內，急急衝進去，潘妃已哭得兩眼桃子似的。兩人顧不上說話，趕快走人。我驅車把他倆送到靜安別墅，對他們說：『我走了，明天再說。』其實明天的事伯駒自己就有主張了：趕快回到北方，就算沒事了。」

當時臧卓是國民黨的一位中將，潘素差一點成為他的壓寨夫人，幸虧孫曜東即時救出，終於成為張伯駒夫人，也成為一位著名畫家，當今名作家章詒和女士還跟過潘素學過畫。試想潘素當時若成為臧卓將軍夫人，則她的一切歷史將改寫了。

對於臧卓我當時的瞭解僅止於此，後來才知道臧卓晚年在香港而且改名為臧勺波。那是在朱子家（金雄白）的《汪政權的開場與收場》第一冊篇末，金雄白寫有一篇贅言，提到：「本書在寫作與編印中，承讀者給我的指正，姚立夫先生對我的協助，顏加保先生、臧勺波先生、汪希文先生，以及不願發表姓名的若干朋友們，供給了我寶貴的資料與圖片，伍爰女士為我讎校，吳漱溟先生為我署簽，在此一併表示我衷心的謝意。」這讓我將臧卓與臧勺波的名字連接起來，之後根據我蒐集的資料並參考唐張新編著的《建湖將軍譜》，得出一簡單的生平簡介。

臧卓（一八九〇年生，一九七五年歿）其名一作臧焯（《臧氏家譜》），字勺波，筆名一勺，江蘇鹽城人。父親是個窮秀才，屢試不第，只得在邑中設館教書。臧卓幼時習經史，擅辭章之學。清光緒二十六年（一九〇〇年），他十一歲時在私塾讀書，旨在博取科名，適科舉廢止，稍長到南京考入陸軍，先後在陸軍小學、陸軍中學共五年。辛亥那年他正屆陸軍中學畢業，參加武昌起義，南北統一後，他在北京參謀本部當第五局（管戰史）科員，但不久辭職入保定陸軍軍官學校繼續讀書，深受校長蔣百里賞識。民國三年上學期，在保定軍校畢業後，分發到江蘇馮國璋那裡做見習軍官候補排長，六個月期滿後，又回到北京。後到北京高等師範（即後來的師範大學，在北京琉璃廠廠甸）當地理教員，講地球投影及中國兵要地理。

民國十三年，臧卓調任陸軍部少將機要科長，後受南方革命影響和軍校同學之招，悄然南下，參加國民革命軍。民國十六年，任職武漢衛戍司令部。北伐期間，他先後在陳銘樞的第十一軍和唐生智的第八軍任參謀長。民國十九年，唐生智組織「護黨救國軍」進行第二次武裝反蔣失敗後，臧卓隱寓於上海，時常在《新聞日報》上發表對時局的主張，蔣介石閱後頗有讚賞，特地召見，意在籠絡。蔣介石問其是否與唐生智脫離關係，臧卓答以「關係脫離，感情還在」，為蔣介石所忌，未予重用。其間，臧卓就個人戎馬生涯作了筆憶，著成

《萬里征驂錄》，「辭含珠璣，時譽甚隆」。後來唐生智就任陸軍訓練總監，臧卓應唐生智之招，就任中將訓練所長。民國二十六年「八一三」事變後，國民政府西遷，唐生智留守南京，臧卓在城防設施方面多所建言，並為唐生智所倚重。南京失守後，臧卓隨軍退至武漢。不久，臧卓悄然折回上海。臧卓與汪精衛私交甚篤，民國二十九年汪偽南京政府成立，臧卓亦落水當了漢奸，先後任軍事委員會委員，軍委會第二廳、第一廳廳長、點編委員會主任委員，點編華中和平軍四十餘萬，最後調任蘇北行營主任，統轄兩個集團軍，計十三個師，號稱十萬人之眾（實際七萬餘人），清剿盤據蘇北之新四軍。後因汪偽政權內鬨，被以「清剿共不力」之名解職。

抗戰勝利後，臧卓潛居香港，以教書為生，開始以私家教讀為主，學生之中，分為研究與補習兩種。後於民國四十七年入聯合書院，講授「詩學通論」，後又教「斷代史」、「專書選讀」、「駢文選讀」，也擔任過「詩詞選」、「左傳」、「荀子」、「莊子」、「老子」等課，從聯合書院到後來改組為聯大，前後擔任教職有十四年之久。在光夏書院教書則前後兩年，因後來學校關門而作罷。在遠東書院則勉強教了一個月。臧卓幼時習經史，擅辭章之學。雖為武人，但學識淵博，晚年能在書院教詩詞及國學課程，可見其文史功力，至於文筆粲然更為其餘事。其所著《我在蔣介石與汪精衛身邊的日子》這本回憶錄就是一九七〇年一月起在香港《春秋》雜誌連載，原名《蔣汪與我》，但並未結集成書，這是他晚年的回憶錄，刊登時就一紙風行。

作者是國民政府的中將，參加北伐，對當時的各路軍閥都相當熟稔。曾以「射陵外史」寫有〈北洋成敗縱橫談〉數萬字長文（已收入「獨立作家（秀威資訊）」出版的《北洋軍閥：潰敗滅亡》），鞭辟入裡，允為公論，讀者稱頌。

《臧卓回憶錄——蔣介石、張學良與北洋軍閥》一書則細寫蔣介石與馮玉祥、閻錫山的離合，張作霖與張學良父子，唐生智與蔣介石之間的叛離與復合再叛離的經過。尤其作者是唐生智手下的大將，對民國十九年，唐生智組織「護黨救國軍」進行第二次武裝反蔣失敗，箇中內情有多所著墨，此是外界所難以得知者。另外作者出身於保定軍校一期，因此有長文敘寫保定軍校的校史，及後來出身於保定的名將每人的出處，是極為珍貴的史料。

本書在作者生前並未結集成書，編者就其所刊登於老舊雜誌的文章，依類編次而成，是作者親歷親聞卻雪藏數十年而首度出版的重要著作。此書是臧卓繼《我在蔣介石與汪精衛身邊的日子》後，又一精彩珍貴的回憶錄。

蔣介石與馮玉祥之離合

羅貫中三國演義的開場白，是：「話說天下大勢，分久必合！合久必分！」的確，這已成為古今政局不易的範型。但是為甚麼非走這條道不可呢？這當然是人事問題，即令「天下英雄入我彀中」，亦有「安能盡如人意」之憾。書云：「終始實難！」離合之間，豈無故哉！

民國以來，北洋軍閥之離離合合，姑置不論。自民十六北伐以還，蔣先生以國民革命軍總司令，兼顧第一集團軍，為唯一之領袖；在南方之唐生智、李宗仁，先後領第四集團軍；而武漢再變，粵桂終歧，漯河興戎，金陵效命；不獨離合無端，亦覺恩仇莫喻。其在北方，則第三集團軍之閻錫山，與第二集團軍之馮玉祥；一則以老成練達，終不免泰岱之鏖兵；一則以詐巧沽名，更時見參辰之迭轉。尋至干戈莫靖，齮齕多端，安內無方，慘勝滋痛；潢池盜熾，區夏淪胥，東溟之正朔雖存，海右之驛騷彌甚；詩人所謂：「漢國河山在，秦陵樹木深；暮雲千里色，無處不傷心！」緬懷往跡，一二領袖之離合，顧不重耶！

徐州初會

在北代進展期間，吳佩孚敗竄於四川；孫傳芳乞靈於奉馬；奉張亦自審形勢，弢弓捲甲，待機東歸；北方殘存之灰色軍閥中，只餘一負固三晉之閻錫山，與睥睨中原之馮玉祥耳。此時閻馮於革命軍雙方皆互相爭取，互有需求；惟在收復黃、淮之始，閻錫山尚按兵未動；而馮玉祥已進兵鄭州，沿隴海路東下；故蔣馮結合，較先於閻；本文先從民十六夏至至翌年春，蔣馮初次在徐州會面，及鄭州會師說起：

自民十六北伐軍於皖贛肅清，京滬底定；旋即長驅北進，佔領徐州。在徐州的下一步驟，便輪到繼續北伐以及山東、河北各問題了。蔣先生即電達馮玉祥，請其來徐會議。蔣氏對馮，禮貌上特別親切；於馮東來之前，自乘專車，西行至隴海鐵路黃口站（在徐州西數十里，江蘇碭山與河南永城交界處）相迎迓；馮車到達，即入蔣車同抵徐州。當即假座徐州東門大街花園飯店舉行盛大的宴會。赴宴的有南京方面李烈鈞、胡漢民、吳稚暉等各要人。跟著大家推請馮氏發言，馮云：「直奉的軍閥吳佩孚、張作霖、每說南北雙方的赤化頭子，是蔣介石和馮玉祥；其實我們何嘗赤呢！我們的赤，是赤心、赤膽、赤手，為著赤子們去革命；他們想殺我們，就給我們一頂赤帽子戴上。這次第一集團軍北伐的功勞，我甚欽佩。……」以下一套客氣恭維話從略。繼由吳稚暉說：「今天在這裡，可說是紫氣東來」云云。吳稚暉的話說過了，蔣氏從身上取出一張預擬的通電全國文告，大意是繼續北伐，貫徹革命宗旨；立即由蔣馮兩氏簽名於上。當然他們在車上已經談過不少了。是晚蔣即由津浦路南下返京，馮亦同時由隴海路西行去開封了。這是蔣馮第一次見面初相認識的經過。

蔣氏下野

這以後不久，就發生蔣先生下野問題。蔣之下野，當然有其內在原因；但據馮玉祥口授其夫人李德全筆記，謂因槍斃第十軍軍長王天培問題；這當然是揣測之辭。在這裡且先補敘述一下王案經過：

王天培字植之，保定第一期畢業，貴州省人，原係黔（貴州）軍總司令袁祖銘部下。袁在常德，被唐生智部下軍長周爛招宴計殺，天培時駐紮宜昌，未及於難。後被任為國民革命軍第十軍軍長，參加北伐，輾轉作戰，克復徐州，駐守現地。當蔣馮徐州會議後不多日，孫傳芳得到奉張的支持，突率軍反攻徐州，天培敗退，徐州失守，蔣氏一怒將王天培正法。這事在表面上看來，沒有甚麼；革命軍本有連坐法，未經奉命而退，應當如此法辦。不過從另一方面嚴格的講，此事最大遺憾，是未合軍法手續；王究係高級將領，理應經過高級軍法會審；即或判處死刑，亦應宣布罪狀，方可執行。王之失守徐州，有無別情？其部將有無直接責任，應否同罪？論者以為皆應有澈底明瞭之必要。（按：王天培案發生不久，在蔣氏赴日期間，又有槍斃第十四軍軍長賴世璜事發生，亦未照軍法手續辦理，論者冤之。第十四軍，即熊式輝所接統之第五師也。）

據馮玉祥紀述：「蔣之辭職，係因三案動搖了其餘諸將領的信心，有人人自危之感。紛紛異議，恐引起別項支節。」又說：「當時吳稚暉知道蔣要去職，就私人召集一次巨頭談話；到的是第一軍長何應欽，第七軍長李宗仁，總部參謀長白崇禧。吳稚暉表示，大家不能使蔣氏就此辭職。吳坐下，諸人各皆發言，情況都不佳；至此李石曾向吳耳邊小語，吳即隨李退出，這個談話會就無結果而散。過不幾天，蔣氏就由奉化實行赴日本去了。」

南中無主

以上馮氏所述，雖或有偏私；而事實是：自從吳稚暉那次談話會，大家無所表示，蔣亦暫息仔肩。可是北方殘餘軍閥，以為革命軍內部，既多磨擦，南京又復空虛，大可蹈瑕乘隙，捲土重來。這時孫傳芳乃自徐州發動反攻，以其殘存蘇北部隊，突由江北向鎮江迤西之龍潭渡江，預備襲擊南京；幸由何應欽、白崇禧在孫部立足未定之時，分別指揮第一、第七兩軍，猛力夾擊；長江兵艦，亦能當機協同作戰；孫部進則死於陸，退則死於江，傷亡慘重，筆難罄述。孫傳芳由是退返徐州，爾後雖復託廕山東之張宗昌，並曾參加閻馮反蔣之役，終未得再履江南一步。而南京於蔣氏退職期間，幸獲轉危為安，何、白之功！誠不可沒。

當孫傳芳窺伺江南之際，同時張宗昌發動自曹州向河南之蘭封進擊，張作霖亦由河北，南向攻入豫境。馮氏正駐在鄭州，鑒於眼前形勢，認為大敵當前，南中無主，自審尚非奉張之敵。乃即電達閻錫山，主張請蔣氏回國，統率第一集團軍，並可將其自領之第二集團軍，亦由蔣氏來指揮；以此徵求閻氏之同意。閻當即覆電：謂：「來電大公無私，我願聯署我名。」

義結金蘭

蔣氏既得閻馮之擁護，回國後，即先召集第一軍的三位師長——劉峙、錢大鈞、顧祝同到滬，授以機宜，隨即到京復職，並調任第一軍軍長何應欽為總司令部參謀長。蓋此時李宗仁之第七軍與程潛之第六軍，已進逼東下之唐生智，西取武漢矣。

這年八月（民十六年），馮氏打敗張宗昌進襲豫東的部隊約二萬多人，並俘獲鋼甲車及軍需物品無算，豫局大定。蔣電馮擬親至鄭州晤面，並經先託馬福祥、劉天齡到鄭，對馮述明蔣氏此來除勞軍外，兼要與馮結拜為盟兄弟，馮表示同意。如此往復接洽，於民十七年二月，蔣馮氏作第二次之會晤。

這一次會晤，因為結盟的關係，格外顯示有嚴肅親切的氣氛。蔣到鄭州後，就對著馮親筆寫了一份蘭譜，馮亦寫了。馮長蔣五歲為譜兄，蔣氏為弟。蔣的盟辭為：「安危供仗，甘苦同嘗；海枯石爛，死生不渝。」自不失領袖的口吻。馮的盟辭是：「結盟真意，是為主義；碎屍萬段，在所不計。」這也看出馮氏能以半文半野的聲調，引人入勝之處。這兩份蘭譜，頗有歷史價值。

一段對話

兩人交換蘭譜的時候，相互拜了四拜，完成簡單而隆重的儀式。跟著還有一段嚴正的談話。蔣云：「我們既成了無話不談的朋友，希望有甚麼話，予以指教！」馮即對蔣說：「老百姓是我們的主人，老百姓歡喜的事，我們做。老百姓不歡喜的事，我們不要做！」蔣又客氣的說：「大哥還有甚麼話沒有？」馮答：「如果我們能實行剛才我說的話，我們就能實行中山先生的三民主義。你若再問我，我就告訴你，我們要與士兵同甘苦。兵不吃，我們不要吃。兵不穿，我們不要穿。你若能實行這些話，我們革命一定成功的。」蔣又說：「好！我們一定這樣做！」這就是當時經過的情形。

我們在這裡看出：當時蔣先生為了完成革命的需要，對於加入陣營的馮玉祥，是如何謙虛、委曲、真誠、和厚去結納！不惜徇世俗結義之方，為團結新人增強實力之舉。這一派為國為民雍容和洽的談話，又是如何令人興奮感嘆！馮玉祥在北洋老家，要算一位「潑婦」。他一嫁再嫁、四、五嫁，嫁入了革命軍這一新的大家庭。正在賣弄聰明，施出渾身解數，以邀歡於新姑嫜妯娌之前。其神氣活現，不啻王熙鳳之於大觀園也！孔子曰：「晏平仲，善與人交，久而敬之。」這「久而敬之」的態度，談何容易！這一場結拜的喜劇，且留為他日離合的對照吧！

蔣先生與馮玉祥徐州初面，和鄭州結盟；要算是南北兩巨頭最融洽的時期，也是北伐進展中最祥和的節目。但是馮在北洋過去的歷史：武穴獨立、成都叛陳（成武將軍陳宧字二厂），反段（祺瑞）、反曹（錕）吳（佩孚）；素有倒戈將軍之名。他雖夠不上梟雄，大可謚之為「梟棍」。他於北洋沒落之餘，毅然參加革命，挾國民第一、二、三軍之勢，苦攻西安，東下鄭雒；以為吳佩孚西遁巴蜀，閻百川閉關自守，張作霖釜底之魚，南蔣北馮，殆成定局。故在徐州席上，有南北二赤之言，已隱示有中分天下之意。其結歡蔣氏，蓋欲借革命招牌，以統馭北方，非真有愛於蔣也。後此稍不如願，自然日見齟齬，離離合合，合而終離，意中事也。

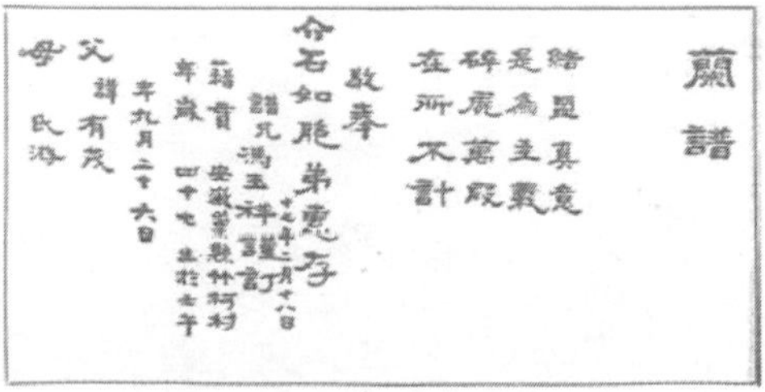
蘭譜
結盟真意 是為主義 碎屍萬段 在所不計
敬奉
介石如胞弟惠存
譜兄馮玉祥謹訂 十六年六月廿六日
籍貫 安徽巢縣竹柯村
年歲 四十七
父諱有茂 母游氏

蔣馮結義當時，譜兄馮玉祥手寫的蘭譜。

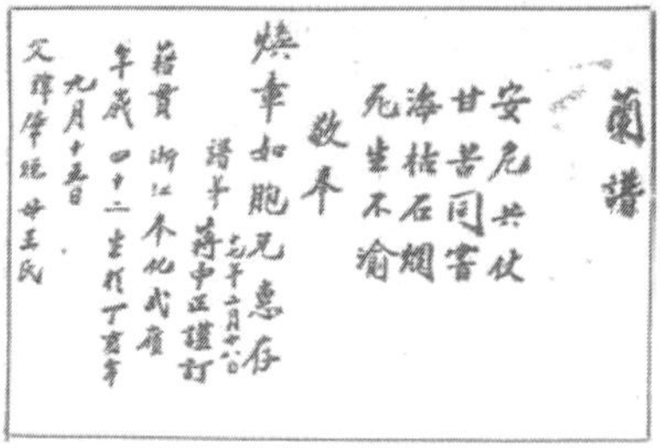
蘭譜
安危共仗 甘苦同嘗 海枯石爛 死生不渝
敬奉
煥章如胞兄惠存
譜弟蔣中正謹訂 十六年六月廿六日
籍貫 浙江奉化武嶺
年歲 四十一

蔣馮結義當時，譜弟蔣中正的蘭譜。

結歡蔣氏

在民十六、七年間，馮氏立足未穩，又見南方內部分歧，他是比較傾向蔣先生的。所以他在西安拒絕唐生智代表之說項；在鄭州拒絕武漢政府之倒蔣；又曾聯閻電請蔣氏復職。凡此具見其有結歡蔣氏之心，同時實亦啟其輕蔑黨人之漸。據馮氏所記〈我與蔣介石〉一段內載：「一九二七年（民十六）到了西安，有唐生智的代表來說：『唐的意思，張作霖、吳佩孚是舊軍閥，蔣是新軍閥。舊的是腐敗，容易打；新的是以主義來騙人，不容易打。若打他要現在打，不能等北伐成功以後再打。』我對他說：『這裡西安，被我部圍攻了八個月，餓死三萬人，始將吳佩孚下面的督軍劉鎮華驅出潼關去。我這國民第二、三兩軍是疲乏了，國民第一軍，自從南口敗仗之後，行軍幾千里，人員、馬匹、器械，尚急待補充。現在吳佩孚在河南鞏縣有兵工廠，張作霖還有部隊在河南信陽。若是我們革命的軍隊先行自己打自己，那將來不堪設想。』那位代表很耐煩的、細細說了蔣之如何專制獨裁。我說：『你說的很對，不過大敵當前，我們先打正面的敵人，斷不可自己殺起來。』那位朋友很失意的繞道返湖北去了。但臨走又留給我一信，說：『蔣介石的獨裁，若不在這時把他打倒，他將來會把你打倒』！」（按：以上一段文字，均係照錄馮的筆記，這時馮蔣尚未見面，馮的說話，總算還能顧全大局。）

鄭州之會

在民十六年夏，武漢獨立、鄭州會師的時候。馮氏又記：「又在同年，直系吳佩孚軍及東北張作霖軍各退出河南之後，鄭州會師時，我也到了，看見武漢方面黨政要員汪精衛、孫科、唐生智、鄧演達、顧孟餘、徐謙、張發奎、王法勤等，並好些國民黨人，大家很多激烈的反對蔣氏的獨裁。我再三說，張作霖在北邊，吳佩孚到四川，無論如何，不要自己打，忘記了敵人。好多位來的人，也有同意我的話，也有不贊成的，並且有人說我已勾結好了蔣介石。這些人本定多住一兩天的，那天早上忽然掛車要走了，我就上車站去送他們，只同他們講兩三句話，就離鄭州開車了。又鄧演達是蔣介石自兼第一集團軍總司令的政治部主任，他到河南，我陪同他到鞏縣兵工廠去集合工人聽他演說。我和鄧是初次見面，那時我和蔣尚未見過，他們都是廣東出來的。但他的演說，竟也直說蔣介石是孫中山先生的叛徒。他們究竟怎麼內容，我也弄不清楚。旁邊有一位我的朋友叫劉伯堅（按：劉後來是馮的政治部主任，迨二十六路軍寧都降共後，任軍政治部主任），他對我說，鄧氏說的都是實話。還有一位朋友說，要是革命軍自己打起來，張作霖、吳佩孚、孫傳芳都高興了。」（按：以上文字，亦係照錄。）

馮的算盤

從上面馮的記載看起來，他對武漢方面攻擊蔣先生的部分，盡情揭露；而對他自己，除力示公正外，頗多規避閃爍之辭。實在那一次鄭州會議（民十六年六月十日，是會議不是會師），還有許多決議案，茲錄如下：（一）武漢反共，但不放棄倒蔣（汪精衛提出「驅共倒蔣」的口號）。（二）唐生智所部軍隊，全部由湖南集中武漢，以鎮壓武漢方面共產黨行動（這就是後來東下攻寧的張本）。（三）河南軍事，全由馮玉祥的西北軍擔任。（四）由國府（當時的武漢政府）明令發表馮玉祥兼河南省政府主席。這就是武漢方面要拉攏馮氏共同反蔣的手段。可是，寧漢如在南方打起來，北伐便要停頓，奉張乃會反攻的。到那時候，馮在河南，當然成孤立的形勢。所以馮在是年六月十四日派李鳴鐘到南京謁蔣，主張一致反共，繼續北伐，促進寧漢合作諸問題。跟著就有徐州蔣馮之晤面。根據馮的自述，還說那一次徐州之行，蔣方也希望他幫同打武漢，被他拒絕了。總之，馮氏在這一段混亂期間，最初是共產黨以為他是可幫共方的一枝力量，且可代表農民利益的。後來漢方反共反蔣，就希望他幫同倒蔣。而寧方最少也希望他不與武漢合流。他就針對著這種情勢，冠冕堂皇的幾句話，大玩其手法！於是，成為各方爭取的人物了。

翻雲覆雨

民十六年初夏，武漢獨立，本來是以共黨為主體的。後來京滬首先清黨，武漢亦有反共趨勢，就在六月下旬，中共中央奉了第三國際命令，決定了如下的幾項重要措施：（一）消滅現在不可靠的將領。（二）武裝二萬共產黨員，再由湖南挑選五萬工農份子，組織新軍隊。武漢政府知道共方這一重大決策，一班親共者開始覺悟，以為這違反了容共政策的基本精神。就在七月十五日，舉行清黨會議，決定封閉共黨所操縱的農工組織，逮捕大批共產份子。並在二十七日，將蘇聯政治顧問鮑羅廷，軍事顧問加倫將軍，驅逐回國。這時候寧漢雙方，皆已清黨，似乎可以合併了。然而漢方仍堅持著要倒蔣，因此，遂又使馮玉祥有了賣弄的機會。

在寧漢分立難解難分的時候，馮玉祥就向平素不滿意蔣氏的多方面，出了主意。他說：現在最要緊是統一革命的力量。就提議「蔣汪同時下野，以促成寧漢合流。」那時南京方面，軍事上有大力者，除蔣先生外，要算何應欽、李宗仁輩。就顧慮到蔣氏去職，其嫡系部隊無人統率。其中即有人拍胸說：「可無亂子。」同時由武漢東下反蔣的唐生智部隊，何鍵一軍已到安慶；劉興一軍已過蕪湖。蔣知道形勢不利，就在八月十二日夜車離京，十五日發表辭職宣言，動身到日本去了。這是蔣氏下野的正面原因。前文所引馮氏認為蔣先生那次下野是因槍斃第十軍軍長王天培，以致動搖諸將領信心的說法，未免是馮用側面的枝節，張大其辭，以掩飾其陰謀。據筆者所聞，王天培與賴世璜之被殺，皆何應欽代帥時事也。蔣先生下野後，馮又聯閻電請復職，以示好於蔣。正見馮之狐狸揹、翻雲覆雨之技倆也！

濟南慘案

蔣氏復職後，民十七年繼續北伐。蔣的部隊，由津浦鐵路正面北進。馮玉祥指揮津浦路迤西平漢路之間曹州濟寧一帶的部隊。蔣部繆培南、賀耀祖、方振武等軍同時前進，直搗濟南。孫傳芳、張宗昌恐我斷其北退之路，乃即率其殘部退出濟南，向德州以北退卻。蔣與黃郛（膺白）先到濟垣，正發電促馮到濟會商，馮亦由開封到徐州。這時革命軍就與濟南日本軍發生衝突，即所謂六三慘案。日人無端啟釁，意欲阻我北伐之師。殘殺蔡公時，扣留黃膺白，同時蒙難者甚多。蔣先生即退至黨家莊，並電馮以「發生事故不必前來。」馮覆電謂「既出了大事，雖有危險，我決定前來。」（此電係由泰安車站發出）。結果馮乘津浦北上車到黨家莊車站晤見蔣先生及黃郛。據馮氏自述：「那時我們找到回教的禮拜堂裡開會議，蔣問我云：『事到如此，怎麼辦？』我就說：『在這種情形之下，日本人以為我們革命軍勝利，是有礙日人侵略野心，他們是決心要和我們挑戰。我主張在沒有別的辦法中，我們用革命的力量，先將在那裡的日本人俘虜了再說。要說怕出甚麼大事，我覺得我們革命就是大事，甚麼事情都不管。』一再商討的決定，是把濟南問題擱著，不管這塊地方。我們的軍隊，打到北京去，除了軍閥，再對付日本。我就說：『你有這樣的忍耐力，我也贊成』。」

（按：以上文字，亦係照錄。）

照馮的說法，也不過是快心之論，並非謀國之言。當然這一次蔣先生的主張，甚為正當。既打破日人阻撓革命之計，又免軍閥有死灰復燃之機。雙方意見，雖有參差，然到此為止，蔣馮之間，尚無顯著的不快。自此以後，接觸既多，磨擦愈甚。或心懷怨望，或退有後言。勾心鬥角，劍拔弩張，積年累月，蔣馮之間，蓋無日不在猜疑隔閡中也。

馮不及閻

自民十七年六三慘案發生，既決定暫行放棄佔領濟南，及略取魯東計劃；而北渡黃河，直下平津。於是，蔣先生回南京坐鎮。中央部隊，一面沿津浦線繼續北進；一面命徐州行營主任何成濬耑赴天津，進行策反工作，以收編天津外圍之各部隊。首先張（宗昌）、褚（玉璞）餘部徐源泉以李徵五關係（李為辛亥光復軍統領，自大連招撫張宗昌為團長。徐本第九鎮士官，任張團團附），在天津反正。跟著又收編孫（傳芳）部上官雲相等部隊。時東北因張作霖退出平津，遭皇姑屯之變，拒張宗昌於榆關。白崇禧又以李品仙、廖磊各師，進駐灤州，以躡其後。此時對奉、直、魯、孫各部，直如摧枯拉朽。而馮玉祥之第二集團軍，則自河南沿平漢路線迤東一帶，向北前進。閻錫山之第三集團軍，則以近水樓台，乘虛而入，傳檄而據平津。以傅作義為天津警備司令，李服膺為北平警備司令，張蔭梧為北平市長。中央以何成濬任北平行營主任。至此而北伐告一段落。

是役也，中央軍（包括一、四兩集團軍）奮其聲威，有挺進之功，得收編之效。山西軍（第三集團）因利乘便，輕取平津，地利時機，可謂善於運用。馮之第二集團，則瞻顧中原，徘徊河上，未能驤首燕雲，其智謀固不逮閻錫山多多矣。但馮氏於黨家莊晤蔣一節，有下面一段自述云：「蔣經過濟南這次打擊，就說：『我（蔣自稱）非先回南京不可。把所有的軍隊，都交給你（指馮）指揮。』我（馮）說：『也好！』蔣即赴京，由我指揮全軍，先攻佔了天津；繼即進佔了北平」云云。就吾人所知，馮對於完成北伐的說法，不獨歪曲事實，但亦貪天之功。

蔣氏哭靈

平津既定，蔣先生於民十七年六月二十六日，由南京繞道武漢，約同李宗仁（這時李已於上年打敗了唐生智，取得唐之第四集團軍總司令）；又在平漢路上，約會了馮玉祥及閻錫山兩人；並一部分重要軍官北上。抵平以後，即約集各巨頭，至西直門外碧雲寺，向中山先生靈前公祭。自蔣先生以下，與祭者有馮玉祥、閻錫山、李宗仁、白崇禧、何成濬、商震以及各高級將領。還有在平的中央委員。大家先向靈前行禮，隨啟靈柩上蓋，瞻仰遺容。這時蔣先生當然默告北伐完成，總理未得親見；或者想起黨內許多糾紛，受盡艱難委屈；於瞻對感痛之餘，不覺久哭不止。與祭各人，未能體會蔣先生的心情，等著同行下山，馮玉祥就前去拉勸，蔣哭益甚。大家感覺不耐，就有好多人說：「他要示人以親信嫡系，讓他個人去哭吧！我們先下山去。」至此，蔣亦只好止淚不哭了。這在蔣先生當時本是情有不能已。而在馮等，則相形之下，顯判親疏。愧恧之餘，揶揄以起甚矣！領袖之難為也！

這一次在北平，可算是南北軍事領袖的大會合。大家見面以後，除蔣先生外，不無互相談到軍餉狀況。因此各人心中，都以為蔣先生自統的部隊，似乎沒有欠餉的事。這時馮、閻、李（宗仁）諸巨頭，方在開始相識，交往不深，對這欠餉的腹內心事，尚未便在口頭上顯示有反抗的措辭。等到祭靈下山以後，當日就到湯山溫泉附近某巨宅（是段祺瑞部下某要人的）內開軍事會議。這次會議，可以說是統一之始；也就算是內亂之根！

縮編閒話

據馮玉祥記述這一次軍事會議的情形約略如下：先是蔣先生說話，是關於縮編軍隊，服從命令等語。蔣先生剛說完，接著李宗仁便起來發言，說把別人的軍隊全部縮編，留著自己的軍隊，這種不公平的辦法，萬萬要不得。……接著還有好幾位說話，都是指責蔣先生的縮編不對的。馮玉祥沒有發言，但馮說他當時看見蔣先生的面容，已露出非常不安的樣子。

後來本著北平湯山軍事會議的原意，蔣先生在南京舉行過一次編遣會議。馮又記云：「那次被召集的，到了六、七十人。自舉行開會儀式後，蔣要到場者全體宣誓，其誓詞就是：『要真真實實服從命令。』坐在後面的，就有人說『就下命令得啦！何必會議呢？』蔣氏聽見，裝著不聞。案子是蔣提的，這案子是：『每個集團軍，不管人多少，只留十二師；其餘的人，都遣散。』當時有一位站起來說：『關於軍事，我是外行，不過我知道的，我要貢獻些意見，若是一個集團軍留十二個師的話，一定有的集團軍要再添招六、七個師才夠數。有的集團軍得要裁去十幾個師才成。若是這樣，怎麼能說公平呢？不公不平，沒有不出事的，請大家小心！請大家注意！』接續著還有好多人說話，都同這一位差不多。」

將將之難

我們就馮這兩段記述看起來，他雖然沒有直接發言，而其對蔣先生的心情，已與在鄭州結盟前後，判若天壤矣。人的情感，向好處走，無事不可原諒。可是一有了壞的影響，或意見齟齬，或遇事責望，諸凡接觸，易成府怨之媒。馮蔣之分，蓋自此始。

當各方要人在北平時，馮特於南口舉辦一次追悼會。係以追悼民十五年國民軍（馮部稱國民軍）攻擊張作霖、吳佩孚、張宗昌、李景林各部死亡的士兵官佐為名的。馮就邀請蔣氏和李宗仁同赴南口致祭。這當然是馮氏誇耀其對革命之貢獻，而蔣氏或者意中對此等戰役為與北伐無關。時鹿鍾麟任主席，蔣氏致辭，未提及對陣亡家屬撫慰辦法。事後，經馮再三請求，蔣答以「沒有錢辦。」馮認蔣態度冷淡，一再爭執，並無結果，馮氏不免悻悻失望。其實在北伐過程中，陣亡將士，不知凡幾，何曾談到撫卹問題。馮竟首先討此無名戰役之爛賬，蔣氏答以無錢自是實話。且在當時或尚未以為意。不知馮已有重大反感，重大裂痕。將將之難，不其然乎！

蔣先生自領導閻、馮、李各領袖，在北平大會合，並舉行西山祭靈而後；除東北易幟，隨後以政治方式解決，總算北伐完成，全國統一。可是既濟之終，即未濟之始。易理所示，千古昭垂。成功者每易忽於不自覺耳！

沽名釣譽

北平之會，甚盛事也。然一方初展戎衣冠帶之威儀，一方已隱寓匣劍帷燈之朕兆。群侯聚首，謀夫孔多。此短彼長，人言龐雜。於是地盤之分配，軍餉之厚薄，編遣之多寡；在在為賈怨之焦點。加以派系之紛歧，政客之挑撥，與夫群雄之各不相能；雖密雲不雨，而有一觸即發。其間閻錫山老謀深算，沉機觀變，自能隱忍一時。李宗仁資望不足，羽毛未豐，乃至倏起倏滅。獨馮玉祥目空一切，無所忌憚。其乖僻詭異之言行；有時似優孟，有時似諍臣，或悲天憫人，或稱兵肇亂；其引人入勝，直使惡之者啼笑皆非，愛之者神迷目眩。翻覆波瀾，豈無故哉。

十七年七月，蔣先生回京以後，調整人事，以馮玉祥為軍政部長。時南京正建設新都，大興土木。又以迎靈大典，建築中山陵，開闢中山路。馮意存腹誹，乃自構陋室於三牌樓軍政部附近。著灰布軍裝，衣長及膝。乘卡車與司機並列。諸示儉樸，以愧軍服煌煌及以轎車馳騁者。譽之者謂其愛惜物力；毀之者謂其釣譽沽名也。予友虞典書（字君石，已故）時任馮之總務廳長，嘗謂予曰：「人人說馮先生做假，一個人能假到底，假的也是真的了。」其言甚辯，亦可作一解。

加薪之爭

在第一次國民政府會議中，馮玉祥出席就顯示他不很客氣的，而表現出借題發揮的傲慢態度了。因為頭一案是譚延闓提的國府委員的薪金，每月增支到八百元。馮氏向來不漠於文武待遇不平等，又以國府委員數十名，坐領乾薪，認為不合。待原提案讀完後，馮即發表意見，大放厥辭。說：「現在西北五省旱災，許多人說沒飯吃。若不設法救濟，一定要餓死很多人。這事我分向大家報告過幾次，今天首宜討論救災的事，那才算是革命的政府。誰想到救災的事一字不提，反先提政府委員要加薪到八百元。若是我們認為人民是中華民國的主人，公務員是僕人，我們能不能看著主人餓死，我們不管，反自己先來加薪呢？」馮說完，譚氏就說：「忠信重祿，非多加薪，做事不能忠心。」馮接著說：「重字；你說八百為重，還有人說八千為重，八萬為重。只要他不以人民為重，多少薪金，也不會忠於國的。」至此，戴傳賢就起來說：「有人說，我們應當茅茨土階，篳路藍縷；我們跟著孫總理革命，是經過許多困苦艱難的。今天革命總算成功，我們應當享受一點才對呢。」馮就說：「革命成功的話，不很妥當。為了革命，中華民國的人民，死了千千萬萬，那裡不是孤兒寡母，無人聞問。甚麼叫成功呢？若說成功，只可說，昨天我們是流氓，今天當了甚麼院長；說到享受的話，范文正公說過；先天下之憂而憂，後天下之樂而樂。我們革命的人，應當讓人民大眾先享受了，然後我們再享受。不能人民連活都活不下去，我們先來享受。」馮說到這裡，把桌子一拍，說：「這個案子，我是反對到底！」這時蔣先生表示「既是這樣，先把這案子擱一擱，收日再談。」但是會議後，薪金仍是照譚案八百元發給的。

拆房事件

我們就這一段對白看起來。這位老粗，真是有他的鬼聰明，真能抓著大題目說話，他不愧是王瑚的學生（王字鐵珊，前清進士。北洋時，曾任江蘇省長。馮於發跡後，從受業）。的確那年西北的旱災是空前的。政府是應該籌賑的。馮氏疑心西北是他的防地，大家置之不問，所以發言格外激切。譚組庵的掉文，固是不足以折服他；戴季陶講到享受，更是淺薄得授人以柄。這如何不討沒趣呢？這一次，算是馮在中央大顯威風。也就看出馮氏如何藐視諸大名公。同時更是「山雨欲來風滿樓」了。

因為中山先生靈櫬，還在北平碧雲寺。對於手創民國的國父，舉行奉安典禮，要由南京下關輪渡碼頭通過南京城北，直至中山陵，拓展一條馬路，定名為中山路。時南京市長劉紀文，奉命須於兩星期內，將規定路線內的兩邊所有礙路民房，統於限期內一律拆去。如不肯自行拆除的，即由公家代他們拆。大概當事者在匆促之間，雷厲風行，執行過當。對於徙置賠償諸問題，皆未顧及。致引起市民心理上之反感，一時有「中山大道、死路一條」不經之謠諑；所謂「民難於圖始」也。無知民眾，既以切身利害所關，罔識大體。主持人又不能善於疏導，預行防止。醞釀之下，民怨沸騰。竟集合萬餘人，洶洶然向國府請願。這時的馮玉祥，似乎在專找政府弱點，去討好民眾。於是又給他一次嘻笑怒罵的機會！

言所欲言

據馮氏有關此事的自述云：「市民在外面鬧得厲害，沒有人敢去應付這事。大家就推我（馮自稱下同）出去講話。我說：『最好你們另找人出去，要我去向人民說話，恐怕我說起來，要開罪大家，得罪朋友。』結果仍推我去，我就出去對民眾們說：『市政府要拆房子，若首先給你們蓋上房子，叫你們再搬出去，那是好的。若尚未蓋好房子，硬叫你們搬，那是不對。這是中華民國。不是中華官國。人民既是主人，官吏就是僕人，僕人對主人做事，應當對主人的歡喜才是』。」馮說至此，群眾對他當然有了好感，就安靜下來，他接著又說一個故事給大家聽。大意是：德皇威廉在普法戰爭勝利之後，要在首都柏林擴大皇家花園。剛好有一個老百姓的房子，適當其衝，德皇就派人另外買塊地方給這老百姓。可是他不肯換，說是他父親的遺命，不准賣這個祖產，我們的皇上，總不能叫他的百姓做一個不孝之子吧！如是經過柏林市長傳達皇命的聖旨，要拆這房子，那房主就說「假如你肯把你法治國的招牌砸碎了，你可以派幾個兵把我房子拆了。不是這樣，就不能動我的房子！」威廉遇到這樣的倔強百姓，不免有點氣惱。可是他的宰相俾士麥卻進宮來給他賀喜說：「我皇陛下有這樣守法的國民，我們應當來慶賀！」終於就沒有拆這房子。馮氏又總結著說：「一個有皇帝的國家，還不敢拆人民的房子。我們是民主國家，誰敢來拆房啊！」那些民眾聽了，就歡聲雷動，大鼓其掌。馮氏就洋洋得意。

由合而分

馮在南京這種作風，簡直近於搗亂。當然他看許多人都不順眼。相反的別人看他那異言異服的怪舉動，也多目笑存之。可是他在南京，雖只短短數月，已與各方首要，接觸頻繁。於是對於黨中元老及文治派，則以民主與獨裁，形容當局之專擅。對二、三、四集團及雜牌軍，則以編遣與欠餉，指摘當局之不公。而對廣大民眾，則以南京建設，西北旱災，詆譭當局之不恤民隱。由是而造成馮氏之虛聲與反蔣之陣線。迨桂系武漢變起，李濟深南京被扣，而馮玉祥飄然出京，逕赴西北軍防地洛陽潼關一帶，準備異動。而蔣馮破裂一幕，乃於一年以來偽裝矯飾中揭開假面具，終致爆發。

這一混亂局面，頭緒紛煩，茲先概述其簡單輪廓於後：

自十六年冬，唐生智下野赴日，桂系即佔領武漢。以胡宗鐸、陶鈞分掌軍民；白崇禧收編唐生智所部之李品仙、廖磊各師北上，駐守灤陽。民十七年初夏，北伐完成，各領袖大會於北平。此後統一政府成立，歷開編遣會議，意見紛歧。反對者以中央派員用現款收編殘餘軍閥張宗昌、吳佩孚、孫傳芳等部隊，認編遣革命部隊為矛盾自私及不合理。又以第二、三、四集團軍欠餉六至八個月不等，要餉文電，概置不覆，而第一集團軍，則完全不欠餉。這一點馮與李、白說得最為露骨。閻雖同感，尚忍隱不言。此各方醞釀不滿之最大問題也。

民十八年春，桂系在武漢反蔣。是年三月，蔣討平之。隨即再起用唐生智，以討逆軍第五路總指揮名義，收回白崇禧戍守灤陽之部隊。此時李宗仁已退回廣西。復以護黨救國軍南路總司令名義，通電反蔣並擬攻略廣州。是年五月初，馮玉祥與李宗仁南北呼應，通電就護黨救國軍西北路總司令之職，在河南發難。適馮部韓復榘、石友三突然通電反正，馮因此受致命打擊，削弱其反蔣攻勢。蔣即任韓復榘為河南省主席，其部隊則移駐平漢線以東。而以唐生智之第五路軍調鄭州迤西，使韓部與洛陽隔離。馮乃收拾餘部，於五月下旬由洛陽東下，猛攻河南之登封。唐生智身臨前敵，與馮大戰一場，馮軍大敗，追至洛陽，俘獲甚重。馮至此知大勢已去，遂投奔太原。

當馮發難之初，中央一面開除其黨籍，明令通緝。一面蔣仍於五月十三、十六兩日電達馮氏，冀求安撫。但雖有解釋之辭，猶多責難之語。茲摘錄元、銑兩電，藉資參證：

兩電摘錄

（一）民十八年五月十三日蔣致馮元電原文（按：馮先有蒸電致蔣，多所質詢，此係覆電）：

……各部隊固同屬中央之軍隊。中央亦並非個人之中央。前此二、三兩集團軍，發餉未能一致，純為環境關係，非有畛域存在。一集團各師士兵，多籍隸東南，生活較高，故其欠餉稍久，即難維持。此歷來之習慣，與實際之生活使然。非可與西北丄兵習勞耐苦者相比。且二集團各師，因兄治軍精密，經理得宜，雖不發餉，而士兵衣食住，或猶優於其他部隊，非獨弟個人心折。中央以軍政部長屬兄亦冀推而廣之，惠及全國。軍政既須一致，第二編遣區各部隊（按：指馮部）固當由中央直接管轄。第一與中央兩編遣區（按指蔣直轄各部）亦將同受軍政部節制。弟絕無自私之意。以前中央財政，僅將東南數省為挹注，今後當使全國國稅悉歸中央，則各師自可一律由中央直接發餉，不再有待遇兼差之嫌。此中央所切盼，而兄亦與有責焉者也！前此四集團方面李、白時以中央發餉不公，厚一薄四（一指一集團，四指四集團）為中央之罪。實則彼等向中央領得餉項，及截留國稅，悉移作購置械彈之用。中央未嘗短付分文，而其兵餉仍積欠半年以上。事實如此，中央即殫竭所入，以供彼等之誅求，亦何以填其購械募兵之慾壑，而解除士兵之痛苦。……故迭上函電，並請雲亭（指馬鴻逵）力子（指邵力子）諸兄奉詣，深望我兄早日回京。頗聞造謠者謂，兄若蒞京，將為任潮（指李濟深被扣）之續，但弟深信兄不為所惑。桂系謀中央，且有鐵證；任潮在京又與逆謀。萬不得已，乃限止其自由。……若兄與弟，言公則兄為革命之勛，言私則我輩誓共生死，且兄又居弟之長，弟若有不利於兄之舉，則人格破產，信用掃地。……總理奉安期近，弟決親赴北平迎櫬，同志中多有以時局勸弟中止者。且言兄將於奉安時期乘各方不備而發難宣布獨立者。弟正式卻之！弟至遲於本月卻日左右首途，兄能先期蒞京主持中央最善，否則，奉安時無論如何必當來京。弟斷言，兄來則任何謠諑皆息，不來則任何闢謠，不惟無效，且亦滋人惑耳！德鄰（指李宗仁）近在香港，受所謂護黨討賊南路軍總司令之職。桂系語人，謂廣州下後，馮某即就北路軍總司令。且郭春濤至稱為兄之全權代表，在港在滬，宜稱兄職絡桂系，反對中央，具有決心。

此亦可笑已極！……綜合今日造謠致疑於兄者，不外三點：（一）謂兄購買軍械，積儲糧秣，而謀割劇西北，反抗中央。（二）謂兄縮短防地，圖攻燕晉而謀勾結蘇俄，另設政府。（三）謂兄拒絕來京，聯絡桂系，而謀進攻武漢別創新局。凡此種種，智者固不置信，……惟望兄供職中央，而不逗留於西北一隅，則萬謠盡息。……弟決如月初通電，俟總理奉安事畢，對於此次用兵，負責辭職，藉資休息。以此企望旌節面商大計，有如雲霓，甚願兄有以慰之！經費已囑籌撥，希釋廑念。……弟中正叩兀。

（按：此電文原長二千餘言，辭意懇摯，俱見開誠。讀者細繹之，即可知當年癥結之所在。惟關於軍餉一節，以生活環境為理由，似尚未足以服人。幕府諸公，殆未深長思也。）

（二）同年五月十六日蔣致馮銑電原文：

……頃據路局報告，武勝（關）及信陽等等，原駐部隊均向後撤退，武勝隧道及其附近鐵橋已被炸燬等語。此時謠諑雖多，但我兩人持以鎮靜，不為所動，決不致發生意外。所有扣糧阻車等事，均經去電查止。駐鄂（湘北）各部隊，亦決無向豫（河南）境侵略之理，自絕無向後益陷於危險，弟深信此必非尊意。希迅速查明，飭令恢復原狀。元電所陳，尤望印行惠復。……弟蔣中正叩銑

蔣氏談話

馮既投奔太原，中央即擬以政治方法，和平處理。乃任閻錫山為西北宣慰使，辦理善後。據閻稱 馮已應允出洋，閻亦願伴同遊歷。一天風雲，似有祥和氣象。茲摘記蔣氏於民十八年六月十八日發表關於馮閻各節之談話如次：

▲對馮問題：因馮煥章對過去革命，相當努力……。中央頗望其對國家建設之將來，不拘一格，有所建樹。予以此次來平，係秉承中央意旨，相機處理。在公義私交上，均望馮能自保革命之人格，弼成國家之統一。想馮氏必能不負吾人之期望。現吳稚暉及趙次隴（戴文）孔庸之（祥熙）已於昨夜赴太原，面晤馮閻。中央為顧念馮氏前勞，將予以考察名義出洋，並資助旅費。

▲閻之進退：因閻百川同志……此次力勸馮氏出洋，並願伴同出國遊歷。愛國愛友，不可多得……。新近任閻為西北宣慰使，軍事善後，均待擘劃。且編遣事宜，亦須加緊。愛國如閻，必不以小信而廢公義。予以為私人一時行止，自非他人所能干涉。但既對黨國負有責任，一切出處，均應以黨國為前提，想國人必與予同此感想也。

按照上面的情形看起來，似可化干戈為玉帛矣！然而不然，馮氏駐在太原一個時期，閻錫山則以馮為奇貨。馮則利用閻為護符。蔣固希望閻能和平去馮。而又幻想閻能同時出國。

於是，在這種利害交織、爾詐我虞的複雜關係揭開後；又鬧成第二次討馮，與閻馮之聯合反蔣。真是為鬼為蜮，變化多端。

自從民十八年五月，馮玉祥以護黨救國軍西北總司令通電發難，指摘蔣氏。中間電報往還，雖各是其是，終不免圖窮匕現。蓋此次之由合而分，直至「九一八」事變後共赴國難，始在若即若離之中，勉強暫合；而以「一二八」遷都洛陽，又不告而去。迨廿五年十一月一日，馮氏由泰山入京，又離而復合。

復桀倒戈

蔣馮兩人從民十八年到民廿五年這七年之間的分分合合，可以分為如下的五個階段：（一）馮玉祥以「護黨救國軍西北總司令」名義發難之役。（二）西北軍部將以「國民軍總司令馮玉祥」名義攻豫之役。（三）馮以「中華民國陸海空軍副司令」名義與閻錫山聯合反蔣之役。（四）東北失陷，馮氏到京，旋即遝赴泰山的經過。（五）馮發動抗日同盟軍結束後，再上泰山被邀入京的經過。

這第一階段，係與李宗仁之護黨救國軍南路總司令遙為呼應，而因韓復榘、石友三倒戈之影響而停頓（十八年五、六月）。第二階段，係在南方張發奎、俞作柏動作之後，與上海方面居正、柏文蔚、蔣伯器、耿毅等密謀反蔣相連繫，而以西北軍部將出面（時馮仍在太原）大舉東犯者（十八年十月以後）。第三階段，係以閻錫山為主體，而以馮擔任隴海前線，大戰中原；即所謂閻馮反蔣之役，馮居配角地位（十九年三月以後）。第四、五兩階段，則在國難後為敷衍門面，戲劇式之離合者。前三者概以獨裁、自私與軍餉、編遣各問題為口實向蔣責難。後者則以抗日為號召者也。

馮玉祥馭下有方，將將不足。故其待士兵，則親如子弟。而對其所卵翼升遷之將領，輒奴視斥責，不留餘地，致為部下所不堪。故馮首次發難，雖聲勢浩大。而因韓復榘以總指揮地位，駐紮洛陽，居最前線；竟出馮氏意外，率先倒戈，主張和平。韓氏呈蔣梗（廿二）電略稱：「復榘武人，只知服從。主張和平，原為素志。凡以揑造榘之名義破壞和平者，事前概未與聞」等語。同日又電云：「（上略）前者交通破壞，事前毫未得聞，固已昭然若揭。聯函攻訐國府，尤非復榘所曉。……業於廿二日將馬（鴻逵）、（炳勳）、石（友三）、田（維勳）各師，約集十餘萬人，集中洛陽，敬候命令……」蔣隨於翌（廿四）日，以敬申電覆韓復榘云：「梗電閱悉。吾兄服從中央，擁護統一；其精誠毅力，實足以砥柱中流。……除呈請政府特加嘉獎外；凡駐在陝豫各部隊，概歸兄指揮。並任命石友三為討逆第十二路總指揮，希即轉令遵行可也。並將一切近情，隨時電告為盼。」

蔣氏宥電

這樣馮即退至山西運城轉入太原，由閻錫山出面調停，表示馮願意出洋，閻亦陪同出國。蔣即任閻氏為西北宣慰使，收拾西北殘局。並請其打消陪馮出國之意。一面贈馮一十萬元，由閻轉交，以為出洋旅費。信使往還，幾經磋洽。雖在馮去閻留，或閻馮同去，謎一般策劃之中；而蔣已認為可大事化小，不了而了的告一段落。所以蔣才有十八年六月十八日在北平一次滿意的談話。茲再摘錄是年五月二十六日蔣致西北將領宥電，即可瞭然於此次結束的經過。宥電如次：

……近據閻總司令報告，煥章（馮字）出洋具有誠意，已於馬日（廿一）行抵運城，大局可望和平解決，此實黨國之幸。各同志深明大義，或早脫羈絆，效忠中央；或虛與委蛇，隱弭戰禍；……嘉慰之餘，尤深惓念。此後編遣辦法，當悉照編遣會議原案辦理。中央待遇各軍，向無歧視。所有西北軍事善後，並已委任閻總司令主持。閻總司公忠體國……並請合電挽留閻總司令堅請其取消出洋辭意（按：閻有伴馮出洋之表示）。煥章現經解除兵柄，即願出洋，……故亦呈請政府特加慰勉。所有出洋沿途保護事宜，亦已托由閻總司令妥為辦理，各同志可共釋念。……

閻馮搗鬼

在民十八年六月以後的三數月期間，馮氏既未出洋，閻馮顯然在搗鬼。迨至是年十月，馮部宋哲元、劉郁芬、孫良誠、石敬亭……等以國民軍總司令馮玉祥名義（是時馮仍在太原，署名宋哲元代）集合大軍，東下洛陽，直逼鄭州。蔣氏於十月二十八日，在中央黨部紀念周報告，內稱：「此次係改組派與張發奎、俞作柏、馮玉祥互相勾結，互相利用，乘蘇俄侵略東北機會，……構成反抗中央。其實馮之野心，那肯為改組派利用做工具。觀於馮與改組派往來電報之檢得者，即可知其利用與欺騙之技倆。西北軍所出之佈告，自稱為『國民軍總司令馮玉祥哲元代』字樣，此招牌掛出後，改組派受欺，即行解體，並已成一個光桿（按：指未用護黨救國招牌）。……」同日，又有告民眾書，長數千言。其中有云：

「春間桂系抗命，中央為保障統一，不得已而用兵。……其後馮玉祥相繼謀叛，中央乃運用政治力量，不欲再吞兵戎。……於是馮玉祥卒為社會心理與革命環境所制裁，知自其勢窮力蹙，乃不得不離其部隊，流寓太原。於是西北叛軍，始得表示服從中央命令；中央即不惜恕其既往，而悉予收容。……何圖政府千方百計以求和平，而馮系封建軍閥之野心，終無干格之可能。……迨至今日，背叛黨國之改組派、封建餘孽之馮系叛將以及國內一切不逞之反動份子，遂相與起伏呼應；不惜勾結暴俄，聯合共黨，對於國家肆行其搗亂與破壞……」等語。

同日，蔣又以海陸空總司令名義，發布四言討馮誓師辭：首言「馮逆反覆，好亂成性。勾結暴俄，賣國殃民。」中有「為當討逆，為國犧牲。黨亡與亡，國存與存。身為後恐，誓不偷生！」等句，可見其滅此朝食之情。

唐石俱叛

是役也，唐生智以討逆軍第五路總指揮駐紮鄭州，身臨前敵，指揮嫡系之五十一、五十二師劉興、龔浩所部，與雜牌部隊王金鈺（湘汀）所部郝夢齡、上官雲相各師，及徐源泉軍；大戰於河南鞏縣、登封一帶。西北軍以精銳部隊，奮勇猛攻。唐雖在萬分危急之中，猶能指揮若定，故得大獲全勝，追奔至洛陽以西，馮部乃退入陝境。西北軍經此一敗，至民十九年閻馮聯合反蔣，始得捲土重來，作進窺中原之計。

後於同年十二月九日，蔣在國府紀念周報告：「石友三在浦口譁變，唐生智在鄭州倡亂。」並謂：「唐生智在討逆戰役中，似居重要之地位。然此由中央特加拔擢而然。彼既背叛中央，則一眾所共棄之匹夫而已。」這裡所指的「討逆重要之地位」，蓋即兩個月前指揮大軍討馮事也。

這一幕至此，已可告一段落。但是蔣氏何以一再聲言「改組派與馮勾結」呢？原來在這同時，上海方面，還有另一幕「秀才造反式」的反蔣運動。說起來，大家該知道熊式輝誘解居正、耿毅到南京那一宗公案。可是那一次的地下組織與失敗的經過，知道的人就很少了。我在此且把它就便發表一下：

當蔣馮作戰開端之際，上海方面的反蔣運動，業已由改組派、西山會議派及寓居陳群家中（法租界勞利育路十一號）之山西代表趙丕廉及往來港滬活動最力之馮玉祥代表郭春濤等，皆以策動倒蔣為同一目標，而做法上的主張，則各自為政，真是同床異夢。茲劄記其事如次：

秀才造反

（一）上海法租界邁爾西愛路霞飛坊口改組派機關，內中黨政人士居多數。軍事由柏文蔚（烈武）辦理。每日常到的人，為柏氏與王樂平、王法勤、朱霽青、陳公博及黃英（上海市黨委）等。正在設計搶佔上海兵工廠及運動熊式輝留滬之第五師部隊（時熊任上海警備司令）以圖佔領上海。

（二）法租界華格臬路杜月笙住宅，當時亦為反蔣派集合之所。最著者如李烈鈞（協和，與馮最接近）、蔣尊簋（伯器）、居正（覺生）、耿毅、陳群、趙丕廉（閻的代表）、郭春濤（馮的代表）以及上海金融界、工商界部分反蔣巨頭，不斷籌商進行事宜。居正並辦有反蔣之《江南日報》，由日人山田出面。蔣伯器則以熊式輝曾受其卵翼與有歷史淵源，早經默契。力勸柏文蔚不須運動熊部，待熊氏回滬（此時熊式在前方）自可加入我方。且言兵工廠長郭伯良亦親來表示囑轉請柏不必用激烈手法毀損兵工廠，冀保全國家公器，如果大局轉移，定必好好奉請接收云云。一時議論不一，正有「謀夫孔多，吾誰適從」之感。

（三）一日，熊式輝自前方回滬，即晚約請蔣伯器、居正、耿毅開緊急會議，居、耿先至熊之司令部，據聞熊曾出示預擬之討蔣宣言，及討蔣總司令、前敵總指揮、各路指揮等名單，請加商討。居、耿過於天真，以為伯器保證之言，可以兌現，遂即電話通知伯器，由熊派車往接，至此熊乃一變態度，居、耿等人遂成甕中之鼈矣。

（四）另一方面，霞飛坊改組派之機關中，一日方會議完畢，王樂平以事未行，外間忽衝入數人，以左輪手槍將王氏擊斃。蓋若早到十數分鐘，則此日與會之朱霽青、陳公博、柏烈武、王法勤等近二十人將與王樂平同時飲彈矣。此時當無軍統等特工組織，上海負責情報搜索等工作，為市公安局長陳希曾，及參軍處駐滬辦事處長楊虎。蓋自熊式輝之誘捕居正、蔣伯器、耿毅與改組派機關出了慘案後，而上海方面反蔣組織，即已陷於停頓。這就是蔣氏一再將改組派與馮玉祥相提並論的原因。而熊式輝亦以此更得蔣氏之信任。其開府豫章，建牙遼海，自有其恢恢往跡也！

一段文獻

現在要說到民十九年閻馮反蔣期間，有關馮玉祥的問題了。本來自從馮到太原；而馮又願出洋；而閻又要陪同出洋；而馮部將領，以國民軍姿態，大舉入豫；以至十九年三月八日，閻氏放走馮玉祥到潼關，通電就中華民國軍副總司令，聯合反蔣。這一連串的節目，表面上馮為禍首，實際上閻為主持。中間雖小有間斷，而進行的三部曲，仍然是再接再厲，一氣呵成。不過這一次馮是副角，寫起來不免有點「夾纏二先生」。限於本文的題裁，只好將大部分故實，留待蔣閻問題上去寫。在這裡我且引述一段文獻，藉明梗概。

十九年三月十七日，國府紀念周，蔣氏報告馮離太原，與閻馮結合內幕情形。蔣氏報告云：「各位同志！上星期政治上變動，有很大關係。閻錫山於本月八日，暗使馮玉祥回到潼關。當時本席就電問趙院長（按：趙戴文，字次隴，係閻氏心腹。時任考試院長，凡中央與閻重要問題，皆以趙為橋樑，往來洽商。此次因馮事發生，中央派李石曾、張繼，偕趙赴晉，接洽馮玉祥出洋善後各事。至於趙丕廉者，則為閻氏之次一級代表）究竟有無其事？據趙覆電說：八日下午，閻錫山訪問馮玉祥，馮託病不見，到晚上就不辭而行。現在既係逃走，也無辦法。又據西北方面的人說：在七日晚上，閻錫山特跪在馮玉祥面前，懇求馮玉祥說道，現在山西以及第三集團軍的官兵，皆在你老哥一人身上，只有你老大哥才能救山西及三集團官兵，現在聽你怎麼辦就怎麼好！於是馮玉祥第二天就離開太原了。此事內幕究竟如何，我們還是不大清楚。不過由此我們可以知道，閻錫山因為他知道自己已無辦法，對全國信用，完全失去，在革命立場上，已無人能相信他了。他欲騙出馮玉祥向中央搗亂，當然未離山西以前，趙院長還來電說是閻錫山不但是願下野，並要出洋；因為閻只下野而不出洋，就無法可使馮玉祥不回陝西，如此山西就很危險了。不如閻馮同出洋，就可轉移國人目光，真有和平希望。這是趙院長來電，所以中央就答應他的要求，山西方面，就由趙院長維持。後接趙電，說為國家和平起見，極願犧牲個人，暫維一切。等到十日馮玉祥到了潼關，我才知道閻錫山所謂出洋，都是假的。他說和平統一那些話，完全不是這回事。他想搗亂黨國，自己力量不夠，又要馮玉祥代他搗亂。……我們從前，還希望閻錫山果能出洋，必可增長學識，變易目光，將來回國，還可叫他為國家擔任一點事情，現在看他的行為，確是陰險奸詐的封建軍閥，以後他是再不能和十八年前一樣的可以敷衍過去的了。……我現在聽說西北軍已於十五日發出反叛通電，並且奉他們中華民國陸海空軍總司令閻錫山副司令馮玉祥的命令，集中兵力，出了潼關，來進攻我們了……。」

閻馮反蔣

我們從上面的經過，分析當時情況，就可知道：（一）閻於馮之託庇太原，完全示好於馮，冀為爾後合作反蔣之用。（二）設辭馮願出洋，本是緩兵之計。（三）閻之願下野陪馮出洋，更是欺人之說。當今之世，恐絕無為調停他人事，而憑空願犧牲自己名位者。（四）閻之理由，為「閻只下野而不出洋，就無可使馮玉祥不回陝西，如此山西就危險了。」這明明是說馮必定要回陝西，馮一回陝，中央必問罪於閻，這樣山西就危險了。閻的實在意思是，中央如可准馮回陝西去，山西自無責任，那麼閻馮皆談不到下野與出洋了。這是閻幫忙馮玉祥很高明而微妙的說法，非閻氏無此深心。無如中央當時不能體會到這一點，而別求解決之方。（五）蔣氏先則慰留閻，且電囑西北各將領合辭電閻，懇其打消下野及出洋之意。後又不詳察其微妙理由，遂欲允其所請，並以趙戴文維持山西。閻當然知道前之慰留為虛情假義，而今則欲一口兩匙，並去閻馮。演變至此，自更堅閻馮聯合反蔣之局。

馮到潼關後，隨於四月中旬進至鄭州。閻並派徐永昌、楊愛源至鄭晤馮，商定軍事計劃。此後即展開隴海線上的中原大戰，初雖聲勢浩大，而結果馮部終與閻軍泰安之役，同歸失敗。馮部亦多由中央改編。這一次的分裂，可算最為慘痛。迨至東北淪陷，始以國難而復合。然而抗日與不抗日之爭端又啟矣！

自十九年九月十八日，張學良發表巧電，擁護中央，進兵平津；而閻馮聯合反蔣之役，遂於是年十月上旬，瞬告結束。馮所擔任之中原陣地，如：河南之滎陽、許昌、開封、蘭封、尉氏、淅州、陳留、長葛、朱仙鎮等處，皆先後潰敗；宋哲元被圍於洛陽，吉鴻昌、梁冠英、張占魁等則投降受編；張維璽、孫良誠、孫連仲三部，則悉數被俘。馮氏所部，至此已呈瓦解之勢。馮乃於閻錫山赴大連之後，蟄居晉南。這一役，中央軍大獲全劫，馮則一敗塗地。不意事隔一年，而「九一八」東北陷日之巨變以起。

再到南京

民二十年九月十八日，日寇乘東北軍入關之隙，佔領瀋陽，大局危急，國人奔走相告，以共赴國難為言。此時汪精衛已由粵赴京，任行政院長。中央方面，蔣示意某大員電請山西劉守中（允丞，為馮的老友）轉馮一電，大意云：「國難嚴重，如何辦法？請指教！」馮覆電云：「……『九一八』的禍首，是蔣介石！蔣要向大家認罪下野，然後可以商議。不然，我是不同蔣說話的。」越兩日，蔣致馮電云：「一切事都是我做錯了，請大家到南京來，趕緊商議救國大計，下野的事，已經完全準備好了，我一定下野。」這樣，馮就由晉南到太原，此時閻錫山亦已自大連飛返太原，馮即與閻及其左右在太原城內某中學商談了一天，閻說：「怕蔣沒有真的覺悟……不願意抵抗。」馮說：「他不抵抗，我們也得抵抗，他既來電說，一切都是他的錯，請大家去，至於有甚麼危險，我是不管的。」會談後，馮就離太原出娘子關經豐台轉津浦路入京。沿途對歡迎人員，均以抗日為言。經過娘子關時，馮看見東北師長黃師岳駐防該地，就帶點挑撥性問他：「你們是東北軍，怎麼到這娘子關來駐紮呢？」黃答：「不是這樣，日本鬼子怎會把東三省佔了呢！」車過濟南時，韓復榘（時任山東主席）到站歡迎，馮又帶著諷刺性對韓說：「只有拼命抗日，才是英雄豪傑！……」韓答：「我要緊記先生的話，奉行先生的教訓。」

馮到南京後，住張之江家裡（張氏時為國術館長，亦馮之舊部），一天，馮到中央黨部講話，他說：「在民國裡有獨裁，一定要招出大禍來，現在蔣有電報說：一切事情都是他做錯了，所以我為了共赴國難而來的。」他又鄭重地說：「我們要抗日，要收復失地，誰要阻止抗日，誰就是賣國賊！」會散後，就有人向馮說：「蔣不會抗日的，你這樣說話，恐有危險。」馮答：「我來就不怕，怕就不來！」

大唱高調

我們看了上面這一段經過，便可知蔣先生為了國難，對馮是如何地委曲遷就！而馮就抓著這抗日問題，更是如何地劍拔弩張、旁若無人的振振有辭。蓋馮認為「九一八」之變，是由於東北軍之內調；更認為「準備抗日」、「待機抗日」等說法，實為蔣之不抗日。所以他那時的倡言無忌，頗適合當時人心，足以風魔一時。跟著他又到上海，在學生群、工人群與民眾面前，大放厥辭，大出風頭。所以這一次他和蔣雖說是離而復合，實際上則合而仍離。這樣一位大兵出身的人物，其一言一動，確有其不可侮者在也！

馮當時曾對人說：「每逢和蔣談話，他總是『哼哼哼』、『是是是』，並且一天到晚，都是同汪精衛在一起，汪是主和的。」等語。因此，他在南京住一些時，就到上海去講抗日的主張。上海人是容易起鬨的，馮玉祥又富有吸引力，他仍舊穿那一套非軍非工半長及膝的老布服裝。當他那天下午兩點到達上海北火車站，真是人山人海，萬頭攢動，爭看這一位「基督將軍」。時張群（岳軍）任上海市長，張曾對馮說：「今天的秩序，是沒法維持的，因為上海工人群眾，都要看看你，沒有法子不教他們看。」又笑說：「我在先生背後，若有人擲炸彈，我也跑不了。」這句話，又惹起馮大發議論，他說：「別開頑笑，不會有人炸我。一個我，是老百姓；一個我，是老百姓的僕人；老百姓喜歡的話，我就說；喜歡的事，我就做；不喜歡的，我就不說不做。你明白這個，就知道老百姓決不會炸我的。」當時車站上放鞭炮的，喊口號的，拿歡迎小旗幟的，真是熱鬧異常。他住在胡漢民的上海寓邸裡，接連幾天，每天總有三、四處請他講演，有的是學校、民眾或社團，講題主要的意思，就是：「非抗日不可，誰要反對抗日，誰就是賣國賊。」馮的講話，實大聲宏，詼諧百出，最能引起士兵的民眾興趣；所以當時曾博得多數人的贊揚與同情。

遷都洛陽

馮由上海回到南京，開會中全國，討論抗戰問題，會場裡顯然分「抵抗」與「不抵抗」兩大派，軍事當局為策萬全，就顧慮到武器不如人，教育訓練不如人，機器、工廠皆不如人，拿什麼東西同人家打呢？這與馮的意見，當然大有參商。

接著廿一年「一二八」，十九路軍在淞滬抗日的事件發生了。「一二八」之役，論者多矣，平心而言，未受命而戰，就政治系統上說，當局不無缺然；但為殺敵而戰，在愛國思想上說，人心自然憤激。所以十九路軍享其榮名。而蔣先生則「受國之垢」。當時當京會議席上更是發言盈庭，馮玉祥、陳友仁尤為激烈，會場甚至有人說：「海軍兵艦奉了姓何的和姓陳的命令，買了許多青菜、雞鴨、魚肉送給日本人，有人親眼看見，問這是甚麼一回事？」這當然是反對政府的一種謠傳，但是空氣就更加緊張了。這天，蔣先生始終一言未發。就有幾位說：「這事情太重大了，晚上談話會再說吧！」就這樣散了會。後來中央雖然派了八十七、八十八兩師，編為第五軍，由張治中率領赴淞滬增援；但不久就訂下了「淞滬協定」，依然未能得到大家的諒解。

在「一二八」戰事緊張的時候，為了南京首都怕受威脅，便決定遷都洛陽，洛陽本是周漢隋唐的古都，雖有伊洛纏澗、關河之險，但千餘年來，故宮禾黍，廬舍丘墟，只有西工營房（按：西工營房在洛陽西門外，為規模廣大之兵營及操場）可以住些人。那時候政府用火車由浦口經津浦路轉隴海路往洛陽輸送，到了這座寂寞古城，自然無法容納，不免垂頭喪氣。蔣、汪、何（應欽）等先在浦口一座小山上洋房辦公，後來政府開會，也在洛陽西工舉行。此時由汪精衛提議蔣先生出任軍事委員會委員長（此前為陸海空軍總司令），當然贊成的人多，可是因為十九路軍的事，也有少數人堅決反對。馮就說：「蔣若真去抗日，我推他為委員長。」就這樣通過了，馮也當了副委員長。

兩上泰山

政府在洛陽只駐了短期間，因為「淞滬協定」成立，政府仍遷回南京，馮就同蔣汪一道乘車離洛。火車駛過開封時，劉峙（經扶，時任河南主席）預備了酒席，請蔣、汪、和馮，還有李濟深等，在省府吃飯，飯後繼續開車東行。此時馮玉祥已另有打算，他忽然單掛一節車，不同南京，逕由徐州津浦路轉道北上到泰山去了。這一次馮在京、滬、洛與蔣周旋，可算不合作之合作。此後，又在不離不合中矣。

泰山在山東轄境，山東省政府主席韓復榘以舊部兼東道主，雖有洛陽倒戈之嫌，亦自趨承恐後。馮到泰山後，常與二三清客海濶天空，放言高論，雖非山林之士，卻有高世之名。不久，汪精衛示意宋子文匯去幾萬塊錢給馮，這當然是蔣汪的意思，給他開銷，兼以示好的。他卻又以為他們不抗日，想用錢來收買他，堵住他的嘴，不再談抗日。他就叫原來的銀行，將錢退回。在泰山住了些時，還特別庇護了一位被中央政府通緝的劉姓機要秘書，這秘書係德國留學生，他將剿匪總部的重要文件、計劃及地圖偷給共方，在一個外國人手裡，被特務查到了，逃到泰山，馮就多方設法，把他送到煙台日本船上逃走了。這看出馮不獨乖張成性，而且早已通共。

後此，因為張宗昌舊部劉珍年在煙台受中央改編，竟與韓復榘打起來，馮就離開泰山，到察哈爾張家口去組織「抗日同盟軍」，以諷刺中央之未能即行抗日。並在張家口建了紀念塔。直至宋哲元駐軍華北，到張家口去接他，馮才二次又到泰山。馮在泰山，請了好多位講師，為他講學，其中就有共黨的李達為他講「列寧哲學」。這一面可以說是馮忽然好學；另一面又可見他的政治趨向了。

往來三電

廿四年九月，蔣先生又電邀馮至南京開會，辭極謙和，猶憶該電文云：「泰安探交馮委員煥章吾兄鈞鑒：密。比來尊體如何，遙維康吉為頌。中央第六次全體會議舉行在即，黨國要計均待商戰，甚盼大駕早日惠蒞首都，共商一切。謹電速駕，不勝禱企！弟中正叩皓（十九）侍密東。」

是月二十三日馮覆蔣電云：「南京軍事委員會蔣委員長介石吾弟鈞鑒：密。皓電奉悉。年來吾弟席不暇暖，為國賢勞，至深敬佩。此次西蜀歸來，承念及山中人，馳電垂問，義重情殷，尤深感激。國勢至此……茲將一得之愚，掬誠敬告如下。關於黨務者：一、開放黨禁。凡能共同救國，無論個人或團體，應一律包容。……二、開放言論。欲使人人能擔負救國責任，必使人人有發表意見機會。……三、真正團結。消極方面：凡同志間已往有意見隔閡，應竭力化除，完全消釋；積極方面：邀請展堂北來，但精衛亦不必離京，並與哲生、右任等諸同志，真誠相見，無話不說，共決大計。四、大赦政治犯。……關於政治者：一、非獲得民心，不能救國，要得民心，即凡人民所喜者，興之作之；否則去之。二、嚴明賞罰。各省有真正為民官吏，大加獎賞；貪污分子，嚴加懲罰。不管地位如何，背景如何。……三、設立救災部，水旱天災，嚴重特甚，非有專部，不能辦理。四、獎勵抗日精神。如石瑛、于學忠等……一則應加起用，一則應加重用。五、起用抗日將領，如蔡廷鍇、蔣光鼐等，過去抗日有功，故政府不獨應加容赦，更應畀予重用。以上均與民心有關。關於外交者：一、確定國際敵友，蘇美兩國，關係我國抗日至大。二、政府應速簡派文武大員，擔負責任，分赴蘇美切實聯絡，以謀合作具體辦法。關於軍事者：一、立即準備發動抗日軍事，不抗日必亡，要不亡只有抗日。二、急速充實陸空軍備。以上各點，凡祥所知，無不披瀝肝膽，詳陳左右，所關民族至巨，敢請決斷施行。至祥之行止，只求有利於國於民，任何犧牲，皆無所惜也。小兄玉祥梗。」

蔣接此電後又覆馮卅電，電文曰：「泰安即呈馮委員煥章我兄尊鑒：密。弟返籍掃墓，昨始回京，奉讀梗日賜電，披瀝見教，條分縷晰，垂愛之切、謀國之周，傾佩無已。國難至此，洵非集中國力，不足以挽救危亡，尊論諸端，皆先得我心者也。六中全會在即，中央同仁，均盼兄如期來京出席，弟尤切望把握，俾得親承教訓，而慰契濶之思。務盼即日命駕，毋任禱盼！弟中正叩卅侍密京。」

觀這往來三電，無論其稱呼與內容，字裡行間，皆親切有味，私情公誼，足慰平生。如是馮即於二十四年十一月一日，乘津浦鐵路車到南京，即住在陵園蔣所預備好的房子裡。跟著蔣來看他，他就對蔣說：「不抗日一定亡國，唯武器論和三日亡國論者，都是錯誤的。」蔣請他說出理由來，馮說：「三日亡國論者，只看見日本可怕，那是犯了恐日病；只比工廠、比槍炮等等，何以不拿人口比一比？又何以不拿土地面積比一比？至於唯武器論者，更是不對，中國有多年歷史，有文天祥、史可法、岳飛等文武模範人物；況且世界不止是中日兩國的世界，還有蘇、英、美、法各國，都與日本多多少少有矛盾的存在，我希望你把這些思想，快快改正過來！」蔣只得應承好！好！好！

合中之離

這一次，馮在南京住了將近兩年，他在陵園住宅，書籍很多；有時到陸軍大學去旁聽；有時與黨內外人士及文武人員相接談；他更隨時利用問題，對蔣盡情陳說，分剖譬喻，不厭求詳。以後經過西安事變，他又曾電勸張學良；直至「八一三」前後，他被任為戰區司令長官；這以後，當再敘述抗戰期間與勝利後蔣馮的關係：

民二十六年「七七」事變後，抗戰軍興。蔣先生請程潛（頌雲、時任參謀總長）徵求馮的同意，擔任第三戰區司令長官。這是在上海方面對日作戰，並由顧祝同為副長官，陳誠任前敵總指揮。馮回答說：「只要對日本作戰，無論甚麼職務，我都願意擔任。」八月十四日就發表馮玉祥為第三戰區司令長官。當天在南京靈谷寺無樑殿開國民黨中央常務會議，因為閻錫山亦發表為第二戰區司令長官，馮又是第三戰區，這恰好軍事委員會兩位副委員長，都有了戰事的責任。當時就由戴季陶提議，把副委員長取消，汪精衛首先贊成。這一辦法，馮當然不滿意，因為這兩個副委員長的名義，是全體代表大會決議的，為什麼在中常會裡可以通過呢？可是雖然議決了，政府亦未明令發表，似這一類的磨擦，往往而有，不過這是合中之離，不致發生若何影響了。

退到重慶

到了淞滬戰事末期，北方平津失守，情勢愈益緊急。蔣又請白崇禧徵求馮的同意，要他到北方去擔任第六戰區司令長官。馮說無論那一方面都好。可是因為那裡的軍隊，是他的舊部宋哲元的，他不願意直接指揮，以免宋難堪。馮就過南京見蔣說：「當年北洋政府王士珍和段祺瑞是朋友，對於國務總理職，彼此尚不願直接接任，何況宋哲元是跟我多年的人，我替他指揮些時，是可以的，若使他的軍隊歸我帶，是不可的。」蔣說：「很好，一定這樣辦。」其實，這是馮欲保留宋哲元實力的說法，表面上言之成理，實際上是中了傳統的私有軍隊思想的毒。蔣、馮皆不之覺也。

馮氏北上就第六戰區司令長官之職，經過濟南時，曾對韓復榘訓以「只有抗日，活著才光榮，死了亦光榮。」又為張自忠退出天津事函蔣，說他「很有良心血性，可叫他帶著軍隊打日本。」後來張自忠果以抗日盡忠而死，而韓復榘則以抗命伏法而死。蓋馮對於所部確亦有其認識也。

馮到滄州，把中央的慰勞費十萬元交給宋哲元。以後因為第六戰區同程潛的第一戰區，逐漸併在一個區域，就把第六戰區取消了。隔了相當時間，又派馮檢閱湘、黔、川軍隊，馮就這樣隨著抗戰陣線，節節西行，以至重慶，和蔣成了明合暗分之局。他嘻笑怒罵，鬧了不少笑話，一直到勝利赴美，乃至魂歸黑海，始終與蔣離而未合呢！

馮玉祥在抗戰初期，雖曾先後兩任戰區司令長官；但在第三戰區，只在無錫住了些時；第六戰區，只到滄州打了一轉；皆為時甚暫，可也談不上甚麼戰功。接著在民二十七、八年之交，就派他檢閱湘、黔、川三省軍隊；隨後又督練過重慶、貴陽、宜昌的三個軍；總還能本其所長，痛陳積弊。可是陳言或未獲用，成見永是猜嫌。樊中虎兕，未出柙而猙獰；朝內藩臣，不功高而震主！況馮之露才揚己，尖酸諷刺，其能終抗戰之局，蓋已難能可貴矣。

大講三國

二十七年十月，馮氏率文武官員二十餘人，規定了六條法則，去檢閱三省軍隊；他到過長沙、常德、益陽、寶慶、衡山、零陵、桂林，以後又經貴陽而入四川。看完湖南軍隊時，曾電蔣請特別注意以下各事：（一）待遇必須平等。不可嫡系就優待，不是嫡系就冷待。（二）所有的官兵，必須吃得飽、穿得暖。不能使他們面黃肌瘦，連路都走不動。（三）軍隊的官長家裡，都有父母、妻室、兒女，他們還要靠這些軍官來養活，必須想到這一點。（四）軍政機關批公事、發東西、領東西、不能要人的錢，要人送禮。這一件事不改革，必然走到賄賂公行的地步。（五）傷兵在醫院裡，待遇不太好，需要改良辦法。

那時常德警備司令是酆悌（後調任長沙，以大火案槍決），馮氏檢閱了正在訓練的幾千保甲長講了話。有一位臨澧紳士侯某見馮說：「酆悌下了命令，誰去見馮某，就槍決誰！」第二天馮到長老院，遇見一位中學校長和師範校長，也對馮如此說法；馮以為酆悌是蔣的親信，心中不免又多了些疑猜。

當武漢陷落長沙未失期間，和戰問題，議論紛紜，多有疑當局尚未決心抗戰到底者。馮抵桂林時，李烈鈞促馮回長沙面蔣。馮在何鍵家裡，拿著三國演義上的東吳張昭顧雍等主張投降曹操的故事，說得有聲有色，且對蔣說：「你一定要抗戰到底，成功也是成功，失敗也是成功。」蔣說：「很好，一定照你的話去辦！」他又把孫權砍桌子的故事說了，接著又說道：「今天武漢失守，投降派抬頭了，你應當照孫權的樣子，把桌子砍去一角，對他們說明白，誰敢再提與日本說和，我拿他腦袋同桌子一樣對待。」蔣說：「成了，誰敢再說和，我就按著您說的對待他。」這天晚上，蔣就請馮在長沙電台廣播。這一次馮很高興，認為蔣已決定聽從他的意見，繼續抗戰的一個表示。我想這樣大計，廟謨早定。馮氏蓋有譽滿天下，搶盡鏡頭之思焉。

獻金運動

檢閱三省軍隊完畢，馮又受命督練三個軍：一是駐在重慶附近的三十六軍；一是駐貴陽的九十九軍；另一是駐宜昌的十八軍。他先從三十六軍開始，軍長江純。馮的訓練計劃，是注重幹部。大要是訓練問答四十問：包括官長救國十問、官長愛兵十問、士兵救國十問、士兵愛民十問等；另有士兵救國愛民歌，共印成一小冊子。其士兵救國愛民歌，由馮本人領導著高唱。至於貴陽的九十九軍，實在只有一師人。這名為一軍，實能到操的，只有二百多人。軍長叫傅仲芳，他當時對馮說，該軍有一百多處的勤務，所以不能有多少人出操。馮對傅警告一番，就教他們唱歌，並發給訓練問答小冊子。但看他們處處懈怠，深為可慮。後來雲南緊急，該軍被調作戰，一見敵人，就垮完了。傅撤職之後，又在中央訓練團當大隊長。

第十八軍駐在宜昌南岸的山中時，馮去看過多次戰鬥教練，比那兩個軍好得多，所差的是沒有注重精神教育及戰鬥射擊。尤其最大的毛病是官長多半長江以南口音，士兵則是北方各省的。官兵間說話，彼此不懂，平時還可，到了戰時，一定失敗。

馮對訓練軍隊本是他的拿手，所以派他督練，可謂用得其人。我們就上面三個軍的情形，可以概測其餘。

以後馮氏久居重慶，看著軍隊吃不飽穿不暖，又聽見軍財兩部嚷著沒錢，他就發起「節約獻金救國運動」。他這一舉動，瘋魔了整個四川，諷刺了當朝大老，增加了無比聲望，同時也隱寓了不少猜疑。今將其獻金的流水賬寫出來，就看得出那轟動一時的景象；也看出馮的善於利用人心，和當局之窮於應付，而相形見絀也。

鬻書演講

馮自己開始自訂鬻書潤例，書寫對聯、匠額、圍屏等。每一對聯自五十元至數百元不等，每月將鬻書所得獻呈中樞，掣回收據。後來馮就分向各處演講，每次都有一兩萬獻金，還有按月願捐三千、五千的，這都還是在重慶附近的事，以後又擴充到外埠去了。

馮先到自貢市（即自流井，是四川產鹽的財富之區），在那裡講演三次，得獻金二百八十餘萬元。去自貢不遠，有一新開煤礦；在五通橋地方又有個造碱廠；廠長、工人、民眾，都熱心獻金。到嘉定、樂山等縣時，那裡有武漢大學師生們揚著旗、敲著鼓，一時引起地方民眾燃著鞭炮來獻金。這一次就得了三百多萬的數字。此時獻金熱已鬧得如火如荼。但此時也就有人告知馮，說有二三十個特務跟著他，並放出了許多謠言，叫大家不要和他接近云云。有無其事，馮也不去理會。

從樂山到夾江，雖是小縣，也獻了三十多萬。到嵋山縣，縣長黃某，是資中縣人，黨務出身，他曾經暗示馮氏「此地無銀」之意，並對馮說：「本縣常為旱災捐款，恐再獻金不容易！」馮知道他有意阻撓，就和他說：「你放心罷！他們捐千千萬萬，你也摸不著，我也摸不著；他們一文不捐，你也窮不了，我也窮不了；你不用管那些，請你把老百姓及各機關首長請來，我同他們談談就成了。」結果開了獻金大會，獻了八十多萬。接著到達雙流縣，也獻了八十多萬。

自雙流到成都，川省主席張群最漂亮，一見馮面，就送上紅紙封好的一萬元獻金。第二天，張請了各機關首長、各大學校長，和地方紳士請馮演講。又到華西大學演講，激動了男女學生。在成都共捐得一千多萬元。

當馮由成都再回到川南，成績更好。瀘縣、內江兩縣各捐得五千多萬。自貢市聽到各小縣有幾千萬的獻金，深以第一次所獻二百餘萬為可愧，乃邀馮再去一次，果然就有余述懷、王德謙等每人先獻一千多萬；還有陸續捐獻的絡繹不絕。從自貢再轉到富順縣；這一小縣，金戒指就獻了一千二百多只，軍鞋一萬二千雙，黃穀三萬石。由富順到威遠又收到獻金二千多萬元。

中國人真是沒有不愛國的。尤其負人望者能登高一呼，則萬方風動，從之者猶水之就下也。馮玉祥這樣的「獻金救國運動」，當時就震動了全國。他慨然說：「要不是有人破壞，捐數不難達到八萬萬元乃至十萬萬元。」奇怪的是，這樣美事，怎會有人破壞呢？所謂朝中不和，猜忌橫生，不免疑神疑鬼罷了。

四扇屏條

現在再舉一件馮對蔣譎諫的事：

馮住在重慶康莊的時候，有位陸大畢業又調復興關受訓的韓某，他住在白崇禧公館，一天見馮哭訴說、「有個同學劉××，是陝西人，黃埔校畢業後，又進陸大，後來當師長，駐潼關附近。因特務告密，說他有貪污嫌疑，就把這劉師長和師參謀長並一位保長，都從陝西押解到重慶，組織軍法會審，秦德純是審判長，勉強判定劉師長監禁六年，參謀長五年，保長三年；公事呈到最高當局時，竟被劃了一道黑線，批的是『一律槍決』。這樣情形，試問國家還有法律沒有？」馮聽了就說：「讓我去見最高當局，他如果這樣去殺劉師長等三人，請他把我姓馮的殺掉。不然，他不能這樣辦！」姓韓的又說：「讓我先去告知白崇禧，看他有什麼辦法。」隔了不久，韓回來說：「白講馮先生暫不要去，讓白先去碰一碰；不成，馮先生可再去。這時馮就拿起筆來，用漢隸寫了四扇屏條，都寫的是漢、唐、明各君主違法納諫的故實，極盡譎諫諷刺的能事。那四扇屏的原文太長，皆為有關漢文帝、李世民的故事，茲從略。

馮將屏條寫妥，用紅紙包好，上面寫著「五月端陽禮物」字樣，送給蔣先生。第二天開國民黨常務會議，陳布雷對馮說：「你寫了四條屏送蔣先生，是不是？」馮問：「你怎麼知道？」陳說：「蔣先生讀了這四條屏之後說，除了馮先生與我寫信之外，再沒有人給我說。」當天晚上，蔣即請馮去談話，說到劉師長要判槍決的事，馮說：「你一歡喜就叫人活，一高興就殺人，這樣我們不能在這裡讓你胡來吧！」蔣隨即說：「這件事實在是我的不對，我一定要改辦法。」

我們由這一件事看來，可見蔣先生不是不肯聽人忠告，只是沒有人肯講，沒有人敢講罷了。語云「千人之諾諾，不如一士之諤諤。」惜乎蔣先生左右諾諾者之多也。

同舟敵國

在抗戰中期到後期，蔣馮之間，一直就這樣冷冷熱熱，一曝十寒；而當時所謂民主人士者，又從而離間之、拉攏之；一到勝利來臨之日，即呈同舟敵國之形。在這兒有一文一武兩個人穿插其間，影響最大；文的是余心清；武的是趙壽山。

余心清是從前馮玉祥所統的西北軍軍中牧師，還兼西北軍官子弟學校校長。他因馮的關係在重慶專一與所謂民主人士結合，反蔣最力。趙壽山是陝西方面一個光桿總司令，馮對他甚為信任，他雖仍在政府統轄之下，卻已傾向共黨，恨蔣甚深。勝利之始，在重慶看了全國將領軍事會議，有動員剿匪的決定。趙就將會議內幕情形告知余心清及一班反蔣巨頭，當重慶教場壩慶祝政協打傷施存統事件發生後第二天，一個雨後的夜晚，一班「民主」人物就在重慶民權路聚興誠銀行樓上客廳裡開了一個祕密會議，參加的人，有：馮玉祥、陳銘樞、朱蘊山、李濟深、張瀾、龍雲、李一平、劉文輝、趙壽山、余心清等。他們的初步目的：「要把重慶方面的民主力量和各方面反蔣的軍事力量，聯合在一起，然後共同本著一個協調的步驟配合中共做去。」這可以看出，當時重慶地下方面活動的情形為如何！更可顯現了後來大批投共的蛛絲馬跡。

這次會議是由余心清先說了反對內戰的開場白，接著陳銘樞、劉文輝、龍雲、李濟深、張瀾都有發言。最後馮玉祥說：「今天的聚會，太有意義，太有價值了……我提議要在重慶、成都、上海、廣州建立規模較大的言論機關，用宣傳攻勢打倒獨裁。」停一歇馮又說：「蔣的軍事攻勢，一定先北後南，因此我們工作重點，也要放在北方。心清對北方人事最熟悉，請他去擔任這工作，是再適當沒有的。」此會直到深夜才告結束，以後又在馮的鄉間住處歇台子開過兩次祕密會，作了不少具體的決定。又推定陳銘樞、朱蘊山、李一平、余心清四人負責聯繫工作（後來余被拘捕，馮在美國還請馬歇爾電司徒登大使促蔣釋放）。

一幅中堂

在重慶召開國民黨第六次代表大會時，馮就表示不出席，並自請開除黨籍，後由居正、鄒魯之勸，始允出席。迨會開完，蔣約馮到南山（重慶南岸蔣住處）談話，並留宿一宵。

蔣對馮說：「為什麼老是見不著你的面呢？我不請你，你就不來。……希望你對大局多關心，見到了就說才好。」馮說：「不是沒說話呀！說了，你全不辦，我還有什麼說的呢？」蔣說：「你千萬不要客氣，我能辦的，我就去辦。」又談了許多，就談到水利問題。馮說：「水利若不趕緊辦，保不住年年有水災，年年有旱災。我們的同胞每天就要在恐慌中了。」蔣說：「好！長江的水利歸我辦，黃河的水利歸你辦。」這幾句談話，就成了馮玉祥赴美考察水利的張本。

在南山第二天早晨，馮又寫一幅中堂贈蔣。其文曰：「齊桓公之郭，問父老曰：郭何以亡？父老曰『善善惡惡。』桓公曰『善善惡惡是好事，何以亡國。』父老曰『善善而不能舉，惡惡而不能去，所以亡國。』」蔣看完這幅中堂，笑笑說：「正中我的毛病。」兩人這天同車至江邊，同乘汽船渡江回重慶做紀念週。在汽船上，馮朗誦一闋詞曲給蔣聽：

滾滾長江東逝水，浪花淘盡英雄。是非成敗總成空；青山依舊在，幾度夕陽紅。白髮漁樵江渚上，慣看秋月春風。一壺濁酒喜相逢；古今多少事，都付笑談中。

馮最後對蔣說：「抗戰已經完全勝利，你是不是還要作皇帝？我們何必再幹呢！讓人家幹一幹不好麼？……」馮蓋諷蔣以下野也。這一次兩人說話還算輕鬆。

一通長函

馮玉祥在回南京後，就決定赴美國考察水利。在啟程之前，蔣就給馮送行。這時蔣又問馮：「按現在的這個情形，你看怎麼樣？」馮說：「把一個好的國，弄成這樣，你還問我，我有什麼話可說？我實在沒有話可說。」蔣說：「盼望你指教！」馮說：「我說的話，你可別惱我。」蔣說「不會的。」馮又說：「馬歇爾當美國的參謀總長，把德國、義大利、日本都打敗了。還來幫忙我們，開政治協商會議，現在又打起來，豈不算他失敗了麼！你無論如何，不要把馬歇爾給得罪了。若教馬歇爾說，你是騙他，那怎麼得了。」蔣就說：「還有別的話嗎？」馮說：「話有的是，不過說了沒有用。」蔣說：「你說吧！」馮說：「像今天誰說真話，就是共產黨，要不就是共產黨的外圍。你想想，這樣大局危險不危險？」蔣最後說：「我都明白了，咱們吃飯吧。」

最後馮到臨出國前，曾寫給蔣一封親筆信，信中陳述五事，頗堪玩味，茲照錄如後，似不可以人廢言也。

奉派赴美考察水利，已拼當就緒，並購定艙位，擬於九月二日由滬啟碇，今茲去國遠行，感與實多，願就愚見，簡陳數事，以為臨別贈言：

（一）今日大局，以和平為天經地義。國際要和，國內要和。如果和了，一切有辦法；打了，有至痛至慘之結局。但打了還是要和，任便打多次，到頭還是和。打得愈久，所遭慘痛愈深，而問題依然未能解決；與其將來和，何不現在和；故和平為不二之計。希望主席握得牢、立得穩；不可放鬆和動搖。

（二）社會凋敝，民生貧困，至今日已達極點；而我國資源遍地，都未開發，所謂拿著金碗討飯。救濟人民國家之窮，惟有快開礦，快築鐵路，快興工業，快辦水利；貴在立刻辦，不容等待，譬如，目前有戰事之地不能辦；無戰事之地，當先辦。辦則人人有事做，有飯吃；不辦則人民普遍走頭無路。又須不擇手段的辦，不怕大借外債，或與外人合作。吾人今日不能無盟國之幫助；然於受助之際，亟須奮發，以求自力更生之道。

（三）我國古聖古賢，都有取法於天地之利。天不雨，人多怨之，以其害禾稼；雨，人亦怨之，以其苦行旅。而天一視同仁，並不因有怨言，而有所惡、有所薄；地載萬物，亦一視同仁，無所不容，不好惡、不厚薄。自來大政治家領袖，法乎天地之德，無不成功。今日西洋民主政治之原理，亦不外乎此。昔人問林肯為何而得成功；林肯答曰：「無他，我能使我之敵人，成為我之友人而已！」至祈主席深味此言而力行之。

（四）書稱：「天處高而聽卑」，言論自由，實為政治之起點。此意主席早有明諭，負責者尚未辦到。今日說話仍多阻礙，書刊仍多限制，此乃最大病竇。千言萬語，總以多聽不好聽的話為有益；一味是是，一味阿諛，到頭必上其大當。又當求消息靈通，不可輕信揣摩、逢迎。造謠生事者，實煩有徒，不可不嚴切注意。又最苦之事莫過於無朋友。主席當交結一、二十位在野名流，常常與之東談談、西談談；自然可以耳目日新，不致壅塞。

（五）風紀敗壞，危險之極；職司多貪污，行政少效率，到處人心萎靡，文化不發揚。而尤顯著沒有過於軍紀之廢弛，官常之不振。今日官吏欺民，軍隊擾民，無不肆意為之；即以通都大邑而言，憲警打百姓，軍警相衝突，何地無之，何日無之？此為性命根本之事，數十百年不易培成，而今掃地以盡。又英文報載廣州市民餓死者每週六百人，美報載我們人民挨餓者，今年有三千五百萬；而在上者恣意享用，揮霍無度。上海一地，每席四十萬元筵席日達十萬桌，京滬大街奢侈品充斥；甚至各項賭具，公開陳列出售；凡此主席宵旰憂勤，力求防範糾正之者。但果當如何措施，乃得收實效，不可不悉心研究，以挽狂瀾。整裝待發，未能面辭，故扼要直陳，以瀆清聽。……

寃沉黑海

自從卅五年九月，馮氏放洋赴美，與蔣算是最後之分別，此後國府在大陸已是口蹙百里，而馮在美更本其在重慶民權路會議之目標，作共黨之應聲蟲，以民主為標榜，公開反蔣，大放厥辭。終以謎一般的微妙關係，由美赴法在馬賽換乘蘇俄輪船，駛經黑海，以放映電影著火焚死聞於世。是否寃沉黑海，不可知矣！

外史氏曰：馮玉祥以行伍出身，四十年來，飽經世變，歔歷多方；尤曾帶甲數十萬，統治大方面；雖蒼黃反覆，諡以倒戈；然中原無主，群醜縱橫，竊國竊鈎，成王敗寇，似亦不足為馮氏一人責。論其治學之勤；獨能於從政之餘，歷聘名師，廣為涉獵；居然書摹漢隸，文解中西，論道經邦，頭頭是道，懸河雄辯，鼓舞群倫，練兵既具特長，諷諫無慙諍友；凡斯數者，求之政海名人，當途權要，且不可得；況乃卒伍之中，其造詣之宏，為難能已！

至於蔣馮之離合，是是非非，本難論列，然準春秋責備賢者之義，蔣氏或亦有憾焉。軍餉與用人不公，編遣之失當，非所以服天下也。姑置馮玉祥不論，如閻錫山、唐生智、李宗仁、陳銘樞、陳濟棠亦皆先後稱兵獨立，豈皆自外生成者？不能用、不能容、又不能殺，或順或逆，打打和和，國力耗盡，而外侮乘之，不滋可痛耶！馮於抗戰期間，對蔣之獻替不為不多，所言不為不當，存心不為不忠，然而唯諾敷衍，終是搪塞之辭，尊而不親，未去猜疑之念，此所以合而終離歟！

馮雖不得於蔣，而未死於蔣，蔣之失亦蔣之厚也。馮轉投於共，而終死於共，共之毒辣，亦馮之誤也。馮氏聰明一世，而終以不明不白而死，後之視此，可不鑒諸！

張作霖、張學良父子

在當年縱橫東北，問鼎中原的張作霖：因為被日本人炸死於皇姑屯，及今晌逾三十載，墓木拱矣。吾人對於他那一種草莽雄圖，軍閥舊跡，早已作稗乘之佚聞，置諸不論不議之列。可是他的兒子張學良，自從歸命國府而後，扮演了一齣西安事變，在邀免鈇鑕之餘，二十年來，至今還羈置台島；有時猶不免為敵黨所藉口，為法家所聚訟，為愛護中樞者所詬病，為莫名底蘊者所關心！這樣，他反成為久藏後的一位熱門人物了！

最近，看見本港出版的一家刊物上有這麼一個建議：「請張學良先生出山任職，或請他任台大、政大，一個學術講座。二十年來他鑽研史學，相信他在這方面已有相當心得。」云云；的確，這一建議，政府是值得採納的。我覺得張學良在青年時代，受乃父餘蔭，免不了公子哥兒的惡習。後來驟膺方面，國仇家難，萃於一身，他本是個血性男兒，只為識歷不夠，鹵莽僨事，張皇失措，自在意中。他既闖下滔天大禍，當時政府若繩之以法，殺了他，也無話說。如果在十年前放了他；充其量，也不過靠攏紅朝，做一名副主席罷了！難道還能讓他再做東北王麼？如今他渡過了二十年的幽憂歲月，增進了不少學養工夫，明白了當前大陸上殘暴情形，體會到當局愛護成全的深意；使他以其餘年，做一些補過修省的工作，有何不可！我想人們對學良本無若何好感，現在倒反有很多人同情他了！改弦更張，一新耳目，此其時矣！若復為德不卒，不特示天下以不廣，抑亦累脩名於不值也！

關於張作霖父子事跡，一鱗半爪，散見於各方記載甚多。然或語焉不詳，或作傳奇性之附會；海外僑胞，容未悉其全豹。不佞，東西南北之人也，謹就聞見，筆之於篇。拉雜飣餖，在所難免。惟職既異於史遷，事無嫌於瑣末。敢云翔實，聊廣異聞。至於國故之要，有史存焉，非所及也。

作霖少時是一名獸醫

人們一提起張作霖，心目中便認定他是一個紅眉毛綠眼睛的人。所以大家都說他是馬賊、鬍匪，或紅鬍子出身，其實非也。過去，根據幾位東北革命同志祁醒塵、寧夢賢，及幾位國會議員，和他派在粵滬方面做聯繫工作的楊大實等所談，似非鑿空者比。茲為記其大要如次：蓋可以見當年東北好勇鬥狠、強梁橫行的情形；亦觀察民風之一助也。

作霖生於奉天省（今改遼寧）海城縣之大高坎村。東北各省，地面遼濶，居民出行，多以馬匹代步，故馬為最佳之交通工具。同時農民亦用馬耕作，以是蓄馬者多，而馬醫乃為民間所需要。作霖少時選擇之職業，正是用土法治療病馬的馬醫。固有其正當職業者。

張父名有才，任俠好義。家雖食貧，卻喜拔刀相助，打抱不平，猶是北方之強。從前鄉村遊手好閒之徒，多以聚賭為事。地痞賭棍，所在皆有，頭家利其抽水，棍徒利其手法（即港九所謂「老千」），局騙富家子弟，卜晝卜夜，每有傾家蕩產不能自拔者。有才村中有一王姓賭棍，素稱惡霸，橫行鄉里，人皆畏之。某次，局中有陳姓青年，家財雄厚，迷戀於賭；業已傾囊輸罄，王猶堅不令返，硬逼勒其以出賣地契的憑條，充作現金賭本；張父在場，看這青年輸得太慘，心有不平。再三勸王作罷，不要過為已甚，並隱為諷示其作弊手法。言語爭執，頗見緊張。不料有才於黑夜歸家途中，王竟在半途要截，逼令賠罪。張父那能裝孬呢！在雙方爭論之下，王即向之動武。北方混混，總有幾手拳腳的。有才年老了，當時受了重傷，不多日就因傷而死。

吃糧當兵升到了哨長

東北人的習慣，遇到這類事，多半是自行報復，不去驚動官府。於是作霖謂其長兄作孚曰：「這次殺父之仇，我弟兄倆不報此仇，誓不為人！」兩弟兄就利用夜間，進入王家住宅。不意王宅女傭，先行驚覺，便高聲叫喊：「有人進來了！」作霖還沒有看見仇人，就在慌張之下，將這女傭一槍打死。可是槍聲一響，王家的人齊出動了，作霖見寡不敵眾，隨即逃走。他哥哥雖跳出牆院，卻因遲了一步，被王追趕捉住，送到海城縣府，判了徒刑十年。

作霖因為報仇失敗，同時他在家鄉不能立足了。他的那一份馬醫職業，也就從此取消了。他到處流竄了好些時，感覺生活無可維持，便動了當兵吃糧的念頭。這就是他畢生事業的轉捩點。也就若或使之，不叫他以馬醫終其身。

他最初投入宋慶營裡，曾隨軍到過高麗，參加過中日甲午戰役。直混了數年，升到了哨長（相當於今之排長），他就興起思家之念。遂請了長假，返家去探望老母及妻室。那知他脫了老虎皮，仇家聞知，忽又舊案重提，報官捉拿。作霖當年對於其父之因傷而死，既未報案檢驗。而其槍殺女傭，則係事實。他知道經官不利，還是一走了事。

八角台地方是發祥地

作霖既脫離宋慶軍營，這時正值日俄啟釁，東北全境，騷動不已，他就到了八角台地方住下來。八角台今為台安縣，在彼時每有過境強徒，巧取豪奪；作霖就糾合了二十名結義弟兄，自為領袖，其中已有張作相、張景惠等加入，擔任這地方保安事務。這一項行業，就是用私人勢力，佔領一個地盤，由這地方人民，共同供其給養；恰似地方防衛隊一樣，他們就名之曰「保險」。這種情形，在當年廣大的東北，偏僻之區，所在皆是；並且以大吃小，以強併弱，非有實力，不能自存。正如清初入關前部落之遺蛻，又似民初軍閥之雛形，非官非匪，似官似匪，草莽英雄所以起家者之不二法門也。作霖在這裡「保險」不久，即來了一次爭奪戰。

有一天，忽來了一百多糾糾者流，自稱係「好漢結合」，由一位「海砂子」其人帶領，要他們讓出八角台區域的「保險」生涯。這無異要毀滅了他們新成基業，也是搶奪了生活來源，當然是這一小小集團的存亡生死關頭。那時作霖便挺身而出，向對方領導的「海砂子」表示說：「你們仗倚著多幾個人，就要來奪我們的保險生活；這在江湖道上，似乎說不過去。況且你們既說是好漢，如果把大群百多人，來打我二十來個人，這也不夠面子吧！我今以領頭人的地位，獨自個代表和你們領頭人海大哥，咱們倆對打！兩邊弟兄，只許在旁觀戰，不准加入助陣！如果我敗了，我很願意我的弟兄，去跟海大哥討生活。萬一海大哥賞臉，而我能僥倖取勝，那麼海大哥的眾弟兄，便須歸我來安排。海大哥如果認為這是雙方合乎面子的事，就這樣決定。如不同意，應有指教我的理由！」

馳騁於白山黑水之間

張作霖這番講話，軟中帶硬，弄得對方無辭以答。「海砂子」跟著就說：「好罷！張大哥言之成理，我們就在這兒開始打罷！」作霖早有準備，一聞此言，立即拔槍向海砂子擊去，海立時應聲而倒，血流滿地死了。那邊眾弟兄，雖心有所痛；以張有話在前，也就統統併入張部了。

作霖總算在宋慶部下當過幾天哨長，遇事已能沉著應付，不似當年為父報仇時之慌張；所以只用了一粒子彈，打死了海砂子，又收撫其部眾，奠定了八角台「小小王國」的命運。前之一彈，雖未得父仇而甘心；此之一彈，卻能殲敵渠如反掌。得失之間，蓋非無因而致也。

「海砂子」這人，在台安縣（即八角台）周圍數十里內外，素有兇悍之名，居然被作霖打死了；遠近風傳，愈增作霖之威望。那時湯玉麟，亦帶有百多人槍，欣然投奔張之旗幟下，表示願供驅策，張亦力表歡迎。至此，張之土西形勢與地位，逐漸發揚滋長，集合了更多草澤亡命之徒，馳騁於白山黑水之間；東蒙瀚海，北漢關河，黑松林為遊弋之場，青紗帳為出沒之所；周旋商隊，迎拒官軍，刦富濟貧，聲勢日盛；不獨威震一隅，寖且名聞大府；蓋馬賊出身之說所由來也。後來受招撫，入仕途，建牙開府，稱命北庭，莫不由此樹之始基。而其景從之士，如湯玉麟曾任熱河都統，張景惠曾任奉天省長，張作相位至吉林督軍；並皆以山林豪客，市井強徒，進躋方面。此誠夢想所不及，而亦清末民初之奇蹟也。

向政府投降榮任管帶

張氏在八角台，既偽定一時，便有室家之想。那時他還沒有子女，遂將母妻接來居住。這位聲名赫奕的少帥張學良，就是在八角台這地方出生的。左氏傳曰：「深山大澤，實生龍蛇。」地靈耶？人傑耶？龍耶？蛇耶？吾不得而知之矣。

跟著東三省總督趙爾巽（次珊）風聞作霖勢力日增，誠恐枝蔓難圖，貽害地方；即飭令新民府知府增祺，限令作霖向政府投降，予以改編。作霖及其所部，詢謀僉同，願意報效公家，藉謀進身之階，作霖乃被委為新民府巡防營管帶（相當於今之營長），這是他的原始本錢；直到民初，擴充成第廿七師，胥由於此。

作霖果然官運亨通。剛巧當時東省邊境，有一股蒙古土匪陶什陶的匪群，時來劫掠邊區，商賈居民，不堪其擾；因命作霖率隊負責剿辦。這固然是不易達成的任務，可是也足為立功的機會。原來陶什陶手下有一個大頭目花號「牙扦」；行蹤飄忽，獷悍異常，一向來去自如，得心應手，如入無人之境；從未遇過邊區上有什麼官軍是他的對手。他更未料到這一支新成立的巡防隊，居然能做到收拾他的使命。並且一舉即將「牙扦」生擒。於是作霖一躍又升為巡防營統領。那時他的幫統，就是大家知道的朱慶瀾（子橋）將軍。蓋作霖地位已高，非復吳下阿蒙矣。

張作霖升任巡防統領後不久，接著就辛亥革命武昌起義了。北方各省，雖或有「用新瓶裝舊酒」的辦法，改頭換面。然在大義上，亦紛紛起而響應。東三省遠在關外，又是滿清的發祥地，革命勢力，自然比較薄弱。那時藍天蔚（字秀豪，湖北黃陂人，留日士官生）以民黨健者，任奉天（今遼寧）新軍協統（協統雖相當於今之旅長。但清末新軍單位不多，職位已高。黎元洪、蔡鍔等在辛亥時皆是協統），就召集會議於奉天省諮議局內。提出：「東北也應隨著各省同情革命，即時舉義！仍公推總督趙爾巽為都督。」其時張作霖所部，已調駐奉天省城，他本人也是應召到場的一位，居然於藍氏發言未畢時，即起立表示說：「我張作霖不同情革命！」同時並以手槍拍案示威。藍天蔚氏當時以為大勢所趨，水到渠成，且仍擁趙為都督，自然無可反對，不免掉以輕心。沒有想到這草莽後起之徒，恰似半路上殺出個程咬金；一時殊感意外。這會議就這樣不歡而散。

講江湖義氣敢作敢為

趙爾巽聽到這次會議的情形，不覺心慌慮亂。他認為藍天蔚既舉出這革命大旗，對行動上必定早有布置。乃急召作霖談話，因謂之曰：「藍協統之言，當然是有準備而發的。我是朝廷大臣，不可忘恩負義。現在我已決心以一死殉職，以報朝廷！」張聞言，即勸趙謂：「我張作霖是講義氣的人，我知道藍協統並無什麼準備，我決心擔當這裡的安全，大帥儘可放心！」趙以其言壯，為之欣然。當即命張：「你去布置安全辦法吧！」

作霖奉命後，一面將他前此保送在奉天講堂中受訓的二十多名下級軍官調出來，安排在趙氏左右作衛隊。一面集中所部，分別布防。並傳趙命，聯合在省各部隊，維持治安，威逼藍氏。藍鑒此情形，即隻身潛赴上海，又到煙台獨立，此是後話。就這樣東北人說是：「張作霖嚇跑了藍天蔚！」

趙爾巽覺得安定下來了，就組織東三省保安會，自充會長。任作霖為「前」、「中」兩路保安統領。後來袁世凱到了北京，接著清帝退位，趙已保張升任為二十七師師長。

張氏這種作風，雖說是昧於大義，不合潮流。但是他起家草澤，略識之無，只知江湖義氣，未受革命洗禮；其甘作趙制軍保駕之臣，而不接受藍協統革命之議，實無足怪。可是那一種敢作敢為的犯難精神，以及特立不群的氣魄，實已奠定其爾後能夠獨霸一方，和群雄周旋角逐的基礎了。

與直系失和聯絡孫段

民國成立，趙爾巽任清史館總裁，袁世凱任命張錫鑾、段芝貴先後督奉。結果錫鑾被作霖威脅而去職，芝貴又由張句使馮麟閣加以壓迫而不安於位。袁乃升張為盛威將軍（前清奉天一名盛京），督辦奉天軍務，自此而張在奉省之始基以立。迨袁氏洪憲失敗，黎元洪復任張兼奉天省長。徐世昌任總統時，更升任為東三省巡閱使，兼蒙疆經略使。自此而奉天、吉林、黑龍江、熱河四省軍政首長，如萬福林、吳俊陞、張作相等，亦皆由奉張保薦支配，而「東北王」之形勢以成。

自皖直戰後，奉直兩系又告失和。作霖感覺有與南方革命政府聯絡之必要。就在民十一奉直作戰前二月十二日，派代表到桂林，晉謁孫中山先生，表示願與西南及長江各省之反直系軍人採一致行動。此後，即派東北國會議員楊大寶為常川聯絡代表。是年四月廿八日，對直系作戰爆發，同時宣布東三省自主。在這一次作戰失敗後，即於七月十六日，作霖自稱東三省保安總司令。同年九月廿二日，作霖接孫中山先生電，派汪精衛來奉協商。此時張先已派出韓麟春，代表到上海接洽一切，孫先生並有覆書由韓携回。到了民十二年十月，曹錕賄選總統出現。孫先生即發電通緝賄選議員，並同意張與段祺瑞共同討直，此即所謂三角同盟之濫觴。後來派葉恭綽代表南方到奉天；段祺瑞派吳光新代表往來奉滬。自此直至第二次直奉戰前夕，三方代表，絡繹不絕。此第一次奉直戰前後，作霖與中山先生聯絡情形也。

北洋政府的末代元首

作霖於第一次奉直戰失敗後，不獨聯民黨、聯皖系，堅三角之盟。又能勵精圖治，整軍經武，文有王永江、莫德惠、鄭謙、劉哲等；武有楊宇霆、姜登選、韓麟春等。人才濟濟，氣象一新。困於民十三年第二次奉直戰，償前辱之恥，一舉而大敗直軍。曹仲珊（錕）被羈於延慶樓，吳子玉（佩孚）敗竄於城陵磯；跟著派李景林、褚玉璞先後督直（河北），張宗昌督魯，姜登選督皖，楊宇霆督蘇，劉一飛長察，畢庶澄長滬；在中山先生抵津之前，即擁立段祺瑞為臨時執政，特命作霖為鎮武上將軍，東三省軍務善後督辦，此張氏一生最煊赫時也。

先是作霖於是年十月下旬，有電邀請中山先生北上協商。段祺瑞及馮玉祥、胡景冀（國民二軍）、孫岳（國民三軍）等，亦同樣電孫促駕。孫氏乃於十一月十三日自粵至滬，經日北上。十二月四日到達津門。段氏已先兩日晉京就「執政」職，並宣布開善後會議。此與孫先生所主張之國民代表大會，實相逕庭。作霖謁孫，述及段赴京情形，孫滋不悅。其實這是張、段兩人做好的圈套，用以抵制民黨者；蓋已有負同盟之誼矣！孫先生固賚志以歿，而後之完成北伐，亦見天誘其衷也！

此次奉張之勝利：一由於東北軍之奮勇雪恥；一由於吳佩孚之驕妄失機。而尤要在馮玉祥倒直系之戈。故段氏之執政地位，苟存於張、馮兩大之間，僅一年而下野。張、馮之衝突，已到了圖窮匕見之時，不旋踵而伙併。結果馮軍退出北京，困守張北。就由奉系各將，推作霖為大元帥，正位北庭。做了民國以來北洋政府的末代元首，也是他一生所扮演的最後一幕！

以拖延手段對付日本

這時環伺於奉張之外者，有：新仇舊恨，跼蹐口北之馮玉祥；老謀深算，雄據三晉之閻錫山；五省聯帥，異軍突起之孫傳芳；漢皋賈勇，死灰復燃之吳佩孚；尤其聲勢浩蕩，挾鈞天之力，長驅北進之國民革命軍；實不容作霖得志於中原。因遂放棄北京之寶座，掩旗息鼓，捲甲東歸。此在當時盱衡局勢，誠不失為明智之舉。然而天下事每有出乎意料之外者！

日本覬覦我東北，處心積慮，由來已久。自作霖坐鎮關東，對於鐵路、礦產、移民種種問題，無不肆意要挾。作霖對日本抱定一個作風：「小事可以吃虧，大事予以拖延，再作道理。」就這樣勉強應付。到後來更堅決本著：「小事亦不吃虧，大事予以拖延」的原則。甚至如郭松齡之倒戈，日人陰助鎮壓，乘危挾持，多所要約，事後張亦延不履行。日人久矣卿之刺骨。在這一次張氏由北京回奉的專車上，居然來了日本人追隨著他，要求他在一項「承認日本擴大在東北既得權利」的文件上，予以簽字。且曾數次恐嚇，百端逼迫，並對張警告：「如不簽字，休想回返奉天！」張至此，依然堅決不肯簽字。於是，這日本人就在中途小站下車，悻悻而去。這情形是當時同車生還的人所說，證以後來日人照樣威逼張學良那一幕（見後文），是有其百分之百的真實性的。

皇姑屯慘死子繼父業

當時日本關東軍是早於張氏出京前，就在距離瀋陽數英里的皇姑屯車站鐵橋下，裝好重磅炸藥。且看作霖最後能否就範，再定處置。及至火車上交涉不成，得報後，隨即於張氏座車經過皇姑屯時，轟然爆發。同車之黑龍江督軍吳俊陞，當場炸死。作霖亦因傷重身亡。此民國十七年（一九二八）六月間事也。這一位縱橫關外，爭長中原，前後二十年，不學有術之怪傑，就這樣死於日本人之手！繼承父業的張學良，當然因為這一刺激，生出了偌大事端，影響到國家政策，注定他個人命運！

張學良，字漢卿。當他父親在北京做大元帥時，他曾一度統兵駐紮鄭州（三、四方面軍）與武漢方面革命軍小有周旋，所以他並未隨作霖同遭日人毒手。但是在新喪之餘，東北無主之時。地方人士，念作霖之舊澤，憐少主之孤危，以東三省省議會聯合會名義議決：成立「東三省保安總司令部」，擁立學良為保安總司令。因仍舊制，安定一時。就在這個期間，日方居然派林權助男爵為弔唁專使，又拿出前在火車上逼作霖承認的那張文件，要學良簽字，同時威嚇備至。學良就緊閉雙目，任聽對方施用若何手段，口中卻表示拒絕。這一抵抗態度，倒使對方無可奈何。正可見學良當日銜哀飲恨、愛國懷仇的表現，自有差強人意者在也。

上面一些經過，在上海抗戰時，東北軍的劉多荃軍長，也曾對人如此說過。我們在香港，看到司徒雷登前所出版的《在華五十年》（Fifty years in China），上面所寫關於他和學良談話的記載，亦大旨相同。這可證明日方對作霖父子不擇手段的情形，更可明白學良誓報父仇的決心！

少帥風流老帥應負責

學良的為人，是多方面的：是可與為善，可與為惡的；是感情衝動，不計利害的；是凡事任性，趨於極端的；他的好處，是天性惇厚，迷途知返的。他在他父親庇蔭之下，一直以「少帥」的姿態，周旋聲色之場，陶醉享樂之趣，俗所謂「要風有風，要雨有雨」；所以艷聞四播，豪氣勝常。並且玩得別緻，幹得痛快。譬如說冶遊吧：他在三十五年前，已經唾棄了窰姐，趨向到明星、閨秀、交際花之流，而醉心跳舞。講豪賭邑：雖狗肉將軍張宗昌，有時也要讓他一步。談到嗜好：他早已越過抽鴉片、吃白粉的階段，而打嗎啡針了。這些去處，全看出他好勝、好奇、好新鮮、好走端極。凡是青年人，處勢位富厚之餘，為左右逢源所誤，殆不免陷入風流陣仗。馬君武所謂「趙四風流朱五狂」，儘屬文人渲染之辭，究未足為他根本罪惡。且趙四患難相隨，始終如一，求之今日，已是無上佳耦，夫何足病。不過學良與郭松齡成二、六旅聯合司令部那一次，竟至漫不經心，釀成倒戈而不知覺。身膺軍寄，而仍吃喝玩樂，逍遙事外，以「玩票」的態度處之，豈非大謬！然吾人應知學良在少帥時代一切錯誤，皆應由張老將（北方多稱作霖為張老將或張雨帥）負責。根本上就不應該任人呼學良為「少帥」也。

槍死楊宇霆不能無憾

學良就保安總司令後第一個傑作，就是槍斃楊宇霆。楊係留日士官生，任東北參謀長，及兵工廠督辦有年。終作霖一生，言聽計從。尤其於第一次奉直戰敗後，援用新人，改革部隊；擴建兵工，補充軍械；用能一戰而勝，問鼎中原。其人雖失之驕，其功實不可沒。作霖死後，宇霆一以東北事為己任，心本無他。不過在主少國危之時，手握大權，要宜善處。以諸葛之大賢，吾人試一讀出師表，便見當年群言之龐雜。然學良非阿斗可比，當然對楊宇霆有「功高震主」、「陪臣執國命」之嫌。是以學良早已芒刺在背，而宇霆卻仍居之不疑。結果一個悻悻無君人之度；一個怏怏非少主之臣；而殺機以起！

某日，為學良生辰，宇霆徇例到賀。甫入客廳，而槍聲作，已飲彈畢命矣。蓋學良預命路局長高紀潛伏射手，乃時狙擊。同難者常蔭槐，實奉召來也。

楊既被殺，東北元老張作相等，多引為憾。初非有愛於楊，乃為學良舉動操切惜耳。後來學良雖微示悔意，然實早有決心。蓋不獨拔去眼中釘，亦有對東北將領示威意也。迨忽爾感覺左右無人，不免徘徊瞻顧；尤恐元老之責其過分；輿論之議其非法；部屬之懼其兇殘。故復假惺惺作態。揆諸三年無改之說，抑有憾焉！

或謂：「學良於事先，意甚猶疑，曾問卜於其所寶藏之鍍金袁頭一枚；若三擲皆袁頭向上，則殺之。果如所卜，遂決心焉」云云。此飾詞也，欺人之談也。藉曰有之，亦童騃愚蠢之見也。庸可信耶！

張學良自主政東北後，確有幾件轟動一時的事件。殺楊宇霆只不過是人事的恩仇，局部的利害，倒也無關宏旨。至於他的易幟來歸，效命國府，那還是歷史上值得大書的一件。

輸誠內向當副委員長

當東北軍撤出關外，學良以保安總司令，保有東三省，沿用辛亥以來傳統之五色國旗，儼然形成獨立姿態。張宗昌之直魯軍，於殘敗之餘，困守山海關，被拒於東北。徐源泉在天津反正，閻錫山部進入北平，於是，國民革命軍底定平津，完成北伐。所待解決者，只餘東北問題。當局欲以不戰而定，遂派張群、吳鐵城前往懷柔，運用各種方法，幾經周旋，終獲學良以東北輸誠內向。不費一彈，而青天白日旗飄揚於白山黑水之間。這當然是他識時務、知大體的一件大事。

國府為酬庸起見，位以軍事委員會副委員長之崇高職銜。雖經黨方元老胡漢民、汪精衛之力持異議，蔣先生迄不為動。蓋欲培成其聲望，保存其實力，而予以腹心之寄也。民十九，閻馮反蔣，學良又為雙方爭取之唯一勢力。中央代表張群、吳鐵城，輕車熟路，捭闔多方。閻馮代表賈景德、薛篤弼，溫文儒雅，相形見絀。學良接受張、吳之策動，率其一部大軍，長驅入關。躡閻馮之後，成助陣之功。重來副帥，驤首平津。此為易幟後效力蔣氏之起始，也是到今天未返故土的開頭。蓋「九一八」事變起矣。

舉國皆呼不抵抗將軍

一夕之間，兵不血刃，而失去數千方里廣大之國土！此亙古所未有，稀世之奇聞！宜乎舉世駭詫，輿論喧囂，士子沸騰，國人責難，口誅筆伐，諡之曰「不抵抗將軍！」然而有為學良辯者曰：「此中另有玄秘文章，不抵抗之罪，未可由學良獨尸之也。」不過這是國事秘辛，一天沒有大白，一天總是懸案。學良縱屬含寃，也是百口莫辯！又有為之解者曰：「日寇之於東北，非一朝一夕之故。不抵抗亡，抵抗亦亡。不失於學良之手，亦將失於他人之手。非學良之力所能救也。」惡！是何言！抗抵，正義也。明知不敵，明知失敗，亦應抵抗也。假令當「九一八」而引起中日之戰，恐後之「七七」及「八一三」，或可消弭於無形；或可轉變於有利；或可推移於較悠遠之未來：此學良之失，亦政府之失也。蓋東北既已易幟，學良縱不抵抗，政府亦應嚴令其抵抗。更應悉索敝賦，起傾國之師，以為抵抗。如是，則日人不敢正視我矣。此又一說也。然而學良不能不以身當之。此為其英名掃地的時期。

戒除嗜好下最大決心

東北軍的軍長劉多荃曾說過下面一段話：「論理當然於『九一八』事變那晚，在錦州線上的東北軍，是應該立即向日本軍作一次偉大的『你死我活』的激烈戰爭。可惜那時的少帥，精神太不行。既無計劃，又無決心，一直糟了好多時候，後來他才決心要改造自己。」這是他部下高級將領的說法，自然是委婉而忠實的由衷之言。

講到改造問題，不用說就是戒毒。他自從染上這酷烈的嗜好後，無論是燕居遊樂，朋從往來，總要醫生隨侍，針炙無間，幾於千瘡百孔，體無完膚。這一次他下了最大的決心，自願改造；可是也經過最大的痛苦，才戒除了多年的痼疾。他是在上海戒毒的，由那時的上海警備司令楊虎，為他布置了一所法租界的住宅。除他本人的隨從外，楊派了一位親信的東北籍副官劉海山，在張寓細心照料一切。後來我在楊宅遇見劉海山，據述：「當時除了一個外國醫生端納（按：即張氏之顧問）外，任何人不能前去知道他的情形。開頭少帥用的代用品較多，還能支持。繼則逐漸減少，他自己知道抵受不住，就要我等在床上將他綑紮住。癮來時雖不能動彈，但仍百般叫罵，呻吟不絕，看樣子實在受不了。就這樣經過二十多天，居然不用綑紮了。連同調理身體，共約兩個來月，就戒除淨盡了。」

心理變態竟同情共黨

照上面的情形，學良是以九死一生的精神，誓死戒毒，總算是勇於自新。跟著他就到歐洲遊歷，回國後身體發胖，確已進入健康。第一步，蔣先生就派他在漢口成立訓練處。隨後，就命他統率所部，到西北去，作為對付延安方面共軍的主力。任何人都知道，東北軍絕無與共軍合作的可能。可是學良到西安後，表面上雖有振作奮發的氣象，其實精神上，因過去他父親的慘死，和各方對他的批評，刺激太深，確有變態情形；一心想望著快點對日作戰，方可恢復他的聲名地位。他彷徨無措，曾經一再向蔣氏痛哭陳詞，請纓抗日。蔣先生以準備未周，不宜輕動，概予拒斥。共方看透他的弱點，迎合他的心理，派些幹部滲透挑撥，周恩來又直接納交學良，動之以利害，逞之以浮辭。於是，以討共為目標的人物，一變而為同情抗日的同路人。於是，喊出「報仇抗日！」，「打回老家去！」的口號。又於是，造成了民國二十五年十二月十二日所謂雙十二扣留蔣委員長的「西安事變」。

西安事變成歷史陳跡

西安事變，距今已逾二十三年，早成歷史陳跡。當時報章雖有記載，恐四十歲以下的人，還是模糊印象。這一事變：是變相的兵諫方式。當時出面行動的主角，是張學良與陜軍將領楊成虎。本來是由蔣委員長決定在西安舉行重大的軍事會議。京方隨蔣前去的，是陳誠、陳調元、邵力子、邵元沖、錢大鈞等；其他應召前往參加會議的，除張、楊外，有關各方軍事長官，為蔣鼎文、衛立煌、馬占山、何柱國、朱紹良、于學忠、董英斌、馮欽哉、孫蔚如、陳繼承、王以哲、萬耀煌、繆徵流等。這許多人，除東北有關之馬、何、董、王、繆及陝軍之馮、孫外，均寓西安市內之西京招待所大樓。事發後，雖都臨時失去自由，總還有驚無險。只邵元沖在動亂時，為流彈傷斃。蔣氏住在西安城外臨潼縣的華清池溫泉，當時發難的動作，不知是指導上的疏忽，還是動機上的險惡，還是執行者的愚昧而太失禮貌，幾乎戕害了蔣先生。翌日，遂護送到西安，而予以安危莫測的「安置」。同時蔣的姪子隨從護衛的憲兵第三團團長蔣孝先，也被張部在路上捕獲槍斃了。

這一幕驚人的表演揭開後，即由張、楊領銜，以冠冕堂皇的官樣文章，通電全國。上節所開的要人，除已死之邵元沖外，餘均被迫列名於通電之上。另外又由張楊兩人具名，給馮玉祥、李烈鈞一電。馮亦覆張一電（李未具名亦不及楊）。時馮玉祥為軍委會副委員長，李則為委員，皆超然於蔣張之外者。茲附錄各電如次：

張楊領銜通電的原文

南京中央執行委員會國民政府林主席鈞鑒，各部院會勛鑒，各綏靖司令各總司令各省主席各救國聯合會各機關各法團各報館各學校均鑒：東北淪亡，時逾五載，國權凌夷，疆土日蹙！淞滬協定，屈辱於前；塘沽何梅協定，繼之於後，凡屬國人，無不痛心！近來國際情形豹變，相互勾結，以我國家民族為犧牲；綏東戰起，群情鼎沸，士氣激昂，丁此時機，我中樞領袖，應如何激勵軍民，發動全國之整個抗戰！乃前方之守土將士，浴血殺敵；後方之外交當局，則力謀妥協。自上海愛國寃獄暴發，世界震驚，舉國痛憤，愛國獲罪，令人髮指！蔣委員長介公受群小包圍，棄絕民眾，誤國良深。學良等涕泣進諫，累遭痛斥，日昨西安學生舉行救國運動，竟嗾使警察，槍殺愛國幼童，稍具人心，孰能出此！學良等多年袍澤，不忍坐視，因對介公作最後之諍諫，保其安全，促其反省！西北軍民一致主張如下：（一）改組南京政府，容納各黨派，共同負責救國。（二）停止一切內戰。（三）立即釋放上海被補之愛國領袖。（四）釋放全國一切政治犯。（五）開放民眾愛國運動。（六）保障人民集會結社一切之政治自由。（七）確實遵行總理遺囑。（八）立即召開救國會議。以上八項，為我等及西北軍民一致救國主張。望諸公俯順輿情，開誠採納，為國家開將來一線之生機，滌以往誤國之愆尤，大義當前，不容反顧，只求於救亡主張貫徹有濟，於國家為功為罪，一聽國人之處置。臨電不勝迫切待命之至。張學良、楊虎城、朱紹良、馬占山、于學忠、陳誠、邵力子、蔣鼎文、陳調元、衛立煌、錢大鈞、何柱國、馮欽哉、孫蔚如、陳繼承、王以哲、萬耀煌、董英斌、繆徵流叩文。

致馮玉祥李烈鈞急電

急馮副委員長煥公李委員協和先生賜鑒：日寇深入，謀我益急，凡在血氣之倫，同深髮指，為民族計，為國家計，自非發動民眾解放戰爭，立起抗日，無以救國圖存，若再一昧退讓，妄冀和平解決，是猶抱薪救火，勢不至滅國亡種不止！瞻念前途，曷深憂懼。我民眾在蔣委員長領導之下，矢忠竭誠久矣！在蔣公自應領導全民，對敵抗戰，藉副斯民之意。最近蔣公蒞陝，良等一再陳辭，垂泣而道，希其翻然醒覺，反戈東上，乃近默察情形，於軍事仍堅持其內戰式之剿匪主張，於民意則拘捕救國領袖，槍殺愛國幼童，查禁正當輿論，似此一意孤行，親痛仇快，危亡無日！海內騷然，自非另尋救國途徑，則國脈斷送，近在眉睫！因請蔣公暫留西安，保障一切安全，以便反省。至於良等主張，已另有電文奉達，諒邀垂鑒！公等黨國先進，領袖群倫，愛國赤誠，久深佩仰；尚祈瞻念危亡，俯察民意，或惠賜教言，或躬親來陝，開誠指示，共謀國是。弟等以職務所羈，不克躬趨領教，臨電屏營，無任企盼。張學良、楊虎城叩文。

馮玉祥覆張學良密電

西安張漢卿世兄惠鑒：（密）頃讀通電，敬悉介公暫留西安，莫名駭異！介公力圖自強，人所共知，政治軍事，逐漸進步，其犖犖大端，如國事已真正統一，外交已真正不屈，綏遠之戰，中央軍隊抗敵，皆昭然在人耳目。當此外侮日亟，風雨飄搖之際，雖吾人和衷共濟，挽回國難，猶恐計慮不周，豈容互生意見，致使國本動搖！茲為世兄計，特敘意見：首應先釋介公回京。如世兄駐軍陝甘，別有困難，以及有何意見，均可開誠陳述。介公為革命軍人，光明磊落，坦白為懷，必能包容，必能採納，則過去之困難即解，而抗日之志可遂。如有反覆，於世兄有何不利，則祥可完全擔保。祥當約同知交多人，留居貴處，以為釋回介公之保證。處事須有定見，萬勿因他人之挑撥離間，致傷感情，致動國本。祥年歲較長，更事較多，老馬識途，決無誤於事。若誤會諒解，一切為難之處，俱可迎刃而解矣……

自張楊領銜之文日（十二）通電發表後（致馮李電未公布，馮覆電係密碼），當然是全國震驚。尤其對西安方面這突如其來的鬧法，莫名究竟。南京是中樞所在，在一國三公，群言龎雜之下，討逆呢？救蔣呢？安定中央呢？

張學良扮演的驚險鏡頭，既已在西安揭幕。南京方面，接到了他的通電，照理應該在穩定中樞、救援蔣氏、討伐叛逆各問題中，迅速有所決策；但是當時大家，似乎以利害矛盾之心情，成彷徨遊疑之姿態，就這樣開了幾次無結果的會議；真有「一國三公」、「築室道謀」的景象。到後來還是蔣氏親屬決定了實際的辦法，見之於行動。

那時一般人之心理又如何呢？廣大民眾，或則視為故常，而無所容心；或則惶惶不可終日，懼大亂之來臨；衛道者流，則認為順逆所關，此風不可長，亟宜加以討伐。其或懷挾私怨，快意一時者有之；利用變故，覬攫權位者有之；任令演變，靜以待動者有之；蓋皆以為蔣氏已無生還之望，而從另一角度著想也。且試看當時會議的特要情形：

何應欽為討逆總司令

接到張學良的「文電」，就第一次在中央黨部召集緊急會議。參加的人，多半不肯輕於發言。孫哲生主張說：「既已出事，那不要緊；有馮玉祥先生是軍委會副委員長，應該請馮先生在這裡負其責任！」跟著就有某中委說：「此事關係重大，應當仔細商量商量，再作道理！」馮氏自然是不露痕跡，大家也認為需要商量。直到了晚間七時，又在某要人家中，舉行談話會，這算是第二次商量。當時有人主張：「蔣委員長不在南京，可由軍政部長何應欽負責任。」馮玉祥就起來說：「按道理，軍事應當由參謀總長管！」那時程潛是參謀總長，馮氏弦外之音，自然是不贊成何應欽了。可是這樣往復商談之下，忽有人云：「還是請何應欽負責吧！」何即云：「我主張用飛機去轟炸西安城！」馮玉祥云：「用飛機去轟炸，不是先要老百姓死了不少嗎？倘若波及委員長又怎麼好？」如果爭鬧好久，總算決定了不必用飛機去轟炸。以後就公布了討逆軍總司令部條例，並發表何應欽為討逆軍總司令。

照上面的情形看來，似乎在京諸公，第一步只是注意到軍事領袖問題；第二步所謂不轟炸，固然是消極的，所謂討逆，亦成具文；尤其對救蔣問題，更是一無辦法。這時幸由宋子文慷慨赴難，他同蔣夫人及端納同飛西安，幾經折衝，卒達成營救蔣先生回京的艱難工作。

宋子文張學良的私交

在西安事變發生之始，任何人總認為那裡是魔窟、是虎穴，誰敢輕身嘗試呢？至於學良對蔣先生的動作，既已任性豁出去幹了，還能有挽回餘地嗎？所以宋子文這一次舉動，確有其義勇精神，弸忠決心，而尤其在其賦性亢爽，感人以誠，能種因於不覺之中，遂食果於非常之際。原來學良自易幟來歸，與國府諸公，都無淵源。又以少年氣盛，更落落寡合。「九一八」變起倉卒，已成眾矢之的。宋氏獨能於眾口囂囂之時，一本公誠，予以援手，公誼私情，遂成莫逆。此際學良為莠言所惑，鑄成大錯，即欲懸崖勒馬，亦恐悔禍無由。宋氏不獨救蔣以徇國家之急，亦欲救張以示愛護之殷。果也，精誠所感，金石為開，化乖戾為祥和，蓋非無因而倖致也。

薛觀瀾所寫〈我所知道的宋子文〉一文，其中所述宋與張學良的私交一節，最稱翔實，足為平息西安事變之信史。茲錄如次：「宋氏與張學良私交殊厚，因日人攫取東北之當時，錦州戰役吃緊，宋子文特往北平，曾竭兩日夜之力，張羅糧糈，以助學良，學良以是德之，宋張二人遂成通家之好。所以宋在西安曾云：『漢卿方面，我有辦法，我和蔣夫人可與蔣先生商量，夫人掌握得住。』此語預示蔣可平安脫險。未幾，學良果有悔禍之心，願親送蔣先生返京，蔣不贊成，爰遲延一天，逕從洛陽飛京。蔣先生並囑漢卿遲飛一小時，以便布置張之安全。先是，漢卿畏罪，欲自殺，欲入山為匪，後卒與宋同機飛京。」

一場鬧劇餘音猶繞樑

由這經過看來，我們知道學良對宋，具如何信心。而宋對學良，又掌握到如何程度。雖然一方面是領袖精神所感召，然毫無保留條件，當然還有些幕後文章。如：此次所揭櫫之抗日問題；同署發難次一首要楊虎城問題；內戰問題（按：即剿匪）；東北軍及陝軍爾後之安排問題；尤其對張學良到京後之安全擔保問題；儘可諱莫如深，已成公開私密。無疑是宋氏取得關係方的同意，一手完成。到今天周恩來等，還在大陸上肆言是他們主張不殺蔣先生的，那就未免遠於事實了。據傳宋氏努力之結果，由宋並擔保學良到京後之安全。廿五日學良即親送蔣先生同返洛陽。廿六日蔣先生回京。學良隨後到，遂被扣。

蔣先生脫險消息，初傳到京，大家多疑信參半，還有認為絕對不可能的。等到洛陽電話，說已安全抵洛，還是有人不肯相信。說句老實不客氣的話，我當時在京，也有點認為奇蹟。不一會，老百姓得到警察局傳知。於是家喻戶曉，大街小巷，就自動放起鞭炮來了。老百姓聞得蔣委員長安全脫險，無不歡躍萬狀，鞭炮逾放逾多，連續不斷，比過農曆年還要熱鬧，也似預感到，後來抗日期間火力的熾烈一般。到這時候，老百姓的心，固然定了；忠於蔣的及反蔣的心，也定了；企圖隔岸觀火及乘火打劫的心，也定了；就這樣一場鬧劇的高潮，宣告閉幕。但是他的尾聲，還在餘音繞樑，歷二十三年而不絕如縷呢！

為政府著想說說罷了

張學良，不管他是變相的兵諫，還是圖謀不軌，或是略跡原情；但在國法軍事上，總是犯上作亂。於是組織軍法會審，以李烈鈞為審判長。由宋子文送他出席軍事法庭，判了有期徒刑十年。跟著予以特赦，交軍事委員會看管。歷經抗戰二十三年間，由南京徙置於奉化、金華、貴陽、息烽以至台灣，仍在軍委會看管狀況中。

釋放張學良這一問題，到今日似已形成痲痺，很少有人提起。可是在多年以來，成為：政治上聚訟焦點；法律家指摘重心；「民主人士」及反對黨借口題目；東北人士及其舊部切身疑問；宋子文所謂「今生唯一負債」；諸般影響，因緣而生。其實十年之期，是早滿了，究竟要看管到何時為止呢？這樣辦法，對於政府有利嗎？最近宋子文來港，香港《天文台報》社長陳孝威兄晤宋，宋謂：「近來張漢卿已可隨便到台北各處走動，實際上已甚自由」云云。既然如此，何不渙汗大號，解除看管，讓他絕對自由呢？如果怕他再與共黨合流，這種時機早過去了。到今天共黨也不會需要他，他也不會同情那種殘暴政權吧！從前李宗仁代總統時，曾經下令釋放。那時蔣先生還在奉化，電令到台，當局以遁辭覆之（記得是說張不在台），這皆足以予人以口實。我與學良決無關係，不過為政府著想，寫到這裡，說說罷了。

開封之會于學忠求情

張學良的部下，都以為西安事變之釀成，是張本於愛國心所驅使，而出此受愚之衝動。自從這越軌動作發生，在各方形勢嚴重下，他又常以很公開的方式，對部下表示，承認他所做的錯誤，更深知將不利於國家人民；所以在最後關頭，毅然決然作一百八十度的轉變以自贖。

但是到了抗戰時期，正是東北軍可以達到志願，打回老家去的機會。所以他們東北軍各將領，都希望中樞能瞭解他們的心情。並且以為，既已從寬赦免，且又懲罰了他，看管了一段時期，如能在那時，讓他出來發揮抗戰意志，完成宿願；也許可能發生一點特殊作用。當台兒莊作戰，尚未轉移陣地時，東北軍于學忠一軍守蚌埠，繆徵流一軍守宿遷沿運河以至隴海路東段，適值蔣委員長在開封召集各軍事首長舉行祕密會議，于學忠特親向蔣先生請求，謂：「可否在此時寬恕張學良？使他在陣前為國效力！」蔣先生置而未答。後來于學忠回防地，繆徵流曾詢于氏有無結果？于氏實告之，眾皆觖望。此為友人某在旁所親聞而轉述於予者。

二十多年的南冠歲月

確然，在抗戰開始時，是釋放學良的適當時機，這是東北軍「人同此心」的。因為雙十二他所覲求的是抗日，為何不叫他去衝鋒陷陣，使他有激勵所部、表明心跡的機會呢？即不然，何不於勝利時，使他以東北軍接收東北，發揮人地相宜，號召懷來的作用呢？萬一對他未有信心，何不以「貳帥」姿態，使他相助為理呢？就是目前，又何嘗不可使其團結東北人，研究東北問題，宣傳策反，為未來有事東北之一助呢？

前幾年莫德惠到台，去看過學良。據說：他在研究明史，生活甚恬靜。當然還會涉獵不少其他書籍。我想他這二十多年南冠歲月，受了幾許折磨，自然增加學養。尤當益勵所守，為他日補過報國之需。孟子曰：「天將降大任於斯人也，必先苦其心志，勞其筋骨，餓其體膚，空乏其身，行拂亂其所為，所以動心忍性，增益其所不能。」天步艱難，人才難得。「以前種種譬如昨日死」。學良勉乎哉！

外史氏曰

張作霖以匹夫起自草莽，位躋方面侯伯，且進而飲馬長江，自立位號，處據亂之世，結北洋之局；雖無不朽之功業，然其用人則駕馭有方，文野並進；治軍則大刀濶斧，革故鼎新；兼且爭長中原，從容進退；尤其對日交涉，更能維護權益，不屈不撓，致敵寇欲得而甘心，終受粉骨碎身之慘。呂祖謙云：「鄰國之賢，敵國之仇也！」作霖糜身於敵手，是能為敵國之仇，可謂賢矣！軍閥中有此者，一人耳！

語云：「虎父無犬子」。作霖，長白山之虎也。「生子當如孫仲謀」，宜學良之有異稟也。他弱而好弄，長益恣睢。凡所作為，雖於吃喝玩樂之中，無不有好勝鬥奇之概。及後身遭大故，猝任鉅艱，舉措鴟張，童心未改。尋至疆圻變起，家國攖心，羞惡鬱陶，暴戾橫決，造成不擇手段之西安事變。雖屬荒謬矛盾之尤，猶是一鳴驚人之舉。此已成歷史上一重公案，無庸多事論列。惟於最後五分鐘之收場，感覺到宋子文之櫻冠急難，有膽有識；張學良之出人意表，能發能收。一個效命於非常，弭亂於指顧，忠告善道，化險為夷，不獨是樽俎長才，亦是政壇能手。一個冒天下大不韙，創驚險之奇局，視成敗若輕煙；聞之駭然，即之夷然，處之泰然；其娬媚天真的態度，真令人疑真幻，莫測高深。這兩位輕描淡寫，了卻那一次嚴重的事變，可謂各有千秋！

至於抗戰之促成，說者謂實由於西安事變；吾意不然！受侵略而抗戰，天經地義也。所需審慎者，只在敵寇之發動如何，與我之準備如何耳。時機已到，準備已成，即無西安事變，亦當抗戰也。反之，即西安事變信誓旦旦，甚至輿論沸騰，士子叫囂，亦不得輕言抗戰也。「一二八」之不能擴大，與「八一三」之長期抵抗；謀國者自有所權衡主宰，寧得以事變為轉移！老子引聖人之言曰：「受國之垢，是謂社稷主。受國不祥，是謂天下王。」果非其時，吾意執政者必能甘受垢與不祥而不辭也。物論云然，「吾斯之未能信」！

蔣介石與閻錫山之離合

外史氏曰：吾人試一檢討北伐而後抗日以前之史實，幾無日不在反蔣鬥爭中；而所有大方面之各局頭，亦未有不繼過一次或數次，短期或長期之反蔣者。其間陣容之盛，規模之大，鬥法之久，布置之周，尤以民十九閻錫山反蔣一役為之最。時則以擴大會議為中樞；以陸海空軍總司令正位號（閻為中華民國陸海空軍總司令，馮玉祥、李宗仁副之），挾豫、晉、秦、隴、平、津、冀、察之地盤；戰線自潼（關）洛（陽）以東，沿隴海直趨魯境，幾於橫斷中原；雙方陳兵逾百萬（閻馮約六七十萬，中央稱是），傷亡近四十萬；是役也，殆可謂「爭國之戰」。然而閻氏素以守法沉默著稱者也；非若唐生智、李宗仁、陳銘樞、陳濟棠等，有黨國之牽掣，利害之淵源也；胡竟一發至於此極？語曰：「積之久而發之暴」，「履霜堅冰至，其所由來者漸矣！」自此至抗戰以還，二公乃能融洽無間，是知敵國外患之能增加團結也。予既寫蔣馮之離合，因並及蔣閻；閻先生現在台島，幕府雲從，大有人在；就正有道，所殷望焉！

眾醉獨醒

閻錫山，字百川，山西省五台縣人。留學日本士官學校第六期畢業。早歲從事革命，辛亥，率同志在太原起義，巡撫陸鍾琦死難，被舉為山西都督；時與駐石家莊之第六鎮統制吳祿貞，同稱革命之健者；而閻尤為北方首義成功之第一人。

山西為四塞之地：西南兩面，環長河之險；東有太行八陘；北有陰山綿亙；井陘之固，雁門之雄，古所謂「晉國天下莫強焉」者。地本唐虞之故都，民風淳厚，勤儉務農；閻氏本其沉潛因應之長，得地利人和之便；故能於北閥以前十五年中，歷帝制、復辟，及直皖直、奉諸戰役，拜督軍、督理、將軍、督辦各崇銜；周旋軍閥之間，置身漩渦以外；民國以來，一人而已。

閻氏嚴於用人，精於理財，沉默寡言，深思遠慮；菲衣惡食，示人以節儉；量入為出，自給以無虞。單行法儼然一國，小鐵軌內不通（按：由石家莊至太原為窄軌鐵道，入娘子關即有憲警盤查，於安定中見嚴密）；故其所部軍官多忠愨之士，從政悉謹飭之倫，風氣所關，由來已舊。在北洋政府時代，早有模範省之稱。閻氏平昔作風，對中央則力事服從，絕不授人以柄；對政變則不輕闌入，常作壁上觀。對內則自固吾圉，示人以不可侮，所以為民國以來獨一無二之不倒翁；然而幕後運用，代表絡繹，冷靜觀察，眾醉獨醒，其高明處，譬之曰老成，訕之曰觀望，毀之曰陰謀。蓋有其莫測高深者在也。

石莊初會

民國十六、七年之交，奉軍乃直魯軍，已屆強弩之末。閻氏以國民革命軍第三集團軍總司令，於北閥進展之時，以近水樓台，動如脫兔，不旋踵而略取平津。於是，晉軍部將，群據要津；李服膺為北平警備司令；傅作義為天津警備司令；張蔭梧為北平市長；河北省主席亦由晉系×××擔任。中央方面，只一何成濬為北平行營主任，接洽收編雜牌部隊；晉軍之發展，蓋未有盛於此時者！

本來北閥完成之前一瞬，南方之第一集團被阻於濟南之五三慘案，雖有津浦鐵路之利，亦未能迅速佔領天津。而在津迎降之徐源泉，對於天津軍政權更未能及時黨握，致得傅作義捷足先得，北平一帶自然更落晉軍之後，此在中央雖有完成北閥之名，而未得地方政權之實；故閻對北方，實居首功，而亦為實際權力之主宰。

閻與蔣此時雖未晤面，而以革命軍統屬關係；及民十六年蔣氏下野至日本時，閻曾與馮玉祥聯名電請蔣復職；早具擁護之誠。民十七年六月蔣氏隨帶隨員衛士等約四百多人經過鄭州與馮（第二次晤面）一同北上到石家莊，與閻氏作第一次之會晤，暢敘情形，至為融洽；蔣閻二氏並同攝一照，在三十年前，皆當強仕之年，尤見其神采奕奕。此後即同赴北平，舉行祭靈典禮，及開軍事會議。

一段笑話

那次在石家莊的歡迎筵席上，有一段空穴來風的笑話，在這裡寫出來以見當時挑撥離間者，大有其人也：據馬雲亭（福祥）氏對馮說：「閻錫山恭宴蔣氏及其隨從，用魚翅席，你（指馮）在鄭州卻只用小白菜、饅頭、稀米粥，正是一飯一菜一湯。蔣曾說：『以相見時的請客來推測，閻錫山是有敬意的』。」云云。馮聽了這話，就在筆記上寫著：「看我們老百姓都沒飯吃得飽，我何忍以老百姓血汗之錢，用燕窩魚翅，大請其客呢？」我想蔣先生決不會說這樣的話，侍從、衛士們即或有之，亦不應置議。馬福祥當時如果真的向馮作此言，未免意存挑撥。馮氏居然信以為真，亦見其衝動太過。此可見大人物之行動，無在不足以發生影響也。

在西山祭靈之後，接著就到北平湯山附近開軍事會議，詳情已載〈蔣介石與馮玉祥之離合〉文中，茲不再贅。民十七年以還，各方最大之爭執莫過於軍餉與編遣兩大問題。因而有武漢討伐桂系之役；因而有馮玉祥反蔣之役；因而有起用唐生智，唐山易帥（收回白崇禧所統率唐之舊部兩師）、鄭州討馮之役；因而有唐生智鄭州發難，漯河敗亡之役；因而有馮玉祥託庇山西、閻馮一同下野出洋之說。這許多事故，與閻氏最有關係的，莫過於唐生智與馮玉祥兩人。而一則聳唐發難，復又犧牲唐以擁蔣；一則調停蔣馮，復又聯馮大舉以倒蔣。前後三、四個月之間，反覆矛盾，詭變莫測；蓋閻氏一生玩弄手法之處，此其最矣。

撲朔迷離

唐生智之任討逆軍第五路總指揮也，蔣百里及其重要幕僚並唐本人皆無再次反蔣之心。民十八年討馮之役，唐雖立有戰功，聲威小振，而羽毛未豐，決難妄動。此際汪精衛以護黨救國軍再三促唐氏出蔣不意進窺武漢。唐對蔣之信任，雖有忒貳；而勢孤力薄，當時如不得閻氏之同意，決不敢輕啟戎心（按：此決非作者臆度之詞）。迨形勢已成，蔣為拉攏閻氏，立派趙戴文奔走其間，閻氏態度大變，唐生智在騎虎難下之情形中，以兩師人冒風雪苦戰月餘，自然歸於失敗。此一役也，閻氏助蔣殲唐之功，誠不可沒；然而中原空虛，殆為馮氏再來開一坦途也。

至於閻之與蔣，本未正面衝突。自從民十八年五月，馮玉祥退至山西；中間由閻任西北宣慰使，收拾殘局。而以馮自行願意出洋，閻又願陪同馮氏一起出洋為調停結果。中央方面，一面贊同馮出洋（送旅費二十萬元，由閻氏轉交）；一面勸閻打銷陪馮出國之意；一面又似乎肯定了閻亦陪馮出洋，而以趙戴文維持山西治安（這些詳細文獻，具載〈蔣介石與馮玉祥之離合〉中，茲不具述）。就這樣撲朔迷離，鬧得大家不歡。於是，以民十九年三月八日閻錫山暗中放走馮玉祥回到潼關，為導火線，而蔣閻馮大戰開始矣。

歷來政治上之結合，在未破裂之前，總是大仁大義，虛與委蛇；終至鈎心鬪角，圖窮匕見；蓋相處不以誠，相忍非為國，一旦爆發，盡情醜詆，揆之前史，比比然也。

蔣閻有其先天之癥結：蔣視閻為軍閥、為不革命，而自以正統之革命領袖睥睨一切；閻視蔣為不公、為自私、為有畛域之見，而欲翦除群雄。其後天：則閻之輕取平津，坐鎮北疆，尾大不掉，形同割據；而編遣、餉糈、國稅、省稅諸問題，糾結難解；直至馮玉祥託庇於太原，出走於潼關，燎原之火，乃不可收拾！吾人自不能歸之「運數使然」，寧抑「人謀之不臧」耶！

出洋之謎

蔣閻之「鬥爭」引線，本由於馮。而所謂閻馮一同出洋之調停，實為一同進退之暗示。蓋李宗仁之武漢撤退，唐生智之中原犧牲，在閻皆可隔岸觀火；惟馮玉祥之失敗，對閻則有脣亡齒寒之感。故庇之於敗軍之際，結之以進退之情，既示蔣以不可侮，亦收馮而為已用；苟當局能委曲處馮，則自然大事化小。但那時的經過是：始則蔣氏表示「中央為顧念馮之前勞將予以考察名義出洋，並資助旅費」；又謂「閻百川同志，力勸馮氏出洋，並願伴同出國遊歷，愛國愛友，不可多得，新近任閻為西北宣慰使，軍事善後，均待擘劃，……予以為私人一時行止，自非他人所能干涉。」以上係民十八年六月蔣在北平的談話。此對閻已微露推挽之意。後來又電囑西北各將領合辭電閻，懇其打消下野及出洋之意。結果僅根據趙院長戴文一電，就答應閻氏下野出洋的要求，山西方面由趙院長維持。又一次蔣氏在國府紀念週報告閻馮結合內幕情形，有下面一段說話：「我們從前，還希望閻錫山果能出洋，必可增長學識，變易眼光，將來回國，還可叫他為國家擔任一點事情，現在看他的行為，確是陰險奸詐的封建軍閥，以後他是再不能和十八年以前敷衍過去了。」由這許多經過看起來，閻氏本無陪馮出洋之意，亦實無下野出洋之理。蔣氏自有去馮之意，實亦無留閻之誠。蓋閻已極盡探賾索隱之能，而蔣似未免有天真淺嘗之失。於是，閻氏乃進一步由閻馮一同出洋之建議，而變為蔣閻一同下野之要求。蓋閻為調人而須下野，蔣為引咎亦自可下野也。事之變幻至此，真令人進入五里霧中。

蔣致閻電

在民十九年三月八日馮玉祥出走潼關以前一個月間，蔣閻雙方，已在文電上互相詰難，文辭鋒鏑，愈答愈緊。是年二月十三日，閻錫山以元電致蔣，大意主以「禮讓為國」，自願辭職下野，並請蔣一同下野。十八日閻覆以巧電對蔣多所指摘，並謂戡亂不如止亂（按：此戡亂應是指「討逆」而言，並非後來剿共之戡亂）。蔣於翌日以皓電復閻，閻更以號電覆蔣，特錄如後，以見當時箭在弦上、盤馬彎弓的情形。

蔣致閻皓電（十九年二月十九日）：

……巧電奉悉：元電未即裁答，以中正所陳救國本為義務，吾不容放棄責任，以獎亂助爭，乃中央努力於和平統一，惟不得不以武力制裁之義；不邀洞鑒，重加責難，以吾輩平日相待之厚、相知之深，而結果如斯，中正惟有痛自慚愧，更何用嘵嘵辯費。且胡（漢民）、譚（延闓）、王（寵惠）三院長續進忠言，果兄不認為逆耳之談，臨崖勒馬，正未為晚，尤不必中正之續陳；中正日來靜默思過，何以平日負咎黨國之處，不能得兄指陳匡救，而突於此時嚴重督責，雷轟霆擊，必欲中正立即放棄黨國賦與之重任，以證實外間所傳兄利用他人失敗，不得不親自倒蔣之謠言；自愧誠信未孚，更何敢赫然震怒，以增罪戾。且中正方於刪日請楊部長回晉敦促次隴先生（趙戴文）來京斡旋大局……慎勿輕信挑撥離間者之讕言也。中正亦迭接報告，謂兄已決定對中央作戰，所有總指揮各路司令，均已委派，且欲強二集團以主力由鄭洛直取武漢，以大部進犯襄宛，對平漢路與北平電局之中央機關，皆派隊監視，且以武力強取，而對北平行營所發電報，施行檢查；在河北各縣，徵發車騾，疾如星火。中正未敢據以詰責，輒因來電，為兄言之。兄矢言服從中央命令，甚善，然中央付兄以重大之責任，固未嘗許兄輕自放棄。中正與各院長苦口敦勸，亦冀兄繼續為黨國盡瘁。兄果有服從命令之誠意，則請立即取消下野引退之說，非然者……恐兄動員令完畢之日，即兄通電辭職之時，而辭電朝布，兵禍弘發，是以禮讓為名，爭奪為實，不惜甘為黨國罪人。興言及此，中正實不寒而慄也！尤有為兄言者，我輩革命，在公當服從黨國命令；在私當重視個人信義。黨國未曾許我以退，我不能擅自言退，此為服從命令者所宜知者。信義為禮讓之本，無信義則所謂禮讓者皆屬虛偽。兄與煥章（指馮）有通譜之雅，親同手足，共事尤久，甚交誼當視中正與兄尤過之。去年八九月間，中央迭促煥章出洋遊歷，旅費廿萬元亦早請尊處轉發，使煥章早得成行，則西北戰禍得免。不幸兄堅約煥章同行於前，束縛煥章行動於後。劉蘭江（郁芬）之來，中央方竭誠款待，而西北軍出兵東犯之電，突自太原發布，及今思之，猶有餘痛！往者不追，兄今日宜首踐煥章出洋之約，復其自由；並切實負責，實行編遣會議之議決案，以昭示大信於天下，天下亦將群信兄之光明磊落，始終為革命黨人，而服從命令，非出矯誣，挑撥二集團軍，確為謠諑，群疑盡息，人心大安，斯真和平統一之福星，願兄圖之。承蒙不棄，故願以個人資格直陳一二，尚希鑒其愚而察其誠也。……

閻覆蔣電

閻覆蔣號電（十九年二月二十日）：

……奉讀皓電，惶恐無似！錫山追隨鈞座，共生死患難有年矣。錫山自處如何，對鈞座如何，對國家如何，鈞座皆知之，諒我罪我，錫山不敢以一言一字致煩鈞聽。惟對於國家安危大計一得之愚，不忍緘默；錫山前電所陳戡亂不如止亂，必須能止亂，戡亂始有結果。苟不能止亂，一味戡亂，亂終無戡定之日。錫山所見如此。全體大會，為黨國最高機關，不可貽人口實，必須設法消除。至於編遣，固為當務之急。惟黨國是以黨為主體，個人中心之武力，是黨國之障礙，應一齊交還於黨，再行編遣。否則，鈞座編遣之苦衷，反不能使人諒解，而事實上亦窒礙難行也。此錫山不憚忌諱，敢陳鈞座者。……深望鈞座於此兩點有所指示，錫山無不竭誠接受也。若謂錫山別有辜負鈞座之謀，於津浦、平漢準備軍事，純係挑撥離間者之言，祈勿輕信。……

我們根據這往來各電，知道當時雙方所主張及爭執者計為（甲）閻所反對及主張：一、反對指定及圈定國民黨三全大會代表，須設法取消。二、反對戡亂。三、編遣應一齊將軍隊交與黨，反對個人中心之武力。四、禮讓為國下野引退。（乙）蔣所指摘及表示：一、指閻束縛馮氏行動，不使出洋。二、挑撥第二集團軍，背叛中央。三、不實行編遣。四、布置對中央作戰。五、表示服從黨國命令，不能下野引退。這樣兩不禮讓，自然各走極端；到了二月廿二日，蔣又致閻養電；廿四日閻以敬電覆蔣，彼此所表示者更為露骨。特附錄閻電，以明真相。

公開反蔣

閻錫山覆蔣敬電：

養電奉悉，答覆鈞座兩點如下：（一）取消引退之意，可以取消鈞座引退之意，不能取消錫山引退之意。（二）錫山與煥章出洋，係鈞座勸阻而止；煥章在晉，原本自由，無所用復。至實施編遣一節，錫山本曾竭力施行，裁去步炮兵三十六團，點驗委員報告有案；今欲再行實施編遣，錫山考察情形，非將一、二、三、四集團軍之軍權全行交還於黨，難以實行。此答覆鈞座者也。錫山在號電（見前）所陳兩點，全體大會，為黨國最高機關，不可貽人以口實，必須設法消除。黨國以黨為主體，個人中心之武力，為黨國之障礙，應一齊交還於黨之後，再實施編遣。在錫山之愚，確認為黨國安危之關鍵，故敢請加指示。鈞座以總理之謙讓為憾，錫山以總理之讓袁，是逼於強力。吾輩交還軍權於黨，是歸於正義，兩者實不相依。乃錫山有不必與鈞座言者：三全大會代表四百零六人，而指定者二百一十一人，圈定者一百二十二人，純粹選出者只七十三人，在鈞座之理直氣壯者，以為編遣、討伐，皆奉黨之議決案而行；外人以之不直鈞座者，以為指定過半數以上之三全大會，非國民黨之三全大會，乃鈞座之三全大會；編遣討伐，無異於鈞座一人之命令也。黨國危亡，實肇於此！亡羊補牢，尚猶有術；願鈞座察焉！……

看了閻氏這電，更覺澈底聲述，揭發無餘，實已到了無可轉圜的地步。三月八日，馮玉祥離晉回到潼關；十五日西北軍通電討蔣；四月一日，閻錫山就中華民國陸海空軍總司令職，馮玉祥、李宗仁亦分別就副司令職；並另行歡迎汪精衛由香港北上，在北平召開國民黨擴大會議。馮之西北軍出潼關後，跟著就佔領洛陽、滎陽、鄭州、開封、尉氏，以至蘭封隴海之線。二日十前後，馮玉祥亦到鄭州，並與閻所派之徐永昌、楊愛源會商軍事。閻錫山尋亦設總部於津浦線黃河北岸之平原縣，並親蒞主持山東方面戰事。至此，而閻馮之東西布陣，似已大體形成。不過南京方面之中央軍，似尚未積極接觸；直至五月二日，始發布討閻馮誓師詞，蓋此中有一錦囊妙計，即東北軍之入關是也。

初次報告

我們看蔣氏當時在國府紀念週兩次報告，可見其好整以暇的情形：

民十九年四月七日國府紀念週，蔣氏報告中涉及閻錫山者，開首即云：「上星期四月一日，閻錫山已就中華民國陸海空總司令偽職，馮玉祥、李宗仁也跟著就副司令偽職；但是我們革命立場看來，並不算一回事。國民革命的名稱，他們——閻、馮、李等本是很怕的；革命兩字，不但軍閥懼怕，就是帝國主義也很駭怕的；因此我們就被許多人所嫉視。自從廣州出發後，我們革命，百戰百勝，他們看了沒有辦法，不能不加入革命；而我們因環境關係，也任他們混在裡面；到現在他們軍閥的本來面目，不能再掩飾，一天一天暴露出來了。……我們知道，以後一方面是革命軍；一方面是軍閥的軍隊。我們看到底那一個勝利！閻錫山就偽職以後，他對國民的信用，是完全失掉了，再不能混入革命軍陣線，做他們的賣國勾當了。至於討伐閻逆的問題，現在各黨部和民眾，皆主張對錫山加以討伐；但現在政府同人的意思，是用不著以軍隊去討伐；……我們相信最近之將來，他們自己的內部要討伐自己的；不但他們所認為友軍的要自相衝突，就是他們的部下，恐怕也要討伐他們了。所以政府暫時無需用兵。本席兩三天後或者到津浦、平漢兩路去視察，但是並不是指揮軍隊去討伐他們。……」

二次報告

又民十九年四月廿一日，蔣又在國府紀念週報告討閻馮軍事，再摘錄如次：

「上星期關於軍事方面無甚變動，大約馮玉祥於前日到了鄭州。……聞閻所允各軍軍費，上月分至今一文未發，只給馮玉祥五十萬元，所以各軍對於閻之偏袒，當然要懷怨望；但閻錫山還是要他們向中央進攻，我們也希望他們來進攻，使得他們自投羅網，軍事上可以快一點結束。……現在我們不但防禦有餘，而且有一網打盡他們的準備。鄭州一帶目前無問題；至於鄂北老河口、鄖陽等處，所有西北軍已完全肅清，而平津報紙造謠，說老河口等處被他們佔領，實在是他們想騙閻錫山而已。又謂孫殿英與中央第三師已經接觸，並說第三師如何失敗，實在雙方步哨，還離開得百餘里地，他們不過多報一次，多向閻要幾個錢罷了。馮謂西北軍已到鄭州，實在大部分還在西安，想襲擊太原；這些事實，已明顯告訴我們了；閻馮不久自會分裂。至於改組派、西山會議派不能合作，那也是我們意料中事。現在我們只要一意整頓內部，靜待他們來攻就是了……。」

細繹這兩篇報告，其作用似在：（一）誘致二、三集團軍全部出動，以期離開秦、晉根據地。（二）以不討伐為緩兵之計，以待東北軍之進關。（三）以襲擊太原之說，離間閻馮。（四）以軍餉不公，離間閻部雜牌軍。以故爾後結果，蔣則全勝。閻雖敗，猶得自固吾圉。馮則傾巢而出，一敗塗地。惟張學良為一時天之驕子。兵法曰：「多算勝少算」，蔣氏有焉！然而鷸蟲得失、蝸角之爭也；不旋踵而敵國外患至焉，豈不痛哉！

白民十九年四月一日，閻錫山宣布就中華民國陸海空軍總司令後，一時形勢，便入非常局面；然就南北兩方分析以觀：蔣挾中央之勢，居討伐之名，以東南之財賦，振革命之軍聲；內無湘桂携貳之虞（正在桂系退出武漢，唐生智漯河失敗之後），外有遼海入關之計；其措置裕如，自多勝算。

在閻一方面：擴大會議，始基牽強，號召難周，創立位號，尚不足以取代中央；第二集團及新附各部，多係饑軍，餉糈難繼，戰費尤殷；陝甘貧脊，又值旱災，三晉雖富，欲以一省之力，濟新造之邦，悉索敝賦，不可得也。且西南不能來李宗仁牽制之師，東北卻有張學良乘虛之患，其捉襟見肘，彰彰明甚！成敗利鈍，惟有期之一戰耳。

中原戰況

閻馮反蔣之戰事初期，馮部西北軍以兩次挫退之憤軍（民十八年一次敗於韓復榘之倒戈，一次敗於唐生智之擊退），賈其餘勇，出潼關長驅東下，一月之間，已佔領洛陽迤東直至鄭州、開封、蘭封之線；南向亦平均延展至尉氏、淅川、朱仙鎮、臨汝；挺進之速，可謂盡其一鼓作氣之能。惟閻百川氏縣統全局，內瞻顧於三晉根本之安危，外寄望於中原戰局之發展，而又須周旋於北平組府建黨之號召；重以晉軍長於保守，絕少參加內戰，非如馮部富有衝鋒陷陣政城略地之精神；故其對於津浦線上之出兵，不免遲徊審慎，始終頓兵於泰山一帶，致未能疾趨徐、兗，與馮部齊頭並進，東西相應；迨馮部已屆再衰三竭之時，而欲以泰安一線，挽回危局，不可得矣！況仍有東北軍後顧之憂耶？

此次作戰，自五月二日蔣氏發表討閻馮誓師詞而後，兩閱月之間，完全以主力對馮；故中原各役，血戰最多，傷亡最重（詳見後錄蔣氏報告）；蔣氏亦嘗親蒞前方，柳河一役，且備傳驚險；可是等到張學良就南京陸海空副司令之職，於是年九月十八日發表巧電（巧得很，到翌年「九一八」恰好一年），統兵入關，於是戰局乃急轉直下；故十月七日蔣氏有報捷通電（見後），十月十三日在國府有雙方作戰傷亡之報告（見後），就其時日之緊湊，可以洞見當日之戰情矣。

茲將蔣氏討伐閻馮之誓師詞（民十九年五月二日發表）摘錄如次：

「閻馮叛逆，割據稱兵；破壞統一，亂國害民；糾集盜匪，反抗革命；……革命軍人，救國保民；仗義討逆，不辭犧牲！統一大業，誰敢擔任？惟我將士，為民請命！……不驕不矜，同死同生！為統一死！為統一生！……國亡種滅，何樂偷生！總理照臨，主義戰勝；……無敵不摧，何功不成，逆軍盜匪，孰不崩潰，殲滅必盡，還我統一，安我邦本，完成革命，永保和平。……」

這篇誓詞，為四言韻文，短短不足二百字；而兩用「盜匪」，五申「統一」，三言「革命」，再共死生；可想見當時命意之嚴，與幕府籌筆之苦；以視陳琳討曹操檄、駱賓王討武曌檄溫厚多矣。

蔣氏談話

在河南省境之戰後半期，七月四日午後，蔣氏於隴海鐵路之柳河車站附近田野中大樹蔭下，曾與中外報紙之新聞記者作出征以來第一次之談話；其中對於馮軍情況，及對閻作戰計劃，並張學良入關接洽成熟各情形，蛛絲馬跡，頗耐尋味；其言曰：

「隴海線方面之中央軍，已佔領戰略上各重要地點，且佔作戰上穩固之進步，形勢有利；我軍已擊敵四分之三，北軍早已無戰鬥力，僅希望死守堅固之陣地，以延時日，若離陣地，必被全滅。從津浦方面進行之山西軍之南進，不成問題；放棄濟南，乃因山西軍涉黃河者為數較多，係預定之作戰；山西軍若陷青島，或再南下而佔領徐州，皆不足懼；蓋我軍誘敵之計，欲其渡河而深入也，彼等無生還之望矣！閻錫山到濟南之日，即其運命告終之日，此可預為諸君斷言也。……此際除速殲滅叛軍期戰事早日結束外，別無他途，取姑息之和平解決，徒貽禍根於將來。……此次之戰爭，與普通無意義之內亂性質完全不同，蓋閻馮背叛中央破壞統一而中央期國民革命之完成，此即革命與反革命之最後鬥爭，故不得不堅持到底；一閱月後，中央軍之青天白日旗，將遍懸四百餘州；四萬萬民眾，將歡欣鼓舞，以慶革命成功。……張學良近已就海陸空軍副司令之職，因中央兵力充足，無借用張學良兵力之必要。……」

爭取少帥

就這一段談話中，我們可以看到當時蔣氏對於閻馮戰爭，已有絕對的勝利把握。第一、河南馮部，已被困於以陣地內，只待時機成熟（即東北軍入關），便可聚而殲旗。第二、對山西軍之南進，知其已不能呼應馮軍，雖已放棄濟南，甚至再進而佔領徐州，亦無生還之望，蓋已暗示其歸路已斷也（即東北軍佔平、津）。第三、所謂「張學良已就副司令，以及中央兵力充足，無借用兵力之必要」數語，更是畫龍點睛之筆。

所以我們覺得：閻馮戰事之關鍵，完全繫於當時東北軍之入關。而馮軍之先勝後敗，則不免受山西軍之不能齊頭並進之影響。關於東北問題，以閻氏之審慎周詳，豈復見不及此；毋寧判斷有錯誤，交涉有利鈍，形勢有上下，而種因有不同歟？張學良舉足輕重，為雙方所爭取，當時蔣派張群、吳鐵城赴瀋陽；閻亦派賈景德（字煜如，閻之秘書長，後退居台灣，曾任考試院長）、薛篤弼（字子良，原係馮部，曾任衛生部）往瀋陽晤張；雙方雖如尹邢之避面，然一則鼓之以動；一則諷之以靜。穿梭交織，易幟以來，未有之盛也。不過賈、薛兩人皆恂恂懦者，亦非交涉長才；且東北紛奢，酬酢亦落人後，自難得到要領。而張、吳手面濶綽，因應多方，以捭闔之長，鼓如簧之舌，榮之以副帥，利之以平、津，激之以乘危下石出關兒逼之奇恥大辱（此指張作霖出關時，閻氏曾乘虛佔取平津舊事）。年少好勝之張學良，自然入其彀中。此閻之所以不能勝蔣，而亦一年之後「九一八」之前因也。

告捷電文

泰安戰事，已屬豫戰尾聲，形勢如前，山西軍自無勝理。當年齊東野語，曾穿鑿一段趣談：傳說閻百川在山西禁絕鴉片煙毒，號稱模範省，結果大家避繁就簡，改吸白粉，終至流入軍中，等到泰安苦戰之時，淫雨十餘日，火種斷絕，無法追龍（那時對吃白粉者謂為追龍，又叫高射砲及畫地圖），以致全軍道友（指部隊中之癮君子），怪象百出，一敗塗地云云。余意此乃一般對戰敗者揶揄之言也，晉軍容亦有吸毒者，然亦何至於此？且晉軍向以穩紮穩打著稱，觀於爾後百靈廟之克復及太原之死守，吾人終不能以泰安之敗輕覷晉軍也。

茲錄蔣氏於十月七日對豫境作戰捷電如後：

（銜略）上月真日施行總攻以來，節節勝利，迭下名城，如臨汝、自由、密雲、扶溝、鄢陵、考城，均於上月銑日以前先後克復；而張副司令於巧日通電擁護中央，維持統一，進兵平津，偽政府與擴大會議狼狽逃竄，我軍聲威並振，再接再厲，旋於馬日佔領須水鎮及滎陽車站；敬日佔領官亭車站；艷日克復蘭封；三十日克復尉氏、淅川、陳留三縣；本日冬日克復長葛，又佔領朱仙鎮；冬日將許昌、蘇橋、和尚橋一帶殘敵肅清；江日克復開封。逆軍崩潰，俘獲甚多。而第五縱隊，先經奉命進攻洛陽，先後佔領龍門及隴西要地，已將洛陽包圍，截斷逆西竄秦隴之路。敵方高級將領深明大義，棄逆效順，如：吉鴻昌、梁冠英等先後授予十二、十五路總指揮；張即昌等已授為各軍長；張占魁亦授為師長；其餘願效順黨國者，數亦甚夥。……又據中央及左冀兩軍團報告：新鄭附近之張維璽、孫良誠、孫連仲等三部共十餘萬人，已悉數被俘，無一倖免；宋哲元在洛陽，亦被我第五縱隊圍剿，決難漏網；大河以南，肅清在即，閻馮勢窮力蹙，眾叛親離，欲再負隅，勢不可得！和平統一，至是已確有希望。謹先布捷以聞！中正叩陽印。

蔣氏報告

讀者試注意告捷電中日期銜接之情形，即可恍然於南北呼應之妙用。至於逐日克復、俘獲、受降、圍剿各情形，皆隨形勢之變化，不戰而定。蓋勝之破竹，敗如山崩，俱形勢為之也。

至民十九年十月十三日蔣氏在國府紀念周報告作戰雙方傷亡狀況如下：

「……此次討逆軍（指中央軍）死傷數目，約在九萬五千餘人左右，其餘無數目可查者尚不在內。至叛軍方面死傷者，至少三分之一，總數當在十五萬以上。我方死者約二分之一，傷者約三分之三，敵方死傷各半；據調查所得，逆方傷兵在鄭州、彰德、洛陽者，已有八萬餘人，其他各地，尚不在內。在戰事之初，吾人以為馮所說有軍隊二十七萬，閻有軍隊十五萬，皆係過甚其辭；但事後調查，馮軍確不止二十七萬，因馮在戰事開始時，即招兵十萬以上，故馮軍總計約四十萬以上，閻軍總數約二十萬；惟馮閻軍數目雖眾，但槍械不敷，故其軍隊使槍者僅四分之一，其餘大都使用大刀及梭標，因之逆軍死傷較我為多，此次死傷總數，當其在三十萬人以上……。此後政府，惟有鞏固統一與保障和平兩事，以完成政府使命及責任．此後對政治上力求寬大；無論何方有何政見，只須不違背三民主義與建國大綱範圍以外者，均可自由。應儘量容納國民輿論；即以前與政府政見不同者，如果不利用軍隊，不破壞統一和平，有正確主張者，亦可儘量容納。至於對軍事方面，求嚴整；如再有挑撥軍隊，引起國內戰爭者，無論政客軍閥，均以反革命治罪制裁。決不寬恕！」

蔣與馮是合少離多，閻與蔣卻合多離少，雖然動了一次真刀真槍，過後便煙消雲散；蔣對閻之復職，固未過為己甚，閻亦收拾餘燼，保有晉綏地盤；事隔一年，而「九一八」變起，大家既同赴國難，自不容再起內訌。自二十五年十一月底，閻氏親赴洛陽，為蔣祝壽；

未逾月，蔣亦親訪太原；又一月，而西安事變，閻電各方均有利於蔣。廿六年抗戰前夕，閻氏到京，備受熱烈之歡迎；蔣閻之間，殆已前嫌盡釋。嗣是而河邊艱辛以抗日，太原死守以抗共；乃至組織大陸末次之內閣，轉徙成都；表示反共到底之精神，韜晦台島；決不似馮玉祥劍拔弩張，不擇手段；蓋猶有晉大夫「說禮樂而敦詩書」之風焉。

恩怨兩忘

我們要知道閻蔣之間，一邊有趙戴文；一邊有孔祥熙。在十九年破裂以前與破裂以後，始終得這二人周旋彌縫之力；所以在大打出手，尷尬局面之中；仍有重拾墜歡、從容迴旋的餘地；迨至閻氏親蒞洛陽為蔣祝壽，蓋已寃親一體，恩怨兩忘矣。

民廿五年十月，蔣氏五十大慶，不願在南京有所舖張，先期到西安避壽，與夫人宋美齡約在洛陽歡渡誕辰。十月二十九日，蔣由西安飛抵洛陽；三十一日晨，洛陽數十團體，暨民眾二萬餘人，並軍分校師生們，就齊集洛陽軍分校舉行祝壽典禮。那天閻錫山及商震由山西及期趕到，在二十響祝壽的禮炮聲中，參加了祝賀；同時為疆吏中唯一難得的嘉賓。

就在祝壽後半個月的十一月十六日，晉軍在綏遠陶林及紅格爾圖打下了日本飛機兩架，這可算是晉軍在長城外猛烈衛國戰的首功；蔣氏乃於翌十七日乘機親訪太原，舉行長時間的會議，並召集內蒙古阿王（內蒙自治委員會副委員長）共同參加；原來自日寇侵佔東北後，不斷聯同匪偽竄擾冀東、綏北、綏東等地。閻氏以晉軍作力保綏疆之抗戰，蔣亦對華北決定保守國土，於是在會議中表示中央已準備長期抵抗，應付綏遠局面，不必驚懼，並大加慰勞一番。這一來一往，且已公私兩盡，情愫無愆，已往之陰霾，掃除淨盡。

克百靈廟

是年十一月廿四日，接著又傳到了引人興奮的消息，那是閻部傅作義及王靖國軍克復了百靈廟；並且在廟內搜索到日軍及偽洲滿國軍文件計劃甚多；因為在這以前日本廣田內相一再聲稱綏遠事件是「滿洲國」的軍事行為，與日本無關。自此次所得文件內容，乃大大的暴露了日寇的野心。

蔣氏自太原返抵洛陽，在十一月二十九日紀念週時說道：「近兩星期，發生兩件重要的事：百靈廟的克復；和日德防共協議的簽訂。百靈廟的克復，加強了人民的信心；就是只要團結一致，失地是可以收回的。……就這一意義而言，百靈廟的佔領，一定要認作是民族復興以及民族獨立的歷史上的一個起點。」於是對閻氏晉軍的百靈廟勝利之下，在洛陽又下了命令，說「沿歸綏的北方邊境，定須建築永久的防禦工事！」

那時日本人，常常利用偽滿及蒙古的部隊在長城以外騷動，蔣氏又和閻對偽滿洲國及蒙古的雜式部隊聯名發了一道勸諭的通電，要他們和外來的勢力隔絕，這種勢力，就是挑起中國人自相殘殺。電的內容略謂：「我們大家都是中國人，為甚麼目的，你們要進攻綏遠，難道你們真的願意叫你們的子孫去變成別的民族的奴隸嗎？應該立即醒悟，不要愚昧地和自家的弟兄作戰，並要他們倒戈來歸附政府，俾將來不致被後世罵成漢奸。……」

綏遠連捷

在同年十二月五日，日人訓練的關東軍隊及雜色軍又進攻紅格爾圖，反攻百靈廟，這一次雖在日軍鞭策下，仍被晉方防軍迎頭痛擊，大獲全勝，離方遺屍千多具，狼狽回竄；南京方面更感覺到這是蔣委員長的聲威到了邊區的新階段。過不幾天十二月九日綏遠軍隊又克復了大廟；這大廟地方，是偽漢及蒙古偽軍在綏遠北部的重要門戶，這樣接連的勝利，使偽方雜色軍隊，完全崩潰；其有少數逃至山上，因給養斷絕叛變來歸者，亦均予以寬大收容。更在大廟地方，有前曾受蒙古英王指揮的約二百名軍官及五千人的雜牌軍，他們帶了十二輛軍車，四尊野炮，二十挺機槍，連同短波電台收發報機以及毒氣彈等一致來投降。從此綏境敵偽活動的偽軍，乃告肅清。

綏遠事件，以閻氏所部的力量，在蔣閻合下的氣氛下，得到了如此勝利的結果，於蔣氏偉大慶祝五十誕辰以後，值得使人們引起興奮的歌頌，正是錦上添花；同時閻氏更向蔣系人物說：「這是托委員長的聲威的結果！」

高瞻遠矚

這種禮讓為國的元老壯猷，自是國家之福；可是僅隔三數日，就是雙十二的西安事變出現了。關於閻在西安事變對營救蔣氏之努力，具見孔祥熙之《西安事變回憶錄》，當時孔氏曾付閻以營救全權，代表絡繹，往返電文至九次之多，顧慮周詳，情懷懇摯，雖脫險之方，另有所在，而閻氏顧全大體之懷亦可以大白矣。

二十六年抗戰前夕閻氏，曾飛蒞南京，寓北極閣宋子文之洋式茅屋別墅。當飛機到達時，明故宮機場，佇立文武百官，作盛大之歡迎，閻氏仍不改其大布之衣，與凝重之態，江東人士，望之儼然，皆欲一瞻三晉之遺風焉。

抗戰期間，閻任第二戰區司令長官，這一階段，無所短長，惟當德蘇開戰之時，蔣曾致閻一電，問以「對德蘇的戰事，作如何的觀察？」閻當覆云：「軍事是德國勝，政治是蘇聯勝；德國政治失敗之後，把軍事勝利隨帶著也取消了。」這是閻在山西克難坡時，蘇俄顧問伊拉夫訪閻，請閻批評德蘇戰爭之前途，閻出其與蔣往來電文示之，此亦可見閻氏識見之一班。

幾番離合

閻氏最艱虞之歲月，當是抗日勝利後，與共黨為太原守城之戰，其事悲壯，自然垂之青史，非本文所及備。至於城陷不歸，臨危受命，組閣於敗軍之際，播遷於川粵之間；一旦陸沉，終為浮海；烈士暮年，英雄氣短；其將有奇蹟，一揮魯陽之戈耶？抑回憶生平，繼立功而立言，以昭示來茲耶？噫！三千同德，難留唐叔之故封；五百從亡，當幸田橫之健在！閻氏之心亦苦矣。

外史氏曰：當年許多反蔣公案，所謂離合之間，是是非非，不外鼠牙雀角；到今日都成為不足論列的無聊問題。前無可懲，後無可毖，只當回述一些夢囈罷了。稼軒詞有句云：「事無兩樣人心別；問渠儂，神州畢竟，幾番離合？」雖其所謂離合與此不同，余乃斷章易其辭曰：「事關家國心胡別；問渠儂，神州禁得，幾番離合？」噫！一水浮沉人不渡，萬家搖落我何堪！噫！尚何言哉！

閻錫山軼事之一：光復山西與「燕晉聯軍」秘話

閻錫山主政山西，自辛亥民國紀元起，中歷袁項城時代及北洋歷屆軍閥，以至國民政府，洎於大陸變色；中間僅離開山西數閱月，前後整整在職三十六年之久。謚之曰「不倒翁」，誠可當之無愧。

予於北洋時代，曾隨節赴晉，數見其人。迨民十八、九之交，又以一介之使，三至太原，一蒞平原，有所親炙。又與其幕賓及部屬如趙戴文、趙丕廉、楊愛源、周岱、李服膺、傅作義、王靖國、李生達……等頻有往來。我總感覺到閻氏之特立獨行，深沉不露，計劃周密，謀而後動；民國以來，自國父與蔣先生外，閻氏當首屈一指。餘如北之段、張、曹、吳；南之馮、唐、陳、李，自鄶以下無稽焉。久欲為寫外傳，苦無具體資料。客歲特函隨閻入台之楊愛源（心如），以其為閻之甥又副主任也，所知必多。孰知其人已亡。一水之隔，而存歿不知，竟如劉孝標之追答劉秣陵矣。傷哉！晉人絕少在台者，幸得一位服務中行之國大代表某君，覓得部分材料。又以殉難之五百完人題名錄有關激揚，不可闕漏，特託由李伯英兄輾轉覓寄來港，至是已歷時經年，乃執筆為寫閻錫山軼事。如有乖漏偏頗，幸賜教焉。

在日組織鐵血丈夫團

閻錫山字伯川，號龍池，山西省五臺縣河邊村人。生於民元前二十九年（清光緒九年公云一八八三年），先世務農，兼營商業，耕讀人家也。氏自幼讀書，賦性剛毅直諒。嘗憤清廷之腐敗無能，毅然以挽救危亡為己任。義和團之亂，山西巡撫毓賢助長亂民，多所殺戮，致德軍攻五台縣之龍泉關，清政府軍不能禦敵，反於道經河邊村時，有所滋擾，閻氏曾集村民以土槍農具抗暴。時方十八歲，蓋已有過人之膽略與仗義之精神矣。

十九歲赴省垣太原，考入陸軍武備學堂。民前八年，由清政府選送日本留學陸軍。計在東京振武學校、弘前步兵第三十一聯隊，東京日本士官學校先後五年畢業。當抵日留學之翌年，感於國父中山先生之倡導革命，即加入中國革命同盟會。並遵國父啟示，聯絡同盟會中學習軍事之同志組織「鐵血丈夫團」，參加者有李烈鈞等二十八人，各省領導革命首義之中堅分子多屬之。民前五年，一度奉國父之命，與盟友趙戴文（趙後來曾任國府監察院長及山西省主席等職）由東京携帶炸彈經上海回國，布置晉省革命。時海關檢查，易啟疑竇。二人爭相擔承，分列前後，臨危禮讓，義勇無倫。此種同志精神，直維持到數十年當攻之後，始終契合無間；可謂「二難並」矣。

清宣統元年，閻氏二十七歲時，由日本畢業返國。初任山西陸軍小學教員。閱三月，升任監督。時清廷舉辦留學生朝考，例授舉人。回省後，改任山西陸軍第二標（團）教練官（團附），翌年，第二標改為第八十六標！升任標統（統帶，今之團長）。時與同志趙戴文、張瑜、張樹幟、南桂馨等深夜密計，致力於訓練新軍，組模範隊，培植革命幹部，又成立「辛亥俱樂部」，以研究學術，團結同志，鼓勵革命。以此遂奠定華北方面革命之初基。

二十九歲任山西都督

自辛亥武漢起義，南方各省，紛紛響應。山西孤立北方，環境形勢，敵人易來，外援無望。閻氏以沉毅勇敢的決心，於辛亥夏曆九日初八日（即陽曆十二月二十九日）率領三晉軍民，高舉義旗，響應武漢。不旋踵間，山西遂告光復。閻氏當被推舉為山西都督，時方二十九歲也。其經過情形，略如下述：

（一）閻氏與山西巡撫鍾琪的公子亮臣（光熙）以日本士官同學的關係，虛以委蛇，借以緩和官方之注意。

（二）閻氏與趙戴文、張瑜、喬煦（張、喬皆二標管帶）及一標標統黃國樑（非同志而私交好）五人結合為中心，計劃發動。

（三）軍隊以閻氏所統之第二標為主力。另用「官方不信任兩標，分別調赴省外南北地點，以巡防營調防省垣」語，激勵一標，運動加入。其他騎礮工輜各營隊，小準此從下級著手運動。並以「討債起」三字與「債不能討」四字為隱語以報告運動之成否。

（四）閻氏於起義前夕，召集本標中下級官長十一人開會，當時情形如下：閻對他們說：「咱們是遵令開拔，還是起義？」大家同聲說：「我們應該起義。」又問他們：「一標不同情時怎麼辦？騎礮營有沒有辦法？」他們說：「礮兵可能設法，騎兵沒甚關係，一標至少能拉出一半人來！」閻說：「好吧！咱們先把二標的動作研究研究！」他們說：「二標就是瑞墉一個旗人（瑞是二營管帶），把他囚禁起來，就沒有事了！」

（五）初八日，天剛亮，就開始動作。閻督率二標先攻撫署後門之巡防隊。一標向撫署前門進攻。協統（旅長）譚振德在撫署門前厲聲說：「你們造反啦！」他喊了一聲立正，繼續說：「你們趕緊回去！不究！」同志楊潛甫反激他說：「協統也知道革命的大義麼？如知，指揮我們向前；否則，請退。」譚說：「甚麼叫革命？你們這是造反！」楊隨即舉槍將譚擊斃。這樣就衝入撫署。撫署衛隊亦未作抵抗。

（六）最後是巡撫陸鍾琪父子殉難情形。據閻氏所述：由撫署前門衝入之革命同志，未遇抵抗。此時陸撫衣冠齊整，立於三堂樓前，陸公子亮臣侍其旁。陸公子說：

「你們不要動槍，咱們可以商量。」陸撫說：「不要！你們照我打罷！」時陸之侍從有開槍者，遂引起革命軍之槍火，陸巡撫與其公子亮臣（光熙）遂死於亂槍之中。（予按此事說者不一。有謂撫署破時，陸氏衣冠出大堂，拍胸大聲曰：「我陸鍾琪也。君等必欲起事，可先殺我！」遂被革命軍擊斃。其子光熙踵至，疾抱其父掩護之，遂同被殺。更有謂閻氏親殺亮臣訾其不義者。其實閻於發難前曾告知一二兩標，對陸巡撫勿傷。頂好暫囚在撫署。其子亮臣同在署，並囑注意保護之。予意在革命作戰期間，兵不由將，所在多有。陸氏既父盡其忠，子盡其孝。閻及其所部亦皆各盡其義。更不必妄事譏評也。）至此華北革命之基礎，於以大定。此閻氏光復山西之實際情形也。

組燕晉聯軍功敗垂成

當山西光復之初，清廷第六鎮統制（師長）吳祿貞將軍，正駐軍石家莊。吳祿貞本同盟會中人，閻氏認為有會商之必要。先是吳曾派其參謀長周維楨持親筆函至太原，函云：「公不崇朝而定太原，可謂雄矣。然大局所關，尤在娘子關外。」遂相約會晤於娘子關，共策北方革命繼續進行之大計。時袁世凱尚在其河南故鄉洹上，正擬北上入京，主持清廷之殘局。閻、吳兩人皆以袁氏挾有北洋六鎮新軍之勢力，且其權術過人，難與謀國。如任其入京，無論其為清室或為自謀，皆與革命軍不利。遂決定組織「燕晉聯軍」，推吳為聯軍都督，閻為副都督，出兵石家莊，共阻袁氏北上。不幸吳部營長馬某為袁世凱所收買，刺殺吳祿貞於石家莊火車站司令部，聯軍之議遂寢，袁乃得以進京。否則民國歷史勢將重寫也。吳部革命同志孔庚、王伯幹、倪普祥、李敏之、劉廷森等即由晉軍歡迎隨軍入山西。孔庚後為大同鎮守使。餘均任用有差。

吳祿貞被刺之後，清廷一面調第十二鎮由奉天南下。一面調第三鎮由統制曹錕率領，於太原光復後四十五曰，即由娘子關攻入，循正太路入晉。晉局粗定，寡不敵眾，相持數曰，前敵總司令姚以價即退返太原。其時第三鎮自統制曹錕以下，協統盧永祥、管帶新升標統吳佩孚、隊官（連長）王承斌、司務長張福來，皆後來北洋系之方面大員也。

閻氏至此，為保存革命力量，不得不謀退守之方。遂決定分向南北兩方面暫退。以副都督溫壽泉率部轉晉南。閻氏本人率北路軍入綏遠，攻佔包頭。隨即決定回攻太原。行至晉北神池，得知清廷已宣布共和。至欣縣，接段祺瑞電，知南北議和成，山西應歸革命軍，囑勿進攻。跟著太原各界代表，北至軍前歡迎，遂整旅入省垣，實任山西都督職務矣。

閻錫山軼事之二：最受中山推重、善與軍閥周旋

辛亥以前，山西地位在革命陣營中，是孤懸北方的。而在北方能夠首先響應武漢起義成功的，只有閻氏一人。此其膽識過人、計慮周至，在民國史中，實為最珍貴之一頁。故孫總理於辛亥之翌年親赴太原，特加慰勉。而閻氏於民三十三年克難坡山西光復紀念大會上，亦追述同盟合最初計劃「先南後北」之要旨。凡以見特立獨行之不易，而孤危犯難之難能也。

總論功獨推重閻氏

孫總理於民元九月十九曰蒞晉，在太原各界歡迎會上演講。首云：「去歲武昌起義，不半載竟告成功，此實山西之力，閻君伯川之功；不但山西人應感激閻君，即十八行省，亦當感謝。何也？廣東為革命之原初省分，然屢次失敗，滿清政府防衛甚嚴，不能稍有設施，其他可想而知。使非山西起義，斷絕南北交通，天下事未可知也。」又對山西商學界歡宴會上演講云：「前在日本時，嘗與現任都督閻君謀劃，令閻君於南部各省起義時，晉省遙應；此所以去年晉省聞風響應，一面鼓勵各省進行，一面牽制滿兵南下，而使革命之勢力，迅疾

造成也。」又在閻都督歡迎會上演說，亦多獎勉之辭。並於臨行時，特囑閻氏云：「北方環境，與南方不同。你要想盡方法，保守山西這一塊革命基地！」這可見總理對閻獎譽之殷，寄望之切。

閻氏於山西光復紀念日演辭，曾追溯山西革命歷史，亦云：「在辛亥革命以前，同盟會因為種種關係，把革命任務，分成兩部分：一為江南，一為江北。總理與同志們發動起義的地點，大家都主張在江南；因為一方面江南離北京遠，發動起來，北方的清軍，不易集中反擊；一方面江南有海口，易於輸入軍需品及得到外力的援助；且當時江南的革命潮，亦較江北為高。因此，江南江北所負的任務就不同了。當時山西負的任務，是革命軍到河南時，山西要出兵石家莊，接援革命軍北上；這是辛亥革命以前的決策。」由是可見閻氏於長江未定中原滿佈清軍之時，即能控制三晉，遙應南軍，而使北京震動，早收和議之功；其非常之偉業，實足大書特書者矣。

在軍閥圈中應付裕如

自癸丑二次革命失敗後，民黨勢力，幾於蕩焉無存。山西整個被包圍於北洋軍閥勢力範圍之中。其間經過袁世凱之帝制、督軍團之跋扈、張勳之復辟、皖直之戰、兩次直奉之戰，閻氏始終以保境安民勤修內政為職志，從不介入，各軍閥亦無敢犯之者。蓋視娘子關外為鼠牙雀角之爭，如無物也。由是每遇北京方面一次政變，對政治體制有所變更時，安坐而接受任命。不獨人莫予毒，反有舉足輕重之勢。故由辛亥被舉之山西都督起始，而民元兼任山西民政長、民三任同武將軍督理山西軍務。嗣又晉任同武上將軍督理山西軍務共兼山西巡按使，民五、任山西督軍，民六兼任省長，民十四督辦山西軍務善後事宜。直至民十五、十六北伐之頃，始以國民革命軍姿態，發揮其蠖屈龍伸之本能。此雖由山西四塞之勢使然，而非閻氏之臨危不亂，應變有方，如何能於軍閥臥榻之側，安處十五年之久？此予所由稱其為民國以來第一人也。

世人向以閻馮並稱，甚至不知者或以閻為北洋系，此大謬也。其實馮玉祥確出身於北洋系。彼以第六混成成旅長在武穴兵變起家，反覆於合肥，屈身於曹吳，被收買於奉張，然後投機而參加革命，取得國民革命軍第二集團軍總司令之名號，這是十足由北洋系蛻變出來，與閻氏大有逕庭。論者以閻為北人，又與北洋周旋多年，北伐後，一般皆以閻馮並稱，遂多以其為北洋派而瘼視之者，此北伐期間一大錯覺也。

治理山西譽為模範省

閻氏富有政治思想，又能因時制宜。故所訂辦法，頗多發人所未發，行人所未行；且皆盡力推行，絕非徒託空言者所可比。其治晉也：對內倡導「用民政治」。推行水利、植樹、養蠶、禁煙、天足、剪髮（辮）六政。種棉、造林、牧畜三事。創立村仁化的村政基礎，精練革命部隊。

並建立「村民會議」，實行進一步的民主。計有：村經濟建設委員會、監政會、息訟會、戒煙會、保衛團，以期做到人人有工作，人人有生活，村村無訟，家家有餘；以達其「裕民生、正民行、敦民情」之政治宗旨。故其成績斐然，內外交譽。在北伐以前，北洋各派系，互相雄長，內戰不已；以致國無寧日，民不聊生。惟山西一省，不牽入內爭漩渦，使地方匕鬯不驚，人民安居樂業；模範省之稱，非倖致也。

晉省歷有商民，結隊經內外蒙古迤北至蘇聯經商。民九，有一批商民萬餘人，被蘇聯驅逐回晉，談及蘇聯革命之毀滅人性，與共產主義之不合人情，閻即召開進山會議，研究「人群組織怎樣對」的問題，以作思患預防之計。參加會議者，被由少數逐漸增至五百餘人，會期延長達二年餘。對資本主義之改善，共產主義之禍害，均作詳密之詳究，一致認為資本主義確有改善之必要；而共產主義把從交易上所治的病，誤認為是從分配上所治的病，主張廢除交易，實行按需分配，無補於人類，且有害於人生；必須尋求改善社會制度之道，以消除社會不平與經濟恐慌，納人類思想生活於正軌。乃提出「物產證券與按勞分配」，期以和平改革，挽救人類之劫運。此外並對：政治、經濟、文化、教育、倫理、家庭制度、發揚民主、保障自由、發達科學、擴大造產等問題，均有不少主張提出。凡此對於山西的政治建設與經濟建設，固有極大的幫助；而其對於緩和共產之偉大抱負，實足令一般疆吏汗顏無地。

閻錫山軼事之三：是軍人思想家、有許多新辦法

閻氏在北洋軍閥圈中十五六年，關起娘子關的大門，——從河北石家莊到太原的鐵路是窄軌，平漢路的火車是駛不進去的。任何人如乘坐小火車赴晉，只要剛到娘子關附近，車上的山西憲兵便出來對一些面生可疑的人，一一盤問清楚，記錄好了回去報告，真是滴水不入。他我行我素，因時制宜。辦法多多，在號稱模範省的時期，已如前說。現在且將爾後各時期的辦法，續續道來！

第三集團軍得時則駕

閻氏在辛亥革命之初，以山西獨立，首唱響應武漢之舉；迨民十六參加國民革命，又收完成北伐之功。冷藏十餘年，而前後呼應，脈絡一貫，似對革命陣營，天衣無縫，亦誠人傑矣哉！

當國民革命軍佔領武漢之後，蔣總司令以破竹之勢，擊敗孫傳芳之五省聯軍，而規復南京，成立政府。其時寧漢首次分裂，北洋亦於垂敗之餘，作困獸之鬥。於時武漢方面，欲得

閻氏加入，以壯聲威，率先委以崇銜。北京方面，亦冀閻撐持殘局，不惜脅迫利誘。居危疑夾縫之中，終能屹然不動，督率晉省部隊，領導華北同志，贊襄策應，朝宗南京；不一年而粉碎北洋軍閥，完成全國統一。而其所部則分布於晉冀察綏平津一帶，所謂「晉國天下莫強焉」，此其時也。

民十七、十八、十九之交，華北局面，真是山西人之天下。除晉、冀、察、綏四個省政府不計外，李服膺為北平警備司令，傅作義為天津警備司令，閻氏以國民革命軍第三集團總司令兼平津衛戍總司令，並被選為中國國民黨中央執行委員，同時任國民政府委員、太原政治分會主席，並遙領內政部部長兼蒙藏委員會委員長。民十九年任全國陸海空軍副總司令，嗣於民二十一年改任太原綏靖公署主任，尋任國民政府軍事委員會副委員長。蓋除國府主席與軍委會委員長外，所有崇銜，幾於一身兼之。而中樞方面只派有一徒擁虛名之北平綏靖主任何成濬，不過拉攏雜牌隊伍虛與委蛇而已。然則閻氏是功高震主歟？抑榮位無極耶？故為乎又有民十九年之中原大戰也？此當另詳述之。

抗日與剿匪因應多方

閻氏於「九一八」到「七七」事變這六年期間。始則高唱「自強救國」！繼則提出「守土抗戰」的口號。這中間擬訂許多辦法，經過多方努力，以堅定的決心，深妙的運用，贊助政府完成抗戰的國策，粉碎日本軍閥在華北遊說誘迫種種陰謀計劃！其堅苦卓絕的精神，誠不愧為國家之中流砥柱。茲分述其事如次：

一、擬定「土地村公有」計劃——此實為改良土地政策之急先鋒。

二、創辦山西全省人民共營事業——集資五百萬元，由全省人民選舉董監事及督理委員以掌其事。

三、確定十年建設計劃——普遍加強全省生產事業之發展。

四、成立自強救國同志會——以推動建設計劃。

五、所已創辦之工廠採工人分紅制——無不平，無怠工。經營至對日抗開始時，資金已增至一億元。西北實業建設公司之各種機器，發展到四千三百餘部。輕重工業工廠，發展到三十二廠。

六、同蒲鐵路——完成一千一百餘公里。

七、閻氏製有一「努力實現歌」以示建設要旨。其辭云：「無山不樹林，無田不水到。無村不工廠，無區不職校。無路不修整，無房不改造。無人不當兵，無人不入校。無人不勞動，無人不公道。」

八、物產證券與按勞分配——這是「進山會議」後數年來所研究之著作，曾於民廿一年蔣先生蒞臨山西時面呈，經中央黨部認為與民生主義之宗旨甚合；遂連同其理論根據之「中的哲學」一同刊印行世。

九、編定民眾、士兵、學生防共課本與防共歌詞——這是民廿四年共黨由江西竄抵陝北時，閻氏認為必將禍晉所實施之防共教育。

十、成立「主張公道團」——訓練民眾、團結好人、制裁壞人，使共黨地下組織無由發展。

十一、組織「防共保衛團」——全省各縣一齊組織，成為面的防共武力。

凡此，就可看出閻氏對於一切防共事宜，早有預備，所以民廿五年二月共黨果傾巢犯晉，閻氏所部在孝義仲家山一役，擊潰其主力。其後共黨雖分竄，備受各地民眾及保衛團之打擊，不二閱月而全部肅清；皆得力於其素有準備之功也。繼此而抗日期間，還夾雜著八路軍的問題，內敵外寇，雙重交迫，應付之艱，當可想見。

閻錫山軼事之四：抗日防共雙管下太原克難一場空

抗戰開始任第二戰區

民國廿六年，抗日戰爭開始，閻氏任第二戰區司令長官。初時，小規模作戰，迭挫敵鋒於晉北原平、欣口等地。時政府已撤至漢口，閻即親赴行都與政府首長協商大計，其所提出的建議，約如下列：

一、建議政府實行「全面戰的戰略」。堅認抗戰為中華民國復興的最好機會。主張「主弱勝強」、「以弱變強」的辦法，以達到由抗戰到復興的目的。

二、提出「民族革命」的口號。

三、宣布「民族革命十大綱領」。

四、創造「民族革命戰法」，推行「民族革命政治」。

五、設立「民族革命大學」廣收民青族革命年。

六、民廿七年二月，並在襄城、溫泉成立「民族革命同志會」，擔負民族革命到社會革命的任務。

艱難任務指揮八路軍

在抗戰開始，共黨之紅軍編為第八路軍；旋以共同抗日，按照國軍編制，改為第十八集團軍，歸第二戰區司令長官閻錫山指揮。其時所謂八路軍，實際上已竄遍華北，似有似無，若隱若現，聲威及於民間，部隊無從捉摸。這一尾大不掉難於控制的特殊部隊，任何人亦沒法指揮。閻氏擁此虛名，只有增加煩惱。自該部入晉後，不遵命令，不打敵人，專以繳收友軍槍械、搜括人民財物為事；後竟到處襲擊友軍，擴大鬥爭清算；控制難能，取締不可，理喻無方，難期友善；閻氏在這樣內外交迫的艱難苦境中，正規軍既受影響，日寇亦節節進迫，在獨立無助之下，只得退守黃河東岸僅有之根據地。

屏障西北構成克難坡

閻在晉西根據地，克服萬難，堅決奮鬥；於敵人多次進攻之餘，不斷謀存在發展之計。以長官部為戰區號令所關，民眾觀瞻所係，乃就山坡上下構築數千土窰；陂迤綿迤，奠厥攸居，建築高低，星羅穴處，是抗敵之山城，出擊之基地，名之曰「克難坡」，不愧為金湯堡！閻氏之苦心經營，於此可見。

在克難坡，更無日不斤斤於訓練幹部、組織民眾、改革政治、整訓部隊；同時並提倡生產、發展經濟，以使軍隊日益強大，政權日益鞏固。此飄搖風雨之國防前線，終能在篳路藍縷、慘澹經營下，完成軍、政、民融為一體的力量，以撐持華北，屏障西北，待機而收復太原。

兵農合一是嶄新制度

當民卅二年抗戰過程進入最艱苦的階段之時，閻氏又兼山西省府主席。為貫徹民族革命與社會革命融為一爐的主張，同時使土地問題與國防問題併為一案而解決，遂根據人民意向所從同，提出劃時代的「兵農合一」制度。首先在晉西二十餘縣實行編組服役，劃分「份地」，平均「糧石」各工作；達到種地的人多，打仗的人亦多；種地的人好，打仗的人亦好；同時增進了糧食的產量，加強了作戰的力量；如此安然渡過抗戰中間最艱苦的階段。

勝利後，對於收復各縣次第推行，亦成為戡亂戰事的主要力量。到行憲後，立法院認「兵農合要」制度為全國所共需，特通過「兵農合一綱要」咨送政府實施。雖因大陸劇變，未及實行，而今日台灣土改之完成，未嘗不師其遺意，而特致意於土地政策也。

新經濟制度又一新猷

閻氏的辦法，真是層出不窮。繼兵農合一實行之後，他又建立一個新經濟制度。這制度基的本精神是：生活、生產、戰鬥合一。人人生產，合作互助，以工作保障生活；同時管理工商、調節糧食，做到全面的自給自足。在新經濟制度下：廢除了營利目的的工商行為，建立了供應性的生產供銷機構；並化工為商，在社會上只有正當生活的供應，而無奢侈享受的供給。物品交換的媒介，不使用「金代值」的貨幣，而使用以物產作準備的「合作券」。有多少物，發多少券；物券相符，故無物價波動、幣值低貶之慮。在自給自足的基礎上，是以發展生產為新經濟制度的靈魂；按全面的需要，計劃生產，並擴大外銷的產量，換取生活生產上必需的物品，以穩定生活，發達生產。

新經濟的實施：是從基層做起，由家家計劃，到村村計劃，使人盡其力，力無糜費。所以在抗戰中的山西，可以說無閒人、無窮人；人人皆有工作，人人皆有生活。這是閻氏苦心焦思的辦法，不僅適應了艱苦抗戰的需要，也是一個社會性的大改進。

閻錫山軼事之五：勝利甫告接收、和談繼以戡亂

閻氏率同軍民，跼處在那「克難坡」，費盡心機，花樣百出，總算渡過了抗戰的艱虞歲月，喜逢到勝利來臨，照理說正應該苦盡甘來與民休息了；而孰知「慶父不除，魯難未已。」內寇較之外寇，殆有甚焉！

勝利開場太原城備戰

民國三十四年（一九四五）英美諸國在歐洲擊敗德意後，日本隨之宣布投降。閻氏深知共黨將阻撓其接收，遂預行策動布置收復工作，由克難坡進駐第一線之孝義。跟著衝破共軍騷擾範圍，收復太原、臨汾、運城、長治；不三週間而北收大同，全省一百零六市縣，除共軍所佔縣城外，計收復七十九市縣，已逾全省之大半。更進而解除日軍武裝，完成各項接收工作，並無偽軍、漢奸種種枝節問題，迅速確實，堪稱接收之模範。

閻氏的接收，另有一套錦囊妙計：他自知兵力無法保衛山西，就決定收編汪政權的部隊，並留用日本投降軍隊，改編化名，備為己用。所以汪政權時代的太原保安局司令部參謀

長李渤，雁門道指揮秦良驥，皆正式被任為師長，到晉北欣縣一帶布防。同時並留用日本華北派遣軍高級軍官城野宏化名李誠，官階中將，組織留晉日軍，共同抗共，協保山西。（事詳城野宏所寫日軍協保山西經過）這樣的辦法，當然是違背中央所規定的接收政策的；但是閻氏認為事勢所迫，非熟計經權，不足以禦非常之變；其能轉戰三年，固守太原，為全國最後陷落之名城，最榮譽殉難之史跡，非倖致也！

和談鬧劇馬歇爾抵晉

閻氏久懍於抗戰期間，與共黨接觸之經驗，及指揮共軍之痛苦，深切明瞭其必不能與政府合作。禍至無日，迫在眉睫，故於回太原之翌日，即令太原及其他各重要防地，積極構築碉堡工事，太原及各地工廠，盡量加大兵工製造；一面普遍訓組民眾，組織愛鄉團隊，以防共軍之進攻，而共軍亦未嘗一日停止其進攻也。

不意美方派馬歇爾來華，堅主和談調處三人小組辦法。於七上廬山之後，復親蒞太原，與閻氏晤談。閻曾語之曰：「君之調處，係交易性質之折衝，如共黨之目標，在買賤貨，交易尚有可成之望；而今共黨之目標，在得工廠，不論貨如何賤，亦非彼之願望。」這在閻氏固是真知灼見，而在馬歇爾則不稍顧及也。

和談期間，晉軍遵令停戰，甚至所收編之日軍，亦深居伏處，以避免三人小組之干涉；

以此適予共方進攻之機會，不旋踵間，晉省縣城於此時陷入共方者達三十七縣；和談之結果，各地皆然也！

無數血戰到晉中被圍

民三十五至三十六兩年間，共軍在晉省各地發動無數次攻擊：人同、應縣、欣縣、中陽、苗沃、運城、臨汾等地守軍，無不浴血拼戰，這在戡亂過程中，實為最慘烈而不可磨滅的偉績。三十六年春，晉中即被圍困。閻在兵農合一社會的基礎上，倡行「平民經濟」，使戡亂物資，能夠有計劃的使用。普遍發動人民實行自清、自衛、自治，使共方地下組織與小部武裝全遭破滅。並在「生活平等、勞動平等、是非平等、犧牲平等」四大平等原則下，發動起晉中軍民堅決戡亂的「總體戰」；此為困守晉中抗共之真實經過。

堅守太原成立戰鬥城

太原外圍僅有的晉中部分，到民三十七年六月，國軍掩護人民夏收之際，共軍集五十萬眾，猛攻太原外圍；閻氏為保守其最後基地，遂以全部兵力集守太原，建立「戰鬥城」的體制。人民全體參戰，分擔戰鬥任務，市民在敵火瞰制下，亦仍各安其業，冒險助戰；此時城東共軍陣地，距城僅有五里，而在閻氏堅強意志百折不撓之領導下，發揮出軍民協力沉著抗敵的精神。同時利用早經準備之碉堡工事，與充足之武器彈藥，終能苦撐九個月，粉碎共軍六次總攻；實為戡亂以來無與倫比之輝煌事跡。環顧全國，但聞戰略撤退之聲，能不慨然！

太原失陷痛壯烈犧牲

民國三十八年，北平傅作義以局部和平，作變相式的投降，太原更陷孤立。雖軍民協力，日夜苦戰，但外無援兵之望，內有絕糧之憂，閻氏曾兩度發京，請求空運。同年四月又奉召入京，共軍以平津既降，即傾華北全力，並集重礮、火箭礮多門，大舉攻城；閻氏在京接報，即速飛回，奈以機場不能降落，去而復返。太原孤城，終於南京撤守之次日，陷於共方。在最後一日半之慘烈巷戰中，忠勇將士，視死如歸。有：已負傷而仍殺敵者、與碉堡俱盡者、與樓宇共焚者、個別自殺者、相對發槍互殺者。其最足驚天地而泣鬼神者，為山西省政府梁代主席敦厚等五百完人之集體自殺，縱火焚屍，以實踐「不做俘虜！屍體不與共匪相見！」之誓言。此誠戡亂史中最珍貴之一頁，足為吾人永誌勿忘者！

閻錫山軼事之六：閻錫山與太原五百完人紀念碑

昔田橫以漢滅項羽，與其徒五百人亡入海島中。嗣以漢高招，詣洛，未至三十里，終自殺。其徒在島上聞之，遂同自殺。此以見田橫之精神貫注於其部屬，雖遠死於千里外，而其徒仍之死不貳也。閻氏督厲其部眾，死守太原，時日之久、血戰之苦、失陷之慘、死事之烈，為全國所未有。五百完人，光昭史冊，豈田橫島所可比擬。獨念田橫以遠離海島，先死而其徒從之。閻氏以不能下機，悵望太原，雖後死而部下亦能先之。事雖小異，而懍然大義，彪炳千古矣！

千秋華表著五百完人

閻氏最後飛返太原，以未能下機，折回南京，太原遂於民國三十八年四月二十四日為共軍所攻陷。死事之慘，具如前述。閻氏乃以機場返駕之身，為完成撤退之舉。自拜命行政院長後，一撤成教，再撤廣州，終至台灣。當立法院開會廣州時，曾通過議案：建立「太原五百完人成仁招魂冢」，未及施行。直至台北建立行都，翌年之三月，始擇妥北郊圓山之陽，完成義冢。碑壇峙立，松柏森羅，閻氏乃為碑文以誌之。茲錄全文如下：

太原五百完人成仁紀念碑

抗戰勝利，我國家望治圖安，兼容並蓄，共匪獨挾其乘機坐大之勢，包藏禍心，病國殘民，肆侵噬而壞和平者，無微不至。以山西為北方重鎮，如鯁在喉，甚之尤甚。先則連年逞其橫暴，迭陷長治運城臨汾各要地。三十七年夏，漸進為晉中城鎮之爭。逮乎秋初，遂向太原作直接之猛擊。亘九閱月，大舉進犯者六，諸小接觸始則無虛旬，繼且無虛日。次年四月九日乘和談進展之際，罔顧信義，更糾合精銳三十萬及民兵，稱是為第七次之總攻。十九日戰況益急，環城碉堡三千七百有六十，舊恃為固者，匪集所得新式火箭砲，全力猛轟之，人碉將次盡燬，火海沸騰，血肉如飛雨，天日俱昏，地鈴鈴動，戰鬥慘烈，為向所未有，殺賊之眾，亦為向所未有。二十四日城陷，肉搏巷戰，民居六萬戶，乃無一完堵。山西省政府委員代理主席梁敦厚於陷前二日，尚與余通電謂，一切已準備好，請釋念。其前夕，猶持燈巡各室，顧視諸人，笑語相慰藉。及匪薄省府，警備兵激戰，傷亡殆盡時，飲藥自殺，遺命焚屍，不為賊辱。國民大會代表山西婦女會理事長閻慧卿亦自殺於省府，慧卿者、余妹也。山西省政府統計處處長兼特種警憲指揮處處長徐端、山西第一區行政督察專員尹遵嵩，各率所屬男女職員，力戰後集體飲藥，焚樓燬屍。山西省會警察局局長師則程率部力戰後，先鎗殺子女，與妻史愛英沐浴更衣，命之背立，史謂就義故云怯，正立不稍撓屈，乃殺妻自殺。太原綏靖公署特務團營長趙連魁，率部固守綏署據點，激戰力盡，破壞武器，向匪大呼，告以不屈，悉舉所携手榴彈拉火自殺。是役也，除戰死及軍民殉職者外，我文武人員義不反顧集體自殺以報國家者，舉今所知已五六百人，雖共匪亦謂為稱兵以來第一劇戰云。事聞朝野震悼，中央明令褒揚，立法院開會廣州，吳委員延環等三十六人提議建立太原五百完人成仁招魂塚，用資矜式，決議通過，咨行政院辦理，中以粵蜀相繼撤守，未及施行，是年冬，政府建台北為行在所，改歲三月，爰於行都北郊圓山之陽，擇妥地址，須庫帑新台幣二十萬圓，飭各主者共為營度。

總統蔣公，優卹有加，重錫褒揚之令。創始八月一日，迄十一月十五日落成，為坊一、碑壇一、堂一、塚一，貞松勁柏森植於其間，靈爽式憑越海山而眷茲，西顧登臨時禮，使人溢興起之思焉。烏乎！人生皆有死，顧輕重何如耳。昔張許之殉睢陽也，江淮概賴以保全。周忠武之殉武遲，闖賊且折其逆志，良史書之，具見關繫之大。共匪為禍之酷，超軼闖獻，徒以邪說横流，群眾易受其蠱惑，非有堅貞弘毅之志節，不足拒詖淫而大警頹靡。今梁君等慷慨從容，臨難不苟，可以明恥，可以教忠，使正義大白於世間，決不與頑寇共戴天地。事越期年，雖神州暫沉，而人心轉奮，河山蕩滌，已如冰泮之先春。此其關繫所存，將抗睢陽寧武而跡炳千秋，而昭乎九域，詎唯一時一地之光烈哉。自維作鎮鄉邦，垂四十載，至此危難，適銜命在都商承大計，未克與父老同其終始，獨諸君子燔軀湛族，聯袂成仁，憑弔英靈，追懷良佐，雖憤深公敵，自將抑我私悲，然與言雪涕，實不能無感於存忘也。

五百完人簡單題名錄

山西省政府委員代理主席梁敦厚。
山西省政府統計處處長兼太原特種警憲指揮處處長徐端。
山西省會警察局局長師則程。
太原特種警憲指揮處副處長嵐風。
山西第一區行政督察專員尹遵黨。
山西國大代表閻慧卿、許有恆。
山西國大代表兼平遙縣縣長吳春台。
特種警憲指揮處秘書主任范養德。
特種警憲指揮處科長張劍等八人。
特警隊長李紫雲、副隊長曹樹聲、唐守亭。

特種警憲指揮處政治主任常修義。
山西省會警察局秘書史愛英。
山西省會警察局分局長任永慶。
太原市政府秘書姜傳忠。
中國國民黨山西陽曲縣黨部書記長李玉書。
山西省第四區行政督察專員公署秘書主任高雲峰。
太原綏靖公署特務團營長趙連魁。
太原總體戰行動委員會政治工作隊隊員周延年等五十人。
太原總體戰行動委員會軍事工作隊隊員樊潤德等四十七人。
太原總體戰行動委員會經濟工作隊隊員呂德興等七人。
太原總體戰行動委員會宣傳工作隊隊員閻寶慶等十三人。
特種警憲指揮處科員張國昂等三人。
特種警憲指揮處偵察員郭慧等十人。
特種警憲指揮處工作員吳成烈等五十一人。
特種警憲指揮處特務連（排）長馮昌煥等三人。
特種警憲指揮處特警隊工作員楊子忠等一百四十人。

特種警憲指揮處別動隊隊長、副隊長楊毅克等四人。
特種警憲指揮處別動工作員蘇滋德等八十八人。
太原綏靖公署侍衛隊分隊長、副隊長柳汝鳴等五人。
山西省會警察局何忠等四十七人。
太原市政府白德芬等四人。
平遙縣政府張文玉等四人。
介休縣政府張懷慶等四人。
陽曲縣政府徐竹青等二人。
文水縣政府賀子正一人。

閻錫山軼事之七：三遷內閣，終老台灣！

閻氏於民三十八年太原陷落，五百完人集體自殺後，還做了大陸淪陷前最後一任行政院長兼國防部長。入台卸職以來，直至民國四十七年，方捐館舍。這較之五百完人，業已後死十年。對國共關頭，總算完成晚節；而對太原死士，終不免望帝魂歸矣！

臨危任閣揆三度播遷

國府於民三十八年由南京遷至廣州，閻錫山於是年六月就任行政院長兼國防部長，雖亦發布戰時施政方針，並擬定許多挽救危局方案；但以軍情急轉，自然無從實行。旋以廣東難守，眾議欲以四川為根據地，遂又遷都重慶。渝都未定，意見紛歧，而代總統李宗仁又以出國聞，不旋踵間又遷都成都。此際總統蔣公已在台宣布復職，並不度飛蓉，指示最後入台大計。閻氏於數月之間，主持三遷，戎馬倉皇，行李塞道，飛機缺少，官屬奔號；當時余曾目睹集於議會（行政院假成都議會會址辦公），望雲路而傷懷；臥於機腹，攀龍髯而莫逮者，比比然也。閻氏終於萬分困難之中，儘量率其要員以入台。於民三十九年三月卸職，集新舊閻員移交於繼任之陳誠院長，以維持國府之系統於不墜。其於山西失陷後，乃以組閣結束其一生之仕途，諡之曰「不倒翁」，誰曰不宜。

民國四十三年二月，第一屆國民大會開第二次會議於行都台灣。蔣總統報告詞中，曾綜合淪陷之經過云：「自三十八年底至三十九年初，赤燄滔天，挽救無術，人心迷惘，莫可究極；甚至敵騎未至，疆吏電降，其土崩瓦解之形成，不惟西南淪陷，無可避免，即台灣基地，亦將岌岌欲墜，不可終日；而一般革命敗類，民族叛徒，無論文武，多數將吏，惟恐其對敵乞降之無路，陷害政府之不力，更視中正為寇仇之不若，而以共匪宣叛第一名戰犯為寬大。當此之時，中央政府幸有閻院長錫山苦心孤詣，撐持危局；由重慶播遷成都，復由成都遷移台灣，繼續至當年三月為止；政府統緒，賴以不墜者，閻院長之功，實不可泯。」

退休金山後專事著述

閻氏自卸任行政院長，蔣總統位以資政崇銜，氏即卜居台之金山，專事著述。其刊行問世之作，有：《世界和平與世界大戰》、《反共為什麼憑什麼反共》、《大同之路》、《孔子是個什麼家》、《中國政治與土地問題》、《人應當怎樣》等書，及應邀各方演講所集成之講詞《安和世界言論選集》，並另著《世界大同》及《三百年的中國》等等。

閻氏更有一本《補心錄》，計擇錄孟子、大學、中庸、周易、論語、尚書、思想日記，都二百二十九段。並曾於民四十四年自製春聯兩副，其一云：

造福世界，替今人正德，替古人宣德，替後人立德；是仁者責任；
澄清宇宙，為現世除寃，為往世鳴寃，為來世防寃，及聖賢心懷。

其二云：

回想千載孔夫子，慨言大同，時乎來矣應誕降；
誰作今日華盛頓，拯救世界，民之望也定成功。

觀其著述及《補心錄》，似已拋棄其在山西許多唯物計劃，一變而為唯心空談。而其春聯第二副，更似寄望於美之能有再世華盛頓，嗚呼！難矣！

閻氏剔歷政海，身際危亡，對於世界戰爭之毀滅人類，轉而期求人類的安和與幸福。故雖不是天主教徒，亦曾三次向教皇建議，冀能挽救人類之危機，而實現世界永久和平；蓋亦於無可奈何之中而委命於上帝也。

閻氏前在太原，曾會晤過羅馬教廷駐華公使黎培理氏。在台時又曾與藍澤民總主教談話及與田耕莘樞機主教會晤，作惜別贈言。大抵不外資本主義與共產主義，世界大戰與世界和平一類論調；蓋其衷心反共，想望和平，固始終不貳也。

閻錫山軼事之八：憶中原大戰、作蓋棺之論！

前文已寫到閻氏終老台灣，這當然已盡其一生矣，還有甚麼餘文可說，但是事實上卻又大大不然。我寫此文是根據賈景德先生所跋的〈閻故資政錫山事略〉全文及我在北方十餘年見聞所及綜合而成，所以對閻氏褒多於貶，甚至有褒無貶！可是民國十九年二月由閻氏以「禮讓為國」一電，掀起反蔣高潮，繼而閻、馮發動之「中原大戰」，南北動員至百餘萬人，激戰五六月，時間幾近一載，死傷無算；北京且由汪精衛開擴大會議，閻氏亦就任偽府主席；這樣的大事，如何可略而不談呢？原來賈景德舊時是閻氏的秘書長，而又任國府考試院院長，在台灣既不能把偌大創痕引起蔣總統之回憶，又不能不為府主諱、為賢者諱；在深思熟慮之下，自有其不得已之苦衷。但這是民國不可磨滅的史實，筆者卻不欲避而不談。

禮讓為國一電成冷戰

當民國十七、十八年間，桂系之李白退保廣西，武漢粗平。馮玉祥敗於登封一役，退出隴海線，託庇運城。唐生智鄭州發難，反蔣失敗，漯河出亡之後，一連串發生軍事，中央正在多事之秋。閻錫山忽於民十九年二月十日，以第三集團軍總司令名義，上電國民政府蔣主席，藉詞「禮讓為國在野負責」，要脅蔣主席與之共同下野。陽託禮讓之名，陰作稱兵之計。於是軒然大波，舉國沸騰。繼之而起的，有閻錫山、馮玉祥、李宗仁等四十五人聯銜通電，提出「黨統問題」；同時汪精衛等亦通電響應。中央方面，宣傳部發表一篇「告同胞書」，措詞嚴厲，胡漢民、譚延闓等黨國元老亦予汪、閻等以駁斥，馮玉祥更以「蒼髯老賊，皓首匹夫」痛罵吳稚暉；文電交馳，為民國以來未有之冷戰，蓋已箭在弦上矣。

原來那些通電，乃緒戰的開始。接著就將汪精衛及改組派分子歡迎到北平，開國民黨中央執監委擴大會議，組織政府，推閻為偽府主席，冀與國府對立。這時閻在北方，挾有平、津、河北、山西、陝西、甘肅、寧夏、綏遠、察哈爾等省區，在南方有桂系之呼應，古所謂「晉國天下莫強焉」，固以為可操勝算也。

閻馮用武中央申討伐

到了是年四月，馮玉祥首先出兵隴海路，攻佔開封、蘭封、歸德，向徐州挺進。閻錫山隨亦設司令部於平原，親臨督戰，晉軍旋即侵入魯境，佔領濟南、曲阜，與中央軍大戰於泰安。此時國府經已頒發討伐閻、馮命令，並開除汪精衛黨藉。而大戰重點，則集中於隴海鐵路之蘭封與山東之泰安兩處。蘭封以蔣主席之駐節柳河，先後收復豫省各地，馮軍先敗。而泰安則呈膠著狀態，閻在平原，亦督策所部，誓死力戰，終亦不支而潰退。此一戰役，在平津方面，相傳有一段笑話。據說：民初、閻氏主政山西時，因民間吸食鴉片者多，——山西自明清以來，掌握全國票號，多富豪之家，恐子弟嫖賭遊蕩，故任令吸鴉片以保家。——遂厲行禁煙，號稱模範省；同時日人以天津租界為根據地，石家莊為轉運站，大量輸入白粉；於是昔之有鴉片嗜好者改吸白粉，寖假而傳入軍隊，閻氏不知也。此次泰山戰役中，適值霪雨多日，火種白粉，一時並濕，士兵癮發，無力作戰，遂至大敗。此事傳遍平津，雖屬齊東野語，或亦運數使然也。

東北軍入關閻馮下野

中央在戰略上，一面以主力擊破隴海線之馮軍，一面分軍力戰山東泰安一帶之晉軍，而最重要之策略：則分派大員，策動東北軍之入關，以直搗平津，震撼晉軍之後方。閻氏雖亦派出代表，謀阻張學良之介入，而此中微妙作用，晉方終無勝算；盡至是而閻馮全局瓦解矣！

此次戰局前後亘六閱月之久，而以馮軍之固守蘭封，戰況最為激烈。直至九月底，各方始急轉直下。於是張學良順利接收平津，晉軍殘部退入山西，馮亦以所部交鹿鍾麟率領聽候中央改編，張自忠、吉鴻昌、梁冠英等部亦先後向中央輸誠，真所謂兵敗如山倒。至此閻馮亦宣布下野，閻氏先回山西，汪氏暨擴大會議部分同人亦先後到晉，閻氏分別布置善後資遣同人，以省政暫交趙戴文，本人則飛往大連，汪氏亦出亡海外，中原之戰，至是始告結局。

閻氏這個「不倒翁」，雖出亡大連幾個月，但他依然倒而未倒，旋即飛回太原，仍安居「山西王」的寶座，以至民卅八年太原陷落為止；這真是玄而又玄，微妙之微妙。民國以來，無第二人堪與伯仲也。

權變莫測出賣唐生智

我於閻氏一生，既佩其思想豐富，因應多方；又覺其變化無常，順逆失據。他既擁有華北七八省區，何以又作背叛中央之想？他既聯桂作亂，何不興兵於寧漢分裂之時？他既聯馮犯順，何不援馮於唐生智登封討逆之際？他既嗾成唐生智鄭州之變，何以不同時發難而食言，任令唐氏失敗，轉於兩月之後大舉興兵？凡此種種奧妙，令人百思不得其解！姑就馮玉祥、唐生智二事言之：當民十八、唐生智以討逆軍第五路總指揮擊敗馮軍於登封鞏縣之間，追奔至洛陽以西，虜獲無算，閻氏何以對馮坐視不救，而轉欲合作於馮軍殘敗之餘。又當唐生智由別府回滬，奉蔣委員長之命，再度起用為討逆軍第五路總指揮，赴灤州易帥之初，始終無反叛之心。曾記唐氏由上海祕密出發時，蔣百里先生調度一切，於最後登輪時，在法租界朱葆三路「別采里」法國飯店開一房間，百里對唐與筆者作臨別之交代，謂：「此次北上，你（指予）要多負點責任！今後天下人反蔣，孟瀟不能反蔣！蓋蔣公之知遇，與軍人之信譽有在也！」時孟瀟（唐生智別號）正感蔣公之起用，深凜百里師之言。隨即偕予登輪北上，順利完成使命。嗣即由平至鄭，布置一切，大敗馮軍。當委員長蒞鄭勞軍時，君臣之間，異常融洽，且曾命唐以代理統帥，節制平漢、隴海兩路軍事。當此之時，唐氏何以以勝馮之聲威，作不情之反叛。皆因閻氏此時已南聯汪、桂，北控中原，以袁華選（士權）往來協謀，許唐以軍費三百萬，促唐聯合發動反蔣。一面汪精衛自桂電唐，有「如不發難，無以對西南同志」語。孟瀟看事輕率，易於衝動，遂有鄭州之變，其通電固閻所寓目也。

戰端既開，中央命趙戴文返晉，閻氏對唐竟一反前言，聞已匯北平之軍費一百萬亦被收回，閻氏本人反得挾唐之變亂，取得中央之款械；其權變之不測，有如此者。唐部既膠著於榷山，天又大雪，唐困守漯河車上，始終未至前線，蓋亦自知其輕舉妄動為人利用而敗矣。予時尚住鄭州中央飯店，某晚，軍長王金鈺（相廷）來寓（王係士官六期，民六任北洋十九師楊春普的參謀長，與予同住宜昌相稔），手持一北京火車票交予曰：「明日閻老西與何雪竹（成濬）來鄭，你可即回北平，以免在此不便！」

予謂：「你可想法送我到漯河。」

王將枱子一拍謂予曰：「老弟！唐孟瀟即是神仙，這次仗也打敗了！」

我說：「我知道一定失敗，但我不能臨難苟免呢！你送我過去，就是做俘虜、做土匪、或一同逃難，也不怨你。」

王說：「好！夠義氣！我派人給符號送你去」！

我到漯河第二晚，唐對我說：「我是信佛的，這次你送我來，我相信還是由你送我出去！」

我說：「好！我負責！但是路上一切要聽我的！」

就這樣，在四面楚歌懸賞緝辦之下，我和唐氏安全抵津，轉至香港。（這一段途中經過，張岳軍先生在上海問我，我曾對他詳細說過。）這一次舉動，南誤於汪，北誤於閻，孟瀟忘了百里師之言，累得百里師也在南京幽禁年餘，唐始終嘴上是不肯認錯的。如我這樣又是部下又是朋友的，又有何說呢！

最好笑的，距此約兩月餘，閻錫山又大動干戈反蔣了。那時我在天津，閻電天津警備司令傅作義請我到太原去（原電是傅派錢參謀送來的，錢後來做過蘇省廳長，現住台灣）。我在石家莊正太旅館曾看見孫傳芳，他正興高彩烈，說到上海請我吃上好黃酒，說還有五百罎存滬呢。這可看出他們以為必勝了。我到太原見了閻氏，時趙戴文在他房間，閻握住我手說：「我們現在也反蔣了，你可能請孟瀟來麼！」

我聽了心裡又好氣、又好笑，我就說：「孟瀟現在手無寸鐵，來有何用？」

他說：「你先去電請他來，我自有辦法。」

我回津就拍電至香港，後來孟瀟雖施施然來，也未見閻，也未參加擴大會議，只在天津玩了幾天，打打麻將，就回香港去了。

恍然大悟我作蓋棺論

就這些事看起來，我對閻氏來了個恍然大悟。他是一位研究六韜深謀遠慮想統制中國的人。他又恐群雄跋扈，不為己用，讓他們先後反叛，一面削弱中央勢力，一面叫他們一個一個通倒下來，然後聽其驅策，使天下英雄入我彀中，這正是晉文公所謂：「莫予毒也已。」我默想他的手法，分三大步驟。

第一：繼承北洋勢力。他坐守山西這四塞之地，養精蓄銳十六年，聽北洋各派之內戰起伏，待機以承其敝，所以一到張作霖出關、北京無主之時，他就出兵娘子關，所謂「靜如處子動如脫兔」也。即使沒有國民革命之北伐，我以為他必乘機而起。

第二：他利用國民革命軍完成北伐之時，以第三集團軍名義輕而易舉的略取平津河北，坐觀南方之變。第一次國共寧漢之分他不管，第二次寧漢分裂他也不管，兩廣獨立他不管，討馮討唐他皆不管，且因以為利；夫然後實行其第三步驟

第三：利用汪以取黨，利用馮以作戰，利用桂以牽制湘贛，利用下台軍閥孫傳芳、吳佩孚、齊燮元等以安餘孽，以壯聲威；至是乃成反中央之「集大成」，宜其以為必勝也。吾意其不與五百完人同死而任最後之行政院長，其亦有西川蜀漢海外扶餘之想耶！

嗚呼，不倒翁終倒矣！然閻亦人傑矣哉！

韓復榘怎樣被扣？怎樣伏法？

在抗日期間，以方面大員，兼統重兵，而以違令失紀，明正典刑者；惟有韓復榘一人。韓之伏法，為抗戰初期整肅軍紀之一件大事，早為人所共知。但對於其被捕情形，多有傳奇性的說法。有謂：蔣先生命白崇禧在鄭州召集軍事會議，於韓之專車到達後，突然警報大鳴，偽示將有敵機來襲，卸去韓之機車，解除其衛隊之武裝，挾之以歸漢口者。有謂：韓早有預感，內不自安，本來不敢赴會，經尤其教育廳長何思源力白無他（何思源一向為韓之代表，奔走京濟，後繼韓主魯。勝利後轉任北平市長，熱心於局部和平，夤緣投共），始免疑慮者。又有謂：其已拔隊經洛陽而西，與四川劉湘同謀異動，影響抗日大計，幸事先發覺，加以制裁者。其實以上種種傳說，皆模糊揣測，談言微中之辭！

極端祕密的召集令

當抗戰之初，第三戰區在淞滬苦戰西撤，跟著首都淪陷，第五戰區的台兒莊戰役所得勝果，將到了沉寂的時候；我方軍力，正忙著準備轉移陣地的布置。但那時有好些部隊，因交通不便，失去聯絡，均自慮其或將陷入孤危中，有不在命令下而擅自移動的。如津浦路蘇皖境內，鐵路以東的財政部稅警團，及八十九軍等，竟已先自開向津浦路以西的江蘇蕭縣，並河南永成縣一帶去了。這種動態，在抗戰之始，號令不一，軍法未張，措置錯誤，在所難免！

此時軍事最高當局，已覺察到：頹風之不可長，紀律之不可弛。乃迅行召集軍長以上，嚴加訓示。這一次的召集令，極端嚴密，初皆不知蔣氏蒞臨主持，更不知蔣氏能親身到達，且亦不知何處是集中地點。如在津浦路以東之軍事長官，只知奉命至徐州；直至晚間，忽又奉命在徐州登車，而不知何往；及開車後，始見向隴海路西行，至開封停車後，始由導引者率同前往聽訓場所，方知此為目的地。其在隴海西段及平漢路南段或北段之各軍事長官，亦同樣初步奉命集中鄭州，然後東行至開封。其布置之審慎周詳，於此可見！

蔣委員長突然出現

大家進入聽訓場所，時已深晚，便見到各方的軍事巨頭，雲集其間。旋見蔣氏親自登台訓話，才知道這次集合的嚴重性！正在蔣氏開始訓話時，忽聞外間機槍及步槍聲，同時大起，在兀坐靜聽之諸官長中，雖多數不知就裡是如何機關？然觀於蔣氏之神態自若，並其左右者之狀況上，咸判斷到決非為若何意外之變。果爾槍聲頃刻即息。後來知道，這是為的韓復榘自平漢路隨帶了一營衛隊來，其時正是繳他那一營的武裝。

這次蔣氏先對大家作一般之訓話。其大旨重在：「要各方服從命令，遵守紀律。更有一件要所屬軍人注意，是須與各駐在地之黨政雙方及人民，和洽合作，以增進抗戰力量。如敢故違，定必嚴加法辦，決不寬宥！」這樣訓話，當然是軍人應守的本分。平時已然，何況對外作戰！故可以說是天經地義，也可以說是官樣文章。大家聽來，還不覺得怎樣緊張，以為可以輕鬆過去了。

韓復榘的死罪有三

接著，蔣氏以更嚴厲之聲調，直接指斥山東省軍事首長兼省主席的韓復榘。大旨謂：「韓復榘在山東過去的狀況，尚存心圖治，於禁煙禁毒，亦微著成績。殊不料自抗戰開始，諸多腐敗，對於禁煙禁毒，竟到了開放的地步。此其該死者一！至其目無軍事長官，故違軍令，關係尤為重大。如這次要他力守黃河沿線，以固濟南。他竟荒唐萬分，以地方上未受過正規訓練的壯丁隊，安置於最前線。而以其所屬有力部隊，留置後方。敢於如此犧牲壯丁，忽略大計，此其該死者二！又濟南將失，要他死守泰安，以利戰局。他不獨未盡絲毫之力，竟然公然將全部隊伍，擅自開入河南，向西前進。用意何在，至不可解。此其該死者三！」

韓聞言，早已嚇得魂飛魄散，面如土色。當時曾示意請求其隣坐之于學忠氏，為之起立說情。于氏因一時誼不可卻，即起而請求委座准予發言。因謂：「委員長今日所示，關係重大。我們均當敬謹遵守。關於宣告韓主席罪狀各點，可否求委員長鑒其過去成績，此次准予自新，俾其戴罪立功。」蔣對于氏所言，未加可否。

劉峙陪綁驚險萬狀

但當蔣氏訓話終了，起身轉向內室時。忽對臨時侍衛長某（姑諱其名）發令云：「立即將韓復榘捆綁押解赴漢！並將劉峙叫來！」某侍衛長於倉匆間對上項口頭命令，大概沒有將後一句聽清楚，竟飭令所屬衛士，將韓復榘及劉峙兩人，同時加以綑綁。這時有人為劉峙被捆綁事，恐有誤會，姑向蔣氏婉為詢問者。蔣又謂：「叫他上來！有話談！」至此乃由侍從傳告某侍衛長。但劉已與韓一同捆綁完畢，正在急得汗流滿面，莫名其妙。及聞解縛傳見，驚魂方定。不過那時的韓復榘，卻面對著劉峙涕泗橫流，苦喚寃枉不止。劉氏這一插曲，可算抗戰期間富有驚險鏡頭的一大笑話！

這次聽訓完畢，蔣印令飭各人迅返原防。其中有係未奉命令，擅行移動部隊者；因韓事本已心膽俱裂，及聞返防之令，已知不至再加深究。大家才把那一顆跳躍驚悸的心，安定下來。紛紛各回原防去了。這一段經過，係予友親聞之於當時參加聽訓之第八十九軍軍長李守維云。

馮玉祥最恨韓青天

先是韓復榘本為馮玉祥部下之士兵。遞升至西北軍軍長、師長地位。馮素以「倒戈將軍」出名。其馭下，又喜奴視高級官，而取悅下級官及士兵，故每予上級以難堪。韓乃於中原內戰時，倒戈投蔣。因得率其所部，駐紮山東，兼主省政。以知識淺薄，動以舊小說之作風，處理政務。有時正合愚民口胃，博得「韓青天」之名。以此驕蹇異常。馮玉祥屢次反蔣不成，閻馮聯合反蔣又不成，最後在張家口，思欲以抗日為號召；但時機未熟，已成強弩之末。不得已稅駕泰山，待機休養。泰山正是韓之轄境。一方以舊長官，老氣橫秋；一方以東道主，敷衍門面。但恩斷義絕，形殊神離，馮氏早已銜之次骨。迨「七七」變起，馮始任第三戰區司令長官。以滬戰無功，轉進武漢。此時軍委會調整戰區，以馮繼李宗仁任第五戰區。蓋以韓係馮的多年舊部，對外作戰，大義所在，總該聽其指揮。孰料馮甫經就職，韓即告以：「你老何必此日上台！」反對之情，昭然若揭。繼之以違抗命令，而置濟南、泰安於不守。所以馮對韓案，亦力主嚴辦。

聞判死刑大呼寃枉

在抗日開始時，已成立軍法總監部。此時何成濬（雪竹）為總監（第一任總監係唐生智兼），韓復榘押解漢口後，即組織軍法會審，以鹿鍾麟（瑞伯）為審判長（鹿氏為西北軍之宿將）。經過審判手續，自然罪名成立。獄具之後，判處死刑。那知當驗明正身執行槍決的過庭時候，一切手續完成，韓竟膽怯畏死，口中忽大喊寃枉，就不應處死。而以隻手緊握法庭門框，作苦苦哀求姿態。時馮玉祥適臨場睹此，復怒不可遏，即親自上前，以其巨靈之掌，用盡平生之力，將韓之嘴吧，痛打了四記。在韓口血淋漓下，馮又指著痛罵，謂：「你這孬種（按：孬，讀腦平聲。北方詈人語，意謂沒出息也），違抗命令，破壞國家抗戰大計，今天還想冒充是人，而在這兒大喊寃枉嗎？」於是韓復榘就在嗚嗚啼哭中，由執行士兵，拉赴法場，明正典刑了。

後之視今可不鑒諸

外史氏曰：馮玉祥以椎魯市井之徒，因緣時會，總領師干。其所卵翼之部將，多出之卒伍之中。或耽貨利，或事恩仇。驟躋方面，罔恤大體。其周章滅裂，相鼠無儀；死到臨頭，猶復醜態萬狀！如韓復榘者，誠不足怪！而馮氏以老長官身分，於其部屬絕命伏罪之時，更作鹵莽不情之舉。惡聲毒詈，冷酷無文。只見洩憤快心之懵，絕少哀矜勿喜之情。其為失態，亦足徵天性之涼薄矣！

蔣先生於強敵壓境，國族危萬之交。渙汗大號，重振軍聲。虎變鷹揚，得收八年勝利之果。其能威服諸將，張皇六師；未嘗不由於開封誓誥，樹之風聲。自韓逆伏誅，劉湘悸死；從征諸帥，莫不忠義奮發，赴難無前。苦戰中原，播威南服。何其盛也！獨惜勝利以後，昧於驕盈之戒，誤於貪冒之臣。姑息貽譏，劫收賈怨。徇至穢德彰聞，戡亂不力，以解散偽軍，為共方坐大之資；以戰略撤退，成諱敗待亡之失。再衰三竭，無待著龜！天祐吾民，殷憂啟聖。後之視今，可不鑒諸！

氣吞萬里夢斷瀟湘的唐生智

這一位曾經翻江攪海氣吞萬里的唐生智。在一般人看來，總認為他是無定型而善變的多方面人物。當然是瑕瑜參半，或者還瑕不掩瑜。到如今靠攏紅朝，堪憐晚蓋，更不免令人叫一聲倒好。

我想起稼軒詞：「平生塞北江南，歸來華髮蒼顏。布被秋宵夢覺，眼前萬里江山。」還有甚麼心情，去論列是非，品章人物。又想起「將軍百戰身名裂。向河梁回頭萬里，故人長絕。」及「憑誰問廉頗老矣，尚能飯否？」之句，就不免惘然興故舊之思，憬然懍成敗之感！客窗無俚，往事如煙，一霎一霎的回憶，一幕一幕的宛然。走筆寫此，以當外史。

嶄露頭角隱執牛耳

唐生智，字孟瀟，湖南東安人。由湖南陸軍小學，而武昌陸軍第三中學，而保定入伍生隊，遞升至保定軍官學校第一期畢業。保定第一期曾遭遇北洋政府之摧殘解散，與校長蔣百里之憤激自戕。風波迭起，涉及政潮。唐沉默寡言，多所策劃，以故同學多信賴之者。自癸丑二次革命失敗，直至吳佩孚衡陽撤兵，七八年間，湘省始終為北軍所盤據。雖有宋鶴庚、李韞珩、吳劍學等少數地方軍隊，亦只仰人鼻息，苟延殘喙。唐自保定軍校畢業分發回湘後，僅以連排長株守軍中。形勢不同，主客易位，無所展布也。

湖南自張敬堯、湯薌銘、傅良佐等先後督湘，以至北洋分裂。中間經過直皖、直奉三次戰役，北軍對湘，早成強弩之末。故范國璋、吳佩孚、王汝賢等部隊，亦均撤離湘境。於是湘人治湘之聲浪，甚囂塵上。民九，譚組庵先生復主湘政，未幾，趙恒惕繼之。此時唐已薦升旅長，駐軍衡陽。雖與葉開鑫、賀耀組各旅長地醜德齊，而組訓不同，襟袍各異，唐已隱執湘軍之牛耳，遂輕取趙恒惕而代之。進駐長沙，擴編所部，此其嶄露頭角之始也。

語云：「無湘不成軍」。湘人之習於從軍而驍勇嘉戰也久矣。生智以其三湘健兒，與保定幹部，正如初生之犢，新羈之馬，馳騁中原，本意中事。不過軍事本於政治，成敗利鈍，更要從另一角度看。功名事業，非可一蹴而躋也！

不得於北終得於南

湘南居南北要衝。當民十四、五之交，吳佩孚以二次直奉戰殘敗之餘，得趙炎午（恒惕）之掩護，隻身竄居岳陽，方以十四省聯軍總司令名義，再起漢臯。雖百足未僵，而孤掌待奮。故北則修好於奉；東則委蛇於孫；蜀多舊感，本無西顧之憂，其利害最切迫而急待處理者，則為湘局。其時吳之左右，實分兩派：一派是葛豪、符定一等，主張援助湖南反唐隊伍，恢復趙炎午還主湘政。另一派是吳之參謀長蔣百里及秘書處長唐天如等，主張承認事實，以生智為湖南省長。曩據天如告余：「佩孚本無成見，從利害的觀點，已接受百里之建議。故特派百里與余（天如下同）同赴湘垣，與孟瀟面洽。並由余携有擁吳通電稿回漢翌日待發。既有成議，而敗於佩孚左右之擁趙派，遽謂余同意請下動員令，以葉開鑫為討逆聯軍總司令，吳部遙為聲援，聯合攻湘。至是而全局大變。」蓋吳以爭取生智始，而以討伐生智終。步驟已亂，生智則捨北而南矣！

予對此節，不能無疑。故於屬稿時，特走訪天如（天如先生現寓香港金龍台），並舉陳孝威將軍《若定廬隨筆》關於此事所記略稱：「湖南師長唐生智自逼走趙恒惕，……葉開鑫因遣湘人易敦白、符定一、葛豪等求救於吳佩孚。……幕僚長蔣方震、機要處長唐恩溥（按：唐為秘書處長，負實際責任。張其鍠為秘書長，綜其大成），力主以生智督湘，佩孚甚以為然。易等每日環伺佩孚左右，乘間進言曰，生智為趙恒惕所一手培植，今竟逼走恒惕，無異犯上作亂，授之湘政，是與獎勵犯上作亂何異，……不如援助葉開鑫回湘，較為兩抑而兩平。佩孚為衛道者，甚為悅耳，但猶豫未決，屬與恩溥詳商，然意已動矣。易等復擬妥動員計劃，託詞為唐恩溥所手擬。吳以為已得恩溥同意，遂判刑而下動員令。迨翌日恩溥至總部，始知有人假託，謬稱為其所擬稿，但並無擬稿人簽名蓋章，而佩孚竟輕率判刑，遂憤而辭職，東下赴滬。」云云。質之天如。天如曰：「信然。」予笑謂：「君親身經歷，自是千真萬確，孰謂不信。以予所見，此特表面文章耳！此殆佩孚與生智各運其權謀而故弄玄虛耳！」請畢其說：

當民十三佩孚狼狽逃至岳州時，實得趙炎午之密令庇護，而由葛豪出面，招待其登岸安居。陪侍經年，早成心腹。故再起之後，信任葛豪，扶持炎午，討伐孟瀟，實為既定政策。厚於趙葛，所以報也。此其一。生智自辛亥參加革命，畢業回湘以後，不獨對北軍素無淵源，益且深恨其蹂躪湘省。加以密邇兩廣，同學往來，匪伊朝夕，決志圖南，其勢順也。此其二。蔣百里、張子午、唐天如，皆南人也。佩孚於形勢脆弱之時，但利其聲華，而不寄以心腹。故一面派百里、天如與生智周旋，使其不備。一面布置動員，直取長沙。生智固非易與者，故亦一面與佩孚代表公開接洽，承認通電擁吳，以為緩兵之計。一面與廣東代表陳銘樞、劉文島切實談判，加入南軍。蓋雙方代表，實同時俱在長沙，只如尹邢之避面。蔣氏或知之，而任其變化耳。此其三。動員計劃，何等鄭重。既非咄嗟可辦，亦非假託可行，更非秘書處所得而專。此欺人之談，敷衍百里、天如者也。擁吳通電，不先發自長沙，而由天如攜漢，此生智之狡也。翌日通電，而今日動員，佩孚知其詐也。此其四。百里以師生之誼，天如以朋友之情，但求生智能穩定地盤，而不計其他。結果天如以書生受愚而離吳。百里以智囊被賣而離吳。未幾，百里到滬，即電請佩孚下野。以參謀長而請總司令下野，不可不謂滑天下之大稽，時人皆以為異，實不知百里者。其對佩孚施其諷刺與警惕，實有奧蘊存焉。此其五。我對佩孚與生智這一段戲劇性的經過，雖承認其事實，而併發其穩微者此也。

另一方面：廣東國民政府籌備北伐，已如箭在弦上。陳銘樞、劉文島與生智商洽，既得圓滿之結果，回粵報告蔣總司令。乃派參謀長白崇禧啣命至衡，面授機宜，興師北伐。由國府令委唐生智為國民革命軍第八軍軍長。與何應欽、譚延闓、朱培德、李濟琛、李福林、程潛、李宗仁等為北伐初期之八個基本軍。並委生智兼國民革命軍前敵總指揮。於是先發各部隊，大舉而出湖南。湖南遂開北伐之門戶，生智實為北伐之先鋒焉！

揮戈北指摧枯拉朽

先是生智於趙恒惕出走之際，本已進駐長沙。迨吳佩孚驟行動員，以鄂軍協助葉開鑫反攻。其時湘省內部尚未布置就緒，省垣亦立腳未穩。生智即先放棄長沙，集中主力於衡州一帶，作通盤之籌劃，再行北進。生智既於十五年六月初旬宣布就國民革命軍各職，廣東方面，同時已動員第四軍之張發奎、陳銘樞兩師，及李宗仁之第七軍，剋期開拔。於是第八軍軍容一新，聲勢大振。湘中各系部隊，昔之携貳敵對者如謝文炳、鄒鵬振等，皆觀望不前。黔軍總司令袁祖銘，前常澧鎮守使賀龍亦參加革命。葉開鑫部與唐部士氣正成反比，遂不旋踵而克復長沙。生智旋即奉命兼湖南省政府主席。此蓋其所不必得之於北者，終得之於南；

而亦國民政府在北伐進展期間擴張地盤之第一聲也。

是年七月下旬，蔣總司令自廣州出發親征。八月中旬至長沙，布署北伐。以唐生智為中路，會同右翼之第四、七兩軍，向北挺進。這時的北京政府，正當段執政下野，群龍無首。聽到此次北伐，聲勢赫赫，業已手忙腳亂。黃河以北一盤殘局，固不必論。即長江方面，孫傳芳以東南五省聯軍總司令，自恃兵力雄厚，對於吳佩孚坐觀成敗。而吳以武漢首當其衝，為與革命軍相見之第一回合，不得不獨力撐持。乃分調宋大霈、王都慶、唐福山等為中、左、右三路司令迎敵。實則北軍暮氣已深，兵無鬥志。而一班將領，又屬庸才。革命軍以方張之勢，揮戈北指，所向無敵，直如摧枯拉朽。所可記者，只汀泗橋一役之血戰，與第八師師長劉玉春之死守武昌耳。

吳佩孚見前方大勢已去，而其副總司令靳雲鶚，又因不慊於寇英傑之督豫，退守武勝關迤北，駐節信陽，稱河南保衛軍總司令，自制旗幟，顯懷貳心，大有斷其北歸之勢。佩孚乃不得不沿襄河（即漢水）經襄、樊、鄢、陽、南鄭以託庇於四川。自佩孚出走，武漢局面，只餘劉玉春死守之武昌城。而第四軍已進駐武昌郊區，第八軍亦駐紮漢口、漢陽一帶。玉春雖羅掘雀鼠，不肯舉城以降。終尤其部將賀對廷通款開城。督軍陳嘉謨與玉春一併被俘。至是而武漢全局大定。此類史實，亦已彰彰在人耳目，為便利本文，略述梗概，恕不詳及。

武漢克服。為國民革命軍進展至長江之第一步。為佔領名城之第一次。為奠定東南，壯其聲威。為北取中原，開其先河。這恰如噴泉出山，汪洋千頃。震雷啟蟄，萬類昭蘇。當然是蔣總司令統籌策劃之功，與參加作戰者尤其第四軍（當時譽為鐵軍）血戰之力。然衡山之鎖鑰不開，則大軍之開進受阻。洞庭之波濤未靖，則鄂南之馳騁無由。第八軍之中路無功，則右翼之孤軍難恃。唐生智爾後出爾反爾之行動，雖或另有其成因，或為世人所不諒。平心而論，此第一回合佔領武漢之首功，實有不可抹煞者在焉。吾人似不可效共黨之改造歷史也。

第一次寧漢分裂

武漢既定，唐生智設總指揮部於漢口西郊之西園。遙領湖南主席，以張翼鵬代行（張係日本士官畢業，湘人），另擴編兩個軍。以何鍵為第卅五軍軍長，仍自兼第八軍軍長。第四軍則分編為二。以師長張發奎升任第四軍軍長。另成第十一軍，以陳銘樞任軍長。鄧演達主持武漢行營。陳則兼武漢衛戍司令。國民政府主席譚延闓在漢，一切因陋就簡。地方政務，則設委員會以處理之。根本機構，仍在廣州。譚氏涵養甚深，每開會坐主席台，閉目酣睡，鼾聲振耳，譚殊自若，眾亦不以為異。此當時政府情形，乃人事布置之一般輪廓也。

蔣先生曾蒞漢巡視一次，受到熱烈之歡迎。後此則駐節高安，主持軍事。直至佔領江西，移節南昌，澈底擊敗孫傳芳，略取安徽，克復甦滬，奠都南京，底定東南，未嘗再涖漢臯。蓋已逆料武漢政情之複雜，形勢之不穩矣！

原來在北伐初期，廣東方面，仍繼承容共政策。迨武漢克復，共黨便欲混水摸魚，竊取政權。故蘇聯顧問，自鮑羅庭、加倫將軍以下，中共方面，徐謙、董必武、吳玉章、向忠發以及今日還存在的所謂紅朝元老，幾無不麕集漢皋。左傾的如鄧演達、宋慶齡、黃琪翔，更助長兇威，鬧得如火如荼，烏煙瘴氣。其最著之行動，約有數端：（一）總工會執行委員長向忠發，以漢陽划伕，主持工會。集合遊民，組織糾察隊，打倒土豪劣紳，尋仇砌架，生殺凌辱，插箭標，戴高帽，遊行示威，坐堂審判，幾於有土皆豪，無紳不劣。甚至發號施令，管制居民，干涉服裝（一度攔截行人剪斷長袍），擅作威福。民眾側目，軍隊寒心。每有集會，向必高踞主席台，著藍布短襖，繫土布腰帶，身軀魁偉，聲音洪亮，發為演說，亦福至心靈，具煽動力，後雖在上海處決，然已毒徧江漢矣。（二）徐謙（季龍）以前清科甲出身，服膺共黨，主持策動，活躍最多。在武昌南湖開民眾大會，公審被俘之湖北督軍陳嘉謨，武昌守將劉玉春，利用敵俘，鼓舞民眾。開公審之先河，壯共黨之聲勢。風動人心，浮遊社會，此為最力。（三）收回漢口英租界，新國人之耳目，振革命之雄風，寒帝國主義之膽，成外交史上得未曾有之壯舉。此當然人同此心，差強人意，然亦共黨引人入勝之手法。凡此無論為善為惡，皆係共黨安排步驟，轉移視線，乃暴風雨來臨之前夕也。

在軍隊方面：唐生智部下，決無共黨。生智本人，亦非共黨。且其性情、習慣、作風，亦不合共黨口胃。惟在利害上、權限上，軍隊的發展上，財政的補充上，可能已有許多誤會，許多不滿。共黨乘隙而利用之，自不免因利乘便，順水推舟。以予所知，亦有幾點：（一）唐係不羈之馬，當然有野心。唐係有為之士，當然有事業心。所以到了武漢，便由一個軍擴編成三個軍。這是在創業期間，軍人打勝仗，擄獲戰利品的照例文章。但在職權上講，應該得到批准。如果呈請而留中或不准，這就有問題了。在當局杜漸防微，免新軍閥之再起，自有苦衷。唐則欲罷不能，寖成僵局矣！（二）關於武漢人事：行營則鄧演達，衛戍則陳銘樞，財委會則陳公博，漢陽兵工廠則鄧演存（演達之兄），是地方一切，生智悉無權過問。尤其財政與兵工，足以影響其發展。湖南凋敝之餘，當然時感不足。故曾在中國銀行借款，又辦理漢口商業銀行，更託人向青島辦鹽，其困難可以想見。（三）凡革命黨人及革命軍之自粵來者，每多有優越感。對加入者，視為投機靠攏分子，不無歧見，故俗有「來路貨革命黨」之稱。爾後之「雜牌軍」、及「重慶人」，及至今日所謂「忠貞之士」，皆坐此等心理作用。實在敗事不淺。第八軍本係原始革命隊伍，當然應該在「來路貨」之列。但是待遇稍有差別，或是聽到一些不入耳之言，便非生智所能忍受了。（四）王文華（電輪）與袁祖銘這兩位黔軍領袖，本係生死冤家。王早於北伐前被刺死於上海一品香門前。冤有頭，債有主，袁自不能獨存。惟與生智並無血債關係。只不過最近加入革命陣線，為北伐軍之左翼，而又盤據湘西，按兵不動，對生智似有「臥榻之側，不容鼾睡」之感。不知是何人主使，及有無別項動機，由唐之師長周爛，假名設讌聯柬邀袁以下全體高級人員，袁、周同駐常德，絕未置疑。迨赴讌後，主人甫出，而機槍四起。袁部遂同時遇難，只逃出鄧漢祥一人。是役也，生智因此贏得手段毒辣之名，時有代人受過之慼，引以為病。隱忍多時，囑人催請當局，明令宣布袁氏罪狀，以示大公。孰知未得要領。一日，生智談及此事，曰：「就是我辦的吧！天下的壞事，統是我辦的！」言時似憤激而有委屈者然！此中微妙，當然非局外人所知，唐氏之心情，已昭然若揭矣。

然以上數事，皆生智之心病，並未表面化。而促成寧漢分裂之樞紐，則在鄧演達。鄧精悍敏捷，善能動人。運用離合，多所策動。他與蘇聯顧問及共黨首要，早有默契。時於演說及談話中，旁敲側擊，發為反蔣言論。尤其於蔣先生在南昌，重用某公，攻擊甚烈。故一面擁共，一面利用生智之不痛快心理，又一面與第四軍之黃琪翔、葉挺等聯成一線。此時所顧慮者，只擁蔣較力之陳銘樞一人而已。故驅陳則諸事齊備！

陳銘樞這人，好空言不務實際，似學者又似教徒。他任衛戍向不辦公。當軍長不看軍隊。好高騖遠，一無是處。終日在漢口：發妙論，接清客，對於人之謀我，懵然無知。故當漢方發動之始，限陳於一日內離去，陳乃悄然東下，末乃與所部謀面。所幸運者，僅賴爾後蔡廷鍇之發展為其政治資本耳。

陳銘樞既出走，寧漢分裂之局，乃明朗化。武漢頓成共黨世界。其行動布置，略如下述：（一）對南京取防守姿態。寧不西征，漢不東下。只在政治上肆意攻擊。（二）武漢衛戍，分為兩部。以葉挺為武昌衛戍司令，江以南由粵軍負責。漢口、漢陽，則由唐部負責。（三）陳銘樞之第十一軍番號取消。殘餘部隊，仍編歸張發奎第四軍建制。其賀龍一師，任其獨立。賀與共黨發生關係，蓋自此始。（四）唐生智部又擴充兩軍。以周爛、葉琪為軍長（隊號已忘）。合之第八、卅五、卅六，共為五軍。（五）十六年五月，唐生智、張發奎親率所部沿平漢路北伐。

關於唐張此次北伐有兩種意圖：一則宣傳蔣先生抵寧後，有勾結軍閥意圖，以顯示漢方為真正革命。一則以分裂後，武漢不免孤立。誠恐平漢沿線，北軍生心。乃為先發制人之計，以壯聲威，而固吾圉。當出發之日，漢口大智門車站人如潮湧，聲如市喧，口號如雷，旗幟如雨。歡送場面，至為熱烈也。

此時駐信陽之河南自衛軍總司令靳雲鶚，及其部將賀國光、魏益三等，早經接受革命軍之委任。故此次北伐，很順利的進至豫境之西平、遂平一帶。北軍已無鬥志。東北軍之張學良亦退至鄭州。此一象徵式之北伐，遂告一段落。

在唐氏離漢期間，卅五軍軍長何鍵，以共黨為害，民不堪命。欲矯唐命，在後方起義反共。並由某同志向漢口中國銀行借款拾萬元，交何為發動犒賞之費。迨何與駐漢之第八軍副軍長李品仙會議，李以茲事體大，堅主電唐請示而後行。何以事屬非常，且需祕密，請示，則不獨事敗，後患將不堪設想，遂作罷論。蓋品仙以忠謹勝，故力主慎重。芸樵以氣魄勝，故敢作敢為。然此一小插曲，即為此後何氏反唐歸蔣之原因。主湘八年，正以此也。某君以事既未成，問何中行款如何說法？芸樵即如數歸之。某君甚佩其廉正不苟。知之者寡，因附及之。

綜觀此次寧漢分裂，可見其主動實出於共黨及鄧演達。生智蓋欲利用機會，改變局面，故班師回漢，即宣布反共，以結束此戲劇性之一幕。然而標榜親共，已失天下之人心；雖反共而何益。羽毛未豐，已壞崛興之基業，雖再起而難圖。「一著錯，滿盤輸」。後此雖或順或逆，反蔣投蔣，步驟已亂，終無所成，惜哉！

班師反共倒蔣東爭

當東南五省聯軍總司令孫傳芳戰敗北竄以後，國民革命軍蔣總司令肅清江表，奠都南京。即編定革命軍為四個集團軍：由國府任命蔣中正兼第一集團軍總司令；馮玉祥為第二集團軍總司令；閻錫山為第三集團軍總司令；唐生智為第四集團軍總司令（民十七，唐失敗下野，始改任李宗仁為第四集團軍總司令）。此時唐實已為四巨頭之一。而閻馮在北，對革命之進展，功業猶未顯著，生智更為蔣以下第一人，實聲聞最著時也。

北伐初期，舊軍閥奉張、孫、吳輩，對南方認識不清，咸視蔣與國民黨為共產黨，視革命軍為黨軍。生智新加入，故皆屬望於唐。不意寧漢分裂，唐竟首先附共。天下人心，適得其反。觖望之餘，益臻惶惑。此為唐之最大損失！加以彼時長沙又為共黨所控制，慘殺老儒葉德輝，橫行無忌。湘省代理主席張翼鵬束手無策，省政無法推行。設在漢口西郊之唐氏之總指揮部參謀長龔浩學養淳樸，素稱反共。軍長何鍵更見諸行動，躍躍欲試。各部隊及地方團體民眾，悉敢怒而不敢言。總部參贊兼第八軍參謀長臧卓（原由陳銘樞向唐商用為武漢衛戍司令部參謀長），自陳銘樞出走後，奉委為漢口衛戍司令，未遽就職，即在漢口與何鍵密謀反共。並電達生智（時唐在河南北伐中），歷陳共黨為禍之烈。主張二事：（一）立即宣布反共；（二）追隨蔣總司令，完成北伐，蔣任津浦路，唐任京漢路（即平漢）。電文長數千言，曾載於當時之滬上各報。臧氏旋即棄職東下，以示與唐決絕。同時鄂軍軍長劉佐龍為了反共，亦槍斃耿伯釗之弟，耿仲釗（丹）、李書城（筱園）之弟李漢俊，皆共黨也（大陸變色之頃，筱園往來石家莊與伯釗歡迎共軍入武漢此其遠因）。生智至此，鑑於內外情勢，遂由前線回師武漢，宣布反共。此其經過之概略也。

生智既揭櫫反共旗幟。第四軍之一部即由黃琪翔、葉挺等率領向東南奔竄。賀龍本湘西土匪出身，無所謂主義，遂亦投靠共黨。以後演為南昌、潮汕、廣州各事變，此是後話，與本文無涉。自此湘鄂兩省，已無親共部隊及共黨蹤跡。生智亦躊躇滿志，恢復信譽，安定人心，可謂不遠而復矣！

但是在寧漢分裂之初，所標榜的是聯共、反蔣。現在生智雖然做到反共，卻依然反蔣。故問題只解決一半，而僵局仍未打開。在這一期間，北伐工作，幾陷停頓。而寧漢雙方形勢，反覺西面較為穩定，長江下游多有危機。蓋當時四川完全處於觀望態度，既討好吳佩孚，供應備至，為未來留一著閒棋；同時又接受革命軍委任，而又按兵不動；故絕無西顧之憂。河南方面新挫之餘，自無南下之慮。湘境自袁祖銘消滅，內部早已肅清。加以生智反共以後，投共部隊，紛紛竄向東南，更無心腹之患。反觀長江下游：則黃淮前線，綿亘千里，箕口大張，殘敵思逞；共軍南竄，危及根本；東南新附之眾，子多於母；即以浙江而論，本蔣先生桑梓之邦，而當時省長周鳳岐即早有不臣之心，浙中老軍人，除陳公洽（儀）最早投向中央矢忠不貳外，自餘蔣百器（尊簋）以下，皆反蔣，此時蔣先生內外受敵，誠危急存亡之秋也！

生智一面受黨中反蔣同志之聳動；一面為領袖慾所驅使；一面又以不慊於蔣而又有利於當前之形勢。於是，在回漢反共後，以迅雷不及掩耳之手段，發動大軍，沿江東下。以卅五軍何鍵所部為左翼，由鄂東沿江北岸向安慶前進。卅六軍劉興率所部向皖南前進。是役也，實演成蔣先生與生智先後下野焉！

當生智揮軍東下之時。朱培德、程潛、李宗仁所部，正以久戰贛境，東徇江左，賀龍等又突進南昌，故贛省已無阻礙。安徽自孫傳芳退出金陵，乞援奉張，皖南之王普，皖北之陳調元，早成釜底之魚，傳檄而定。故生智大軍一到，直如摧枯拉朽。不旋踵而何鍵佔領安慶。劉興佔領蕪湖。前鋒且越當塗而東窺白下。生智並委何鍵為安徽省長。大有左寧南兵逼金陵之勢！

此時蔣先生處境已如前節所述長江下游情形。益以軍隊林立，財政困難。李宗仁、程潛隱懷携貳，近在咫尺。嫡系部隊劉峙、顧祝同、錢大鈞三個軍，又分駐在外。因即離京赴浙，而周鳳岐若即若離，轉多齮齕。蔣先生遂暫先出國，首途赴日，此其第一次下野也。

蔣既下野。生智即頓兵安徽，不再前進。一面與南京方面謀取妥協，商量善後。一面調整內部，自固吾圉。意或暫時滿足於湘、鄂、皖三省地盤，觀變待時。而不知李宗仁、程潛又聯合討唐，麾軍西上。生智席未暇暖，趨步東瀛，實非所逆料也。

李程合謀生智下野

蔣先生下野後，雖由何應欽代帥。而南京實力，則在李宗仁之第七軍，程潛之第六軍（李部為廣西軍，後來大家稱為桂系），李宗仁、白崇禧與唐本係同學。程潛係留日士官，亦湘籍，較唐為資深。在北伐之始，唐程之間本無恩怨可言。惟程有回湘主政之願；李有據漢通桂之謀。李程且深知長江下游複雜，非久居之所；金陵首善，非獨霸之場；故亟謀所以自處之道。又以生智目空一切咄咄逼人，若任其久據上游，生聚教訓，根蒂既固，枝蔓難圖。故趁其立腳未穩之時，加以打擊；此李、程兩利之道也。於是桂系聯程攻唐之議遂決。

先是陳銘樞在漢口出走後，以其參謀長臧卓，本為唐所信任，必與謀賣已。且臧氏又轉職第八軍，其跡更著。迨讀臧氏之反共通電，又見其毅然離職東下與唐表示決絕，意始釋然。並引之謁見蔣先生於南京三元巷總部。時張群、陳銘樞、陳儀、朱紹良、劉文島均在室。蔣謂你的電我已見了，溫諭慰之。臧氏乃力陳寧漢之不可分，蔣唐之必須合。因未就新職，赴西湖小住。迨唐生智回漢口，即親函臧氏云：「我已反共，請即回！」遂約晤臧氏於廬山，同行至安慶。這時蔣先生已下野。一日，在安慶省署，唐、臧與何鍵三人同坐，唐忽問臧：「下面人對我如何？」臧答：「大家都很怕你！」唐謂：「我有何可怕？」臧答：「老虎吃人，不自知其為人所怕也！譬如我這次同你見面，大家朋友都不要我來，說你一定會殺我。我對他們說，我偏要去一遍，看他到底可怕不可怕！」當時何鍵在旁恐怕把話說僵，即笑對臧曰：「你留心啦！你將不得出此門了！」唐亦大笑。因任命臧氏為駐京滬總代表，與李、程謀妥協。並謂彼不再東進，當共商大計，完成北伐云。

臧氏既離皖東下，聞李、程聯合西征攻唐之議已決。當時臧氏雖以唐之使命為言，李、程皆堅不為動。臧氏因激之曰：「公等固亦不惜倒蔣者！今蔣既下野，又欲倒唐，恐唐朝去而蔣夕回矣！」李等答謂「寧任蔣回，亦先倒唐！」勢至此，遂無商量餘地！

西征配備：以程潛為江左軍總指揮，李宗仁為江右軍總指揮。軍容甚盛。發動之後，並無多大接觸，唐部即節節後退。蓋以皖南方面，劉興雖忠於唐，而退路困難，能勝不能敗，故不宜戀戰。江北皖境，雖是鏖戰之區。而何鍵因首唱反共，另有存心，在蔣先生未下野以前，早已通款。對於李、程，亦復莫逆於心，故皆不戰而退。炮兵司令張國威，尤有露骨表示。生智見大勢已去，即退至漢口，準備下野。

生智為人，向無私財。自初抵武漢，即由趙恩綬任總指揮部軍需處長，兼湖南財政廳長，並兼漢口商業銀行董事長。唐下野係與漢口日領事接洽，由日本兵艦送至日本。但一切需要金錢，此時唐向趙恩綬提款，竟分文無著。蓋趙本不善理財，且軍費浩繁，收支竭蹶，倉卒之間，自無準備。不得已遂炸毀中央銀行銀庫，提款二十萬，始得成行。

登艦之前，更派人覓得張國威，唐厲聲謂之曰：「總司令出發，你也不來送行嗎！」遂下令槍決。因在日租界住宅區，不便開槍，執行者勒斃之於浴室中。炸銀庫、斃國威，唐這兩下起身砲，猶見其威風凜凜，殺氣騰騰焉。

此後桂系在武漢又演為二次之寧漢分裂。何鍵得蔣先生之信任，未幾即任命為湖南省主席。而程潛終無所得。程在「九一八」後，雖曾一度任參謀總長，對蔣先生仍不免觖望。今日以湖南「家長」頭銜，靠攏為湖南主席，遠因蓋早種於此。至於唐來蔣去，唐去李來，劍影刀光，有同兒戲，吾人眼光撩亂，視之為走馬燈可也！

補述一段題外文章

走筆至此，尚憶有一段題外文章，與唐甚有關係，為述於後：

偶閱陳孝威先生撰《若定廬隨筆》所記「吳佩孚、孫傳芳兩敗俱傷記」中有一節云：

「……況是時唐生智雖執湘政，而奔走傳芳生智間者，固大有其人，如能唇齒相依，守望相助，其奈統帥權已由地方集中於中央，生智雖有為傳芳效力，而因查家墩拒絕生智一著之失，自是之後已形格勢禁，爾後傳芳龍潭渡江，生智所部分置江左江右者亦有與之默契，然因約期不能互信，在傳芳不能謂非功敗垂成。而生智與北洋諸帥間，雖有蔣方震等為其奔走，但終無一顯身手之機會，抑亦奇哉！」孝威先生記事翔實，論列公平。尤其對每一事之經過，脈絡一貫，如數家珍，清才史筆，自無可議。惟其對龍潭一役，憑高明之卓識，作理想上之判斷，跡之無象，言之有聲，牽強附會，則殊不能苟同！請言其故：查家墩拒絕生智主湘一事，孝威時引為佩孚惜，予於本文已曾述及。其實即令佩孚如其所願，而大勢所趨，生智終必投南，終必反吳。試看爾後生智奄有兩湖，尚不足以饜其欲，尚欲麾戈東下，而何有於湖南！何愛於佩孚！此其一。至謂傳芳之敗，生智因統帥集中中央，雖有心為傳芳效力，已形格勢禁云云。北伐初期，軍權本未集中。寧漢且能分裂，且可揮兵東征。生智果欲援傳芳，欲如何便如何耳！且生智何厚於傳芳，而欲為其效力？傳芳一日不去，革命軍全部將仰給於兩湖，豈生智之願。傳芳對多年袍澤之吳佩孚，且以利害關係，坐觀成敗，一旦得勢，更何愛於生智！此其二。龍潭之役，孫傳芳求援奉張，利用其蘇北殘餘部隊，作孤注一擲之行動。問題只在直、魯、奉未能充分增援，與海軍之橫江截擊。若生智分置長江左右之部隊果與之默契，則進襲南京，如入無人之境，何以頓兵不進？如謂約期不能互信，如此大計，不互信何能合作？無線電瞬息可達，何難於約期！況共黨與武漢各方，正以勾結軍閥，指摘下游。生智豈能躬自蹈之。再說傳芳萬一得志於東南，不過為奉張之附庸。生智對蔣尚不能低首下心，而謂其甘冒不韙以媚殘存之軍閥，雖至愚者亦不為也。此其三。孝威一再謂「奔走生智傳芳間者，大有其人。」「生智與北洋諸帥間，雖有蔣方震等為其奔走。」云云。當生智與趙恒惕爭長之時，蔣百里慮其尚無立足之點，故求全於佩孚。或亦可能遠交於傳芳。自加入北伐，聲勢大振，生智已有功業可樹，百里又何必隳生智方張之勢，救傳芳於殘敗之餘。不獨百里所不肯為，抑亦生智所不能聽！且自生智佔領武漢，直至失敗下野，百里未嘗涖漢皋一步，亦絕無信使往還。迨生智抵日後，百里始偕臧卓由大連經朝鮮到別府探望。後此對於生智之山再起，始參與其事。此尤足證明龍潭之役與生智無涉。此其四。蓋事實每出意想之外，而理想未盡乎事實也。予意生智誠然可以做新軍閥，或者也可能勾結軍閥，但是這一回事卻不然。予豈好辯，孝威信諒予言！

寧漢再分蔣唐復合

生智下野東渡後，李宗仁即進入武漢。此時蔣先生已還京復職。即改任李宗仁為國民革命軍第四集團軍總司令，生智之遺缺也。唐之部隊：第卅五軍何鍵，以早經對通款，即率所部回湘。第八軍李品仙，雖追隨生智甚久，然以其為廣西人，仍舊保留。第卅六軍劉興，為人溫文淳厚，說禮敦詩，與人無爭，而最忠於唐，故即離職，以桂籍人廖磊升任。其餘各部，自然分別編併，不及詳述。

單講李品仙之第八軍，與廖磊之卅六軍，後來改編為第五十一、五十二師，仍由品仙與廖任師長。因民十七，北伐進展，奉軍出關，閻錫山部以近水樓台，先入平津。這兩部軍隊，由白崇禧率領，跟縱直魯軍，進駐北寧鐵路（舊稱京奉路）之唐山灤川一帶。為與東北軍張學良保持接觸之最前觸角。此乃生智所部之僅有集團也。

中國有一種風水，只要是名城，就會多災多難；又有一種習慣，只要夠人物，便想稱霸稱王。李宗仁雄據江漢年餘。胡宗鐸、陶鈞等主持湖北省政，寧漢之間，又形成二次分立。此時國府除東北尚未易幟外，大體上已完成北伐，已非十六年形勢可比。因即定西征討桂之計（此節與本文無關恕不詳及）。惟武漢固為桂系重點之所在。尚有一桂系大將白崇禧，手擁重兵，駐防華北前敵。設有疎虞，關係匪淺。勢必解除白之兵柄，方免顧慮。然白之所部，亦即唐生智之舊部也。用唐去白，殆易如反掌。以此而生智又有再起之機。蔣唐初演復合之局。

這一幕是蔣百里的策劃，迎合蔣先生的需要，而由北平行營主任何成濬（雪竹）為中間人。在何雪竹那邊奔走聯絡的，有龔浩（字孟希，前北伐前敵總指揮部參謀長），晏勛甫（前總指揮部參謀處長）、張篤倫（字伯常，前漢口公安局長）等。於是得蔣先生的同意，任命唐生智為討逆軍第五路總指揮。第一步由生智親赴唐山，接收第五十一、五十二師部隊。視白崇禧行動如何，相機行事，完成「易帥」任務。凡此皆事前祕密進行之經過也。

時生智已先期由日本返國抵滬。迨一切既有成議，即決定由臧卓陪同經海道北上。其出發準備，輪隻布置，海上及抵達後之聯絡及行動，皆由臧卓負責。臨行之前數小時，在上海法租界朱葆三路某旅社，由蔣百里對唐作贈別之談話。對於爾後之步驟，多所指陳，並謂臧卓須多負點責任。臧即進言謂：「此次我們如以革命手段，自動收回部隊，我們可以即刻反蔣，不過我們係接受蔣之委而收回部隊，以後縱或天下人反蔣，唐某亦不能先反蔣！」當時百里與唐，皆力贊臧卓之說。但是未及一年，生智終又有漯河窪山反蔣之役，此中人事醞釀複雜情形，殆有莫之為而為之者！這是後話，暫且不談。

爾時唐臧二人，即同至上海楊樹浦登輪，啟碇北上。除蔣百里外，蓋無知之者。既抵塘沽，由任援道備車接至天津小憩，隨即遄赴唐山，直入軍中，白崇禧卻先已聞風出走矣。這一部隊，本由生智一手編成，見故主之來臨，如家人之團聚。歡欣鼓舞，自不待言。生智旋即通電就討逆軍第五路總指揮之職。「易帥」之舉，至此告段落。

未幾，生智由唐山移駐北平，成立總指揮部於北平西城順成王府。以劉興任五十二師師長，補廖磊之缺。五十一師之李品仙本係唐部，暫未更換，但不數月，亦由龔浩調補五十一師師長，李、廖二人後來皆回廣西，復為桂軍將領。這一次所謂討逆，實際就是討桂。在生智與白崇禧之間，可謂兵不血刃，使中央無北顧之憂，放開手解決武漢問題。武漢旋即歸命中央，李宗仁敗退廣西。直至抗日前後，始復轉戰蘇豫，飲馬長江。生萍不久，亦奉蔣命赴豫，移討桂之眾，為討馮之師。但不旋踵間，唐又一變而為粵府任命之第四路軍總司令，又高樹反蔣之幟，此民國十八年事也。蓋蔣唐復合之局為期僅及一年。晌又變生南服，兵啟中原，雪掩隺山，人歸滄海。

調豫布防返京復命

民十八、九年間，平津一帶，正是山西山的天下。中央機關，只有一個北平行營，高高在上。行營主任何雪竹（成濬），是一位好好先生。任何雜牌隊伍，都與之發生好感。唐生智更以軍人豪爽氣概，及保定同學關係，與當時北平市長張蔭梧（桐軒）、警備司令李服膺（慕顏）、憲兵司令楚溪春（晴波）、天津警備司令傅作義（宜生）以及晉軍將領楊愛源

（新如）、孫楚、王靖國、李生達等，或朝夕聚首，或信使往還，無不水乳交融。右以生智與雪竹，皆有寡人之好。公餘之暇，假座大宅府第，徵歌宴樂，雀局流連，故雪竹與生智駐節北平期間，大有裘帶雍容，太平景象。生智並為其尊人唐耀老及母夫人在北平東四隆福封街福全館慶祝六十雙壽。這樣和平逸豫的時光，大約過了不到半年，第五路軍便奉命移防河南，生智亦返京面蔣報告一切。

第五路部隊於民十八春，由北寧路唐山附近原防地，開拔至鄭州迤西沿隴海鐵路至鞏縣一帶。總指揮部設於鄭州。唐本人則到南京謁蔣，設辦事處於城內朝天宮。此時桂系初敗，長江底定。閻（錫山）領平、津、冀、晉，亦無異動。馮（玉祥）遭韓復榘之倒戈（時韓已任河南省主席），其勢亦挫。只東北尚未易幟。各方雖隱患重重，而密雲不雨，正可勉定於一時。故生智入都後，久無返防消息，不免疑慮叢生。甚至有不令出都之說。其實蔣先生當時之真意所在，固非局外人及生知所得知也。

天下事互結以誠，則無所不可。一有隔閡，則杯蛇弓影，無在不足以啟猜疑。唐前經携貳，再領兵權，蔣或已有所考慮。但唐徘徊闕下，未奉後命，進退失據，竊自不安。據聞在此期間，蔣有時謂唐：「你到前方去吧！」唐必答以「不願去！」蓋蔣既非堅決之詞，或係試探之語。而唐則輕描淡寫，示以無他，實以退為進也。未幾，馮玉祥在隴海路西段厲兵秣馬，似有襲取鄭州進攻開封之企圖。一日，蔣先生又促唐行，並示以方略。唐雖遜謝，轉視蔣意已決，遂勉允即行。實則「固所願也」！

蔣先生每遇戰事，輒身臨前敵。有時分身不得，實逼處此，偶或喟然興「孟瀟在此，何勞親征！」之感。此次以馮為勁敵，且第五路正布防其間，自然非唐莫屬。此一措置，對唐可算放虎歸山。後此唐雖大勝馮軍，而漯河反蔣之役，未嘗不孕育於此也。

虎視中原鷹揚嵩嶽

生智到鄭州後，情勢便日見緊張。這時在豫境的部隊，除第五路之五十一、五十二師西對洛陽正面外。豫西臨汝一帶，為徐源泉所部之四十八軍。豫西南之南陽一帶，為楊虎城所部公秉藩師。豫東及開封一帶，為韓復榘所部三個師。鄭州附近，為王金鈺所部之四十七軍上官雲相、郝夢齡各師。這樣的大軍雲集，可算集雜牌隊伍之大成。當時豫境「隴海」「平漢」兩線之部隊，皆歸生智節制指揮。民十八年夏，發動討馮。遂在豫省鞏縣，汜水至登封之線，與馮部展開大戰。鞏縣、汜水即古滎陽、成皋。舊為楚漢相爭形勢之區，當時亦隴海鐵路由洛陽東下所必爭之地。登封在中嶽嵩山之麓，過此可以長驅鄭汴。中央軍右倚長河，鞏汜甚為穩定。徐源泉、上官雲相等部，又可繞道豫西，拊洛陽之背。故馮軍以全力欲突破登封之線。生智親臨前敵，督率所部三湘健兒，血戰數日夜。其司令部即設於嵩山右麓某村之民房，距前線僅數百碼耳。一次，我由鄭州到前方去看看他。在未接近之前，已聽到炮聲隆隆，機槍聲如間斷之爆竹。及達村邊，則流彈如飛蝗，破片如隕石，嗤嗤嗶朴之聲，連續不絕。迨入室，見唐方斜倚竹軍床，口啣小炮台（唐向吸小炮台牌紙煙，不稍間斷），耳聽電話，狀甚安閒。旋告我曰：「前方甚緊，刻已戰至最後關頭。適電話請增援甚急，已無援隊可派。」我曰：「奈何？」唐笑謂：「我再上去一次，當抵得一支援兵。你放心！只要我到前線，他們就會拼命打！只要我不退，我的部下不會教我做俘虜！我想，今晚戰局可決矣！」是日果大捷。

登封方面既告捷。於是各線乘勝長驅直逼洛陽。馮遂收拾餘燼，退入潼關。遺棄人馬輜重無算。捷報到京，蔣先生嘉慰備至。爾後唐氏坐鎮鄭州，復員布防，聲譽鵲起。蓋自東山再起，未及一年，而能虎視中原，鷹揚嵩嶽，其興也勃，殆未有盛於此時者也！

揭櫫擁汪稱兵反蔣

蔣先生在戰後不久，曾駕蒞鄭州，親加慰勞。他們兩人密談的甚麼，我是不知道。但是在表面接觸與迎送之間，我看在眼裡，總覺得有點幾先的敏感。那就是蔣先生對唐過分客氣，而唐對蔣又分外恭順。彷彿有功高震主、戒懼危疑的跡象。自然不是股肱腹心、推誠相見的表示。蔣回南京後，對生智沒有下文。過幾天，劉鎮華來了。他是來看看唐的態度的。他也是政學系對中樞有導體作用的。有一晚，唐與劉在鄭州車站宿舍（唐假寓於此）小院納涼。唐語劉曰：「你可主河南，我主陝西，我為其難。」蓋劉係河南鞏縣人，唐以言𧦝之，投其所好也。講實在話，唐不慣於在中央。中原、兩湖，明知不可得。但得一邊遠省分，有所布，或可偽定一時。然終未能如願也！當時唐鑑於上次出京之不易，與此次地盤之無望，心理上不無有一種莫名之影響。而粵汪（精衛）、晉閻（錫山）又因而助長之。於是，又有擁汪反蔣之一幕。

先是汪精衛聯粵桂反蔣。希望生智與閻錫山，在華中、華北同時發動。密使往還，已非一日。生智初時慎重，未遽允諾。嗣汪以「無以對西南同志」為言，唐意始動。晉閻方面，先由袁華選（士權）往返磋商，據稱閻百川是同意唐先發難而彼響應的。並允接濟三百萬軍費。生智以汪既督促於南，閻又贊成於北。反觀內部：中原皆雜牌軍隊，其勢易於就範。若乘戰勝之威，出以迅雷之勢，南下武漢，雄據上海，誠屬易事。於是決心首難，霹靂一聲，以粵府任命之第四路軍名義，通電擁汪反蔣（這一類文告皆不復憶）。

生智既發難，蔣先生即令閻錫山之代表趙戴文，星夜回山西向閻疏解。這其間當然有幕後文章。閻氏老謀深算，既藉生智之異動，邀利於中央；又利蔣唐之衝突，坐觀其兩敗。更不願隨生智之後，而留為爾後自我主動，獨樹一幟之反蔣。此不獨「教猱升木」，成人之惡，抑亦如陳孝威所撰之《若定廬隨筆》所論孫傳芳之於吳佩孚，「兩敗俱傷」之道也。

閻既不為生智撐腰，形勢益陷孤立。所有華中雜牌部隊，雖不致對唐立取敵對姿態，亦絕無搖旗吶喊之人。這一次獨腳戲，當然注定失敗。所與冒危難、行險徼倖者，乃為五十一、五十二兩師之眾耳。

我在這裡再補充一點故實，以證吾說：生智失敗之翌年，閻馮反蔣之初期。天津警備司令傅作義，一日覓唐之代表臧卓，謂之曰：「閻先生來電，請您再到太原去一趟（按：臧氏繼袁華選之後，曾數往太原）。」臧即赴太原見閻，閻握手致歉曰：「上一次很對不起孟瀟兄。現在我們又反蔣了，你可能請孟瀟兄北來嗎？」臧答：「我可以把總司令的意思，轉電孟瀟。至於他來不來，我可沒有把握！」閻氏當時所謂的「對不起」，「又反蔣」的說法，涵義甚明，令人齒冷。閻先生現在台灣，或能作一回憶吧！

確山失利漯河出亡

生智既到了孤掌難鳴、騎虎難下的地步，遂命其直屬兩師，火速沿平漢路向南開進。意在襲取武漢。但為時已晚，跟即被阻於漯河迤南之確站一列車中。南京方面，在生智發難之始，閻氏態度未明，武漢空虛的情形下，不免微有震驚。迨情況已明，步驟已定，形勢已穩，爭勝負於確山一隅，那不過是時間問題，孰得孰失，不卜可知也。

是年冬，河南大雪，為五十年來所未有。士兵們手僵腳腫。雙方運動，俱感困。加以同室操戈，兵無鬥志。故僅對壘相持，並無若何激烈戰鬥。如此數十日，依然無解決之期。適是時駐南陽之陝軍公秉藩師，又有自右翼來襲之姿態。於是生智乃決心下野，完成又一幕兒戲之局。是役也：蓋實倡始於汪，助長於閻，啟釁於唐。唐固蒙翻雲覆雨之名；而蔣先生用之不以其道，位之不安其心，疑之不能殺，信之又不能專；似亦不能辭其責也！

在中國：內戰上之勝敗，政治上之離合，固屬常事。而當前之恩怨，每有不可思議之洩忿與報復行為。且執政者又有所謂國法問題，自然免不了通緝懸賞。雖然胡漢民先生曾說過：「你們所謂通緝與否，狐埋狐猾，根本不值得重視！」但是通而不緝，還沒有甚麼。如果在當時被緝著了，也還吃不消呢！生智放了這一把手，當然已是懸了巨賞（記得是十萬元），通緝務獲。在當時的環境之下：閻錫山、何成濬已到鄭州；韓復榘被任為討唐後路總指揮；東南至上海，此路不通；豫西山地，毫無出路；真是四面楚歌。這樣唐的下野問題，便覺不甚簡單了！

某晚，唐密謂其辦公廳主任臧卓曰：「戰事已無可為，我已決心離開。我是信佛的！我想：這一次出來，是你送我到唐山的。現在還是你能夠安全陪我出去！」臧問：「幾時走？」唐謂：「明晚！」臧曰：「諾！」

先是臧卓在鄭州代表唐與豫境各部隊聯絡。一日，四十七軍軍長王金鈺謂臧曰：「明天雪竹與閻老西來鄭，你在此恐有未便，我已備好車票，你可即回北平！」臧謂王曰：「請你設法送我到漯河（時須通過討唐部隊防線），我不回北平！」王謂：「這一次唐孟瀟就是神仙，也要打敗仗，你還去漯河幹麼！」臧曰：「事之成敗，都無所謂。便去做土匪，做俘擄也罷！」王欣然義其言曰：「我想辦法送你過去，今夜便須出發！」王係留日士官學生，曾任孫傳芳之參謀長。為人溫恭儒雅，與臧為忘年交，蓋調護之也。臧未回漯河時，生智已堅信其必返。此刻臨危受命，抵步甫三日耳。豈佛家所謂緣耶？

臧卓受命後，即籌劃路線，覓嚮導，輕便裝。唐更密令劉興代總司令，維持一星期，再行宣布，料理善後。翌日午夜，遂率同高級心腹人員，巡視一周，北出漯河大橋。行者步上征途，居者各回崗位。布置周密，前方及所部皆不之知也。第一晚，唐與臧卓、任援道、王副官四人同行，由豫東小道向開封前進。第二日以後，唐、臧為一路，分道行。第三日到開封，駐通成公司。續行過徐州，駐某司令部。轉臨城，搭通車，於第七日抵天津總站。則見牆壁上「打倒唐××」「捉拿唐××」標語猶新也。沿途雖有幾處驚險，以及許多難關，總算機警而僥倖的安全渡過。長途數千里，雖甚於「微服過宋」之艱難，尚無「割鬚棄袍」之狼狽。此亦出亡者之傑作也！

唐抵天津後，臧卓曾往晤傅作義。傅亟詢唐老總何在？蔣、閻正紛電查詢。臧卓詐告已經海州、大連到日本箱根去了。傅據以轉報，遂騰之報章。不知正在天津日租界賃屋小住，盤桓月餘，始乘德輪赴香港。時民十八年季冬也。民廿四，張岳軍曾以此問臧卓謂：孟瀟漯河之出走，始終是一個謎。以當時情形，插翅難飛也。臧始具以告，不覺釋然！

備位粵府赴難中央

在這一年多期間，兩廣照舊保持獨立的局面，中央也就取放任的形式，廣州還是一片太平景象，生智不過備位其間，照例開了會，吃吃館子，打打小牌而已。迨至「九一八」事變起，東北淪陷。有識之士，奔相走告。於是捐除意見共赴國難之聲，喧騰內外。經往來商洽，汪先生同意入主中樞，任行政院院長，是為蔣汪合作之又一幕。此時兩粵之實力派，與黨方之死硬派，並未入京，仍成一獨立狀態。但生智則隨汪款段都門，任軍事委員會委員兼軍事參議院院長。

軍事參謀院，約等於今之戰略顧問委員會，為一閒散機關。換言之，即高級軍官之養老院。其組織額設上、中、少將參議，上校諮議各若干員，俱由院呈准軍事委員會核定，或由委員長條諭，再經國府特、簡明發。另設總務、軍事兩廳，以臧卓、周維寅分任廳長。亦不過發發薪水，編編雜誌，直是形同虛設，唐氏當然不感興趣。事實上，他以上將參議張翼鵬代行院務，只於紀念週及各項典禮儀式隨緣站班而已，未嘗蒞院一步也。惟軍參院係新設機關，唐為首任院長，雖國難餉章，勢同雞肋，幸尚能安插不少舊部耳！

這樣的閒曹冷板凳，大概坐了有一年多，頗能逸豫從容，危行言遜。甚至連汪精衛氏官邸（鐵道部一號宿舍），亦不見唐之蹤跡。平居惟焚香唸經，及酬應打牌。大有「放下屠刀」「深藏若虛」風度。民廿三年冬，蔣先生以外侮侵凌，各部隊及軍事幹部宜加緊訓練，改任生智為訓練總監（訓練總監第一任為何應欽，次李濟琛，再次朱培德。唐繼朱，至抗戰初期裁撤，改為軍訓部，以白崇禧任部長。時以朱培德任軍委會辦公廳主任，兼參謀總長，不克兼顧）。訓練總監部，規模較大，職權較重，事務甚繁。其組織有總務廳各兵監、國民軍事教育處、軍學編譯處。其轄有中央軍校，步、騎、炮、工、輜、交通各專門學校、陸大則歸參謀本部），及各省市國民軍事教育分處，更兼管軍事留學生之派遣考試，及德國顧問之聘約與教育訓練計畫之研討。唐氏自接任後，對於部中人事，只調任臧卓為總務廳長，其餘自副監周亞衛、張華輔及各監、處首長，概無更動。每天軍服整齊，到部辦公。並分蒞各專門學校及中央軍校教導總隊視察。大有振奮精神，勵精圖治氣象。

西安事變後，復設「執行部」於軍委會，以唐為主任。對外為祕密機關，專主對日戰事一切防禦設備工程事項。直至「七七」事變發生，又命唐兼軍法總監。組軍法總監部，以袁華選、王懋功為副監。蓋自唐隸中央後，歷兼要職。是蔣對唐之信任，不可謂不專。而唐之服務，亦不可謂不力。這一段時期，融洽無間，宜若無憾焉，然而不然！

衛戍南京息影嶽麓

唐是愛打仗的人，又是好名惟恐後於人的人。自以為抗日戰事，應該擔任一個戰區，為國效力，方可無憾。也覺得這幾年案牘勞形，埋頭苦幹，以一個好動的人，專做靜的工作，本非性之所宜。正可在中日戰事一顯身手，庶幾發洩發洩一些悶氣。誠然，他也未必不打敗仗，不過總比守南京這樣「窩囊」的敗，來得光彩一點呀！然竟未能如願，怎不感到絕望呢！

先是唐任執行部時，劃下游為四個分區：京滬區——張治中，滬杭區——張發奎，杭江區——黃紹竑，蘇北區——孫連仲，合為一個總區。這彷彿是後來第三戰區的輪廓。唐固有獨任其難的意圖，更以為當局亦有知人善任的傾向。一日，唐稱病在寓，某軍事權要往視疾（唐氏曾為陳濟棠事，奉派赴港，回京即病。）闇者不識，遽予擋駕。唐知之，亟命臧廳長赴滬周旋。某軍要謂臧：「抗日時仍須借重唐先生！」唐知為門面語也。「八一三」之役，發表馮玉祥為第三戰區司令長官，顧祝同為副，陳誠為前敵總指揮。生智在京，深感無用武之地。及後淞滬退卻，議者竟以南京難守，主退保太平之線。據生智告人，當會議時，蔣先生謂「首都不可自動放棄！」因問：誰可守？無應者！蔣先生憤欲自守！生智謂「領袖不可任守城工作！」蔣謂「孟瀟兄！你的身體行嗎？」生智答「我服從命令。」遂發表唐生智為南京衛戍司令長官。蓋生智係有激而發！一者，為領袖任勞。再者，也過一過司令長官的癮。此誠諸葛武候所謂「受任於敗軍之際，奉命於危難之間」也。

守城部隊，即以淞滬前線撤退之一部但任。並無唐之嫡系部隊，及任何完整之師旅。蓋實無可信之將，與可用之兵。開始日寇司令奉命擬候德使陶德曼停戰條件之結果，頓兵未進。及議和無望，遂猛攻南京。這時我方士氣不振，有些將領，接到唐的命令也不看，躲在地下室賭錢。故以淞滬那樣精銳之師，那樣血戰，尚且不支。南京之命運，更早經注定，遂致不旋踵而棄守。生智自隳其善戰之名，實亦有難言之隱。最後冒險退出下關，沿途亂兵，對唐盲射，僅以身免。江防司令劉興備小輪一艘於海軍碼頭，渡至北岸，落荒而走。失踪多日，至安徽蒙城，始有消息。而武漢方面反唐者，已紛紛動殺唐之謀矣。

據聞當時控唐者有人，落井下石者有人，大有聚而殲旗之勢。還是蔣先生說：唐某這次守南京，小的動作，當有未合，大的地方，還沒有錯！這樣便塞了悠悠之口。看起來蔣先生始終是愛惜唐的，可惜終不獲用也。

生智至漢謁蔣後，隨將所有職務辭去，分別由各主管人員辦理結束交代。並請假一個月，回湘休息。據聞蔣先生曾有成立湘鄂贛預備軍區以生智為司令長官之說，但是後來亦無疾而終。唐在長沙小吳門外宅中住了些時，見久無下文，遂飛往昆明，時武漢已動搖矣。

伴食陪都靠攏共黨

自武漢撤退，政府遷至重慶後，生智尋亦自昆明移寓陪都。六、七年來，實已投閒置散，殆不免有髀肉復生之感。這時生智為個人前途打算，明擺著有三條大路：第一、是蔣先生的路線。這方面，自從共赴國難任軍參院長起，迄南京撤守為止，已算是爬到最高峰，而又走到路盡頭了。蔣先生這些年，固然對他不錯，但是左右嫉之者眾，這一條路可算通而不通！只有住著，等著，打打牌看著，無他望也。第二、是汪精衛的路線。從前與汪有歷史關係的軍人，自然要數唐生智。但自汪任行政院長以後，唐雖同時在南京任職，卻已逐漸疏遠，幾乎沒有往來。和平運動，汪氏儘可希望他下來，撐撐門面；但是他決未與聞。他的兄弟唐生明的參加，那是戴笠的關係，另有工作的。其餘他的舊部或有少數參加，但也是各人自己的關係，與唐無涉。所以汪的一條路，他也不走。這一來只有走第三條路，靠攏紅朝了！

當國共所謂聯合陣線抗日期間，共黨人士自周恩來以次大批人馬，在重慶方面工作，對於民主人士、游離、失意、左傾分子，無不力為拉攏。生智與共黨本有一段淵源，加之他和張治中、黃紹竑又甚接近。其決心靠攏，殆無足怪！

凡靠攏者之心理，消極在圖存；積極在發展。但是對共黨，不啻與虎謀皮。生智僅得以唯唯諾諾之面目，掛名湖南省府副主席。其精神上之痛苦，較之當年服務南京，殆有霄壤之別矣！

我在此對「靠攏」問題，再寫幾句題外文章。我得聲明兩點：一、我不夠資格靠攏，我也決不靠攏！二、我是廣泛的說，不是為唐孟瀟說的！

在大陸變色初期，我們要遏止頹風，維持正氣。那時對靠攏人員，口誅筆伐，已是天經地義。現在幾年來，他們全領略到那一種毀滅人性的況味了！他們一定已迷途知返了！但是他們只要能生存下去，總是裡面一個毒癌！總是我們一支伏兵！我們應該同情他，鼓勵他，策動他，援助他，不可使他們鬧僵了，自絕於我們。尤其不可以「忠貞」二字，狹義的示人以不廣！大陸上人多呢，不可再有重慶人那幕了！須知當年滿洲偽軍、華北治安軍、華中和平軍，正是共黨起家的本錢呢！我們上了人家的當了！蔣先生而外，餘子碌碌，繼起何人！「飢者易為食，渴者易為飲，」如有陳勝、吳廣其人者，吾以為期月之間，可以製造一位新領袖。甚矣！中國大矣！變化多矣！若徒故步自封，有為者將在彼不在此也！

鋪敘瑣末結束全文

一、唐與蔣百里：百里與蔡松坡同執弟子禮於梁任公。民元，蔡為雲南都督，擬以百里為省長。嗣以保定軍校，風潮迭起，段祺瑞任用非人，不利於眾口，始徇南方各督意，任百里為校長。終以段系之掣肘，憤而自戕。因此遂與保定同學，多一精神上之連繫。生智在校時，與百里並無特殊接觸。迨討袁軍興，松坡入蜀，戴戡（循若）以黔軍總司令兼四川省長，張承禮（耀庭，日本士官生為百里任內之保定軍校，教育長）為參謀長。本欲就川中同學，有所建樹。值松坡短折，川黔內鬨，張被殺於川境之蘇店子。時川省同學，發達較早，已有統兵為司令者，故百里對在事之同學，不無遺憾。及見生智崛起湘南，而彼又任吳佩孚之參謀長；湘鄂密邇，遂為生智多所籌謀。其或欲以保定幹部，有所成就，固未可知。然爾後有些問題，為生智搖鵝毛扇子，卻無可諱言。不過生智有其自主決心的，百里並不能完全左右之。漯河反蔣之役，百里始終在上海，僅為溝通港粵之中間站。事後被羈於南京三元巷一年餘，這是為生智代罪而受累的。生智對這位老師，始終感情融洽，禮遇不衰。百里歿後，於其日籍夫人，亦將護備至云。

二、以佛教治軍：世人但知號馮玉祥為「基督將軍」，而不知生智實為「禪悅將軍」。他說佛教救世，是積極的。他的公事信箋上，印有佛典要旨。他本人每晨起時，焚香靜坐，唸〈心經〉一遍。他相信淮安顧某，顧以居士，邃於佛理，本淮山世家顧竹侯之後，大家稱他為顧師傅，或顧和尚。每遇一次變化，唐必召與相晤，雖所親者亦不復與聞，其來去似若神祕然。在武漢，曾有一次集合部隊建立戒壇，由顧為象徵式之受戒（即不剃度），蓋亦標奇立異之一道也。至於用阮神仙卜卦起課，說某天打勝仗；我想那不過是愚民政策，對部下打打氣而已。

三、用人不疑：唐不大喜歡看公文。對於事務上枝節瑣末問題，絕不輕於干涉。各部隊長，固然層層節制，即歷任幕僚長，如張翼鵬、龔浩、晏勛甫、鄧介松、臧卓等，皆得全權處理其職掌事務。他富於感情，喜用舊人，非有特殊原因，不肯屏棄不用。同時對於新人，亦與舊人同等信任。在唐山時，有一故事：他對同去的臧卓說：「你替我覓一北方人做經理處長！」臧謂：「可電港，仍令前任趙某來，以資熟手。」唐曰：「他在武漢當經理處長，兼財政廳長，還兼銀行董事長，結果我下野時，弄得旅費分文無著，要他何用！我固是向來不要錢，但是也不能這樣幹法吧！」臧視其意已決，遂介紹曾任北京政府陸軍部軍需司長趙崇愷（樂平，綏遠省人）於唐，唐立命電平，隨任為第五路經理處長。後在南京，復主管執行部經理事務，經手抗日工程款項，數逾億萬，毫無間言。唐初用趙時，臧卓過天津，遇靳雲鵬（翼卿，曾任北政府國務總理並繼段為陸軍總長），卒然問曰：「報載唐孟瀟新用的經理處長，是咱們陸軍部那趙司長嗎？」臧答：「可不是。」靳問：「唐認識他嗎？」臧答：「不認識。」靳拍案曰：「唐孟瀟可了不起！不認識的，就敢用他管錢嗎！」蓋北洋習慣，多半用親戚輩當軍需也。這雖瑣末不足道，亦可見其用人之一斑。

四、唐的私生活：唐平居脫略，不拘小節，不慣與生人應酬，不接近政客。喜與同學、同鄉及軍人往來。沉默寡言，不善演講，但要言不繁。操湘音，隨便言笑，絕不矜持，甚見天真。在職時，私人絕不要錢，除正常經費所需外，對錢毫不聞問。可是下台時，卻喜用錢。但已無錢可用了。這時舊部有辦法的，如何芸樵等時常接濟他。閒時最喜打牌，技術亦最高。每遇外省達官來京，輒能使之負而大解貪囊。同時又令局中某一清班者大勝。本人則引以為樂。大有遊戲三昧，劫富濟貧之風味。其開頑笑、弄聰明，大率類比。

五、結論：生智初起江湘，耀聲武漢，聯共反共，倒蔣投蔣，出爾反爾，倏興倏亡；總緣黨派紛歧，未免舉棋不定；又因看事太易，未免行同兒戲。其人：行險任性，易於衝動；豪雄放逸，難於羈縻；故奄有湘漢而不肯守，風靡河洛而不能安。其人：長於果斷，艱於服從；雄於疆場，絀於廊廟；故可以勵戎行，不可以厠卿貳；可以為孱主之權臣，不可以供雄才之驅策。其人：急於事功，不計成敗；勇於進取，不問恩仇；故守金陵於殘敗之餘，投紅朝於危疑之局。其與蔣先生：三離三合，終未竟其用；蓋不僅唐之自毀其功業，抑亦兩敗俱傷之勢也。今而後其終碌碌伴食，終老牖下乎？其抑有奇蹟可資發展乎？不可知矣！

十九路軍的沒落與陳銘樞的下場

（按：十九路軍於我國禦侮史上，誠有其不可磨滅之一頁；陳銘樞在我國政治舞台上，尤極盡呼風喚雨之能事。而此中種種微妙之內情及經過，外間向憑文字宣傳，終未揭其秘奧。臧卓先生以軍界元老之尊，且與陳銘樞為保定同期同學，誼屬袍澤，因能獨詳顛末，承應本刊之請，撰成是篇，追敘往事，而褒貶自定，實民國史上之最佳資料也。謹掇數語，以告廣大讀者。）

壯歲旌旗擁萬夫，錦襜突騎渡江初。
燕兵夜娖銀胡觮，漢箭朝飛金僕姑。
追往事，嘆今吾；春風不染白髭鬚。
卻將萬字平戎策，換得東家種樹書。

這一闋〈鷓鴣天〉詞，及辛稼軒因為有客侈談功名，慨然有感，追懷往事所作也。的確！功名兩字，談何容易。有有其功而無其名，或有其名而無其功者。有實至名歸，功成名就；或名過其實，僥倖成名者。有功罪相敵，或罪浮於功；或功罪難明，而蓋棺論定者。更有功冠一時，而寃沉三字；或功施當代，而沒世不稱者。這其間有許多蓋代之英，無名之鬼。有英雄造時勢，時勢造英雄。有所謂「衛青不敗由天幸，李廣無功緣數奇」。莫不在這功名圈子裡翻觔斗！

一個部隊如十九路軍，當然逃不了此種範儔。當其成軍之始。伐鼓摐金，鷹揚江滸。正是「壯歲旌旗，渡江突騎」。「一二八」淞滬抗日之役。也可算「燕兵夜娖，漢箭朝飛」。到如今雨打風吹，煙消灰滅。賸一些頭兒腦兒，靠攏紅朝，低首下心。還要涕泣陳詞，橫被整肅。更算是「杜將萬字平戎策，換得毛朝悔罪書」了。追往事，歎今吾；好不辱沒人也麼哥！

十九路軍的淵源

大家該記得。當民十五年北伐初期，國民革命軍基本建制部隊，為八個軍：蔣先生以總司令兼第一軍；第二軍譚延闓；第三軍朱培德；第四軍李濟深；第五軍李福林；第六軍程潛；第七軍李宗仁；第八軍唐生智；唐更兼北伐前敵總指揮。除李濟深本人及第五軍留守粵東外，餘均分途推進。首先因湘省趙恆愓之出走，佔領了湖南。汀泗橋一戰，底定了武漢。於是，以第四軍之全部，及第八軍之主力，駐守武漢。而以鄧演達為武漢行營主任，陳銘樞為武漢衛戍總司令，唐生智兼湖南主席，唐氏之總指揮部駐漢口。蔣先生則親統大軍，進駐高安，與頑強之五省聯軍孫傳芳相周旋，以經略東南半壁。此國民革命軍初步進展之藍圖也。

第四軍因軍長李濟深留守廣東，遂由副軍長陳可鈺率領。張發奎、陳銘樞等皆該軍之師長也。北伐軍事既節節勝利，軍隊亦大大擴充。唐生智先於第八軍之外，自行擴編三十五、三十六兩軍。第四軍自然當仁不讓，於是，也分編為二：以張發奎為第四軍軍長；陳銘樞為第十一軍軍長。十一軍以蔣光鼐、戴戟為師長。又加入今天貴為中共「元帥」的賀龍一師，湊成三個師。而蔡廷鍇即於此擴編機會，由第四軍之營長，升任為十一軍之團長。此即後來享無上之盛名，成一時之驕子之十九路軍軍長也。

故以沿革言：由第四軍，而十一軍，而十九路軍，固仍淵源於第四軍也。以系統言：陳與蔣（光鼐）戴（戟）蔡（廷鍇）不啻祖孫三代也。故陳銘樞乃永遠自居為十九路軍之開山老祖，後台老闆，而利用之為政治資本焉。

十九路軍之胚胎

欲述十九路軍之誕生，必先明當時寧漢分裂之一幕：當北伐軍中路、東大獲全勝之時。孫馨遠（傳芳）之部隊，幾於全軍覆沒。於時浙滬效命，贛閩肅清，蘇皖收附。統帥部乃坐鎮金陵，奠定首都。不料此時武漢方面乃產生以汪精衛為主席之容共政府，實行反蔣。此事積因甚多，醞釀已久。共黨主要分子，麕集漢口（今日中共之所謂「元老」太半皆是），與俄人鮑羅庭陰謀策動，早有計劃，一也。鄧澤生（演達）時有不慊，左傾分子，相為利用，二也。實力派如唐孟瀟（生智），對於武漢實權，毫無所得，心懷不滿（武漢行營主任為鄧演達，衛戍總司令為陳銘樞，財政委員陳公博，漢陽兵工廠鄧演存，唐生智皆不能染指），又因唐氏擴編之兩軍，始終未得報可，尤其對於密令其師長周爛，以鴻門宴方式，在常德防地，將黔軍總司令袁祖銘以下高級幹部一網打盡，政府未予以明令宣布袁之罪狀，致遭物議，更深怨望（此事筆者於民十六年春初，曾因孟瀟之囑，在南昌以其意面陳蔣公，未得要領。孟瀟憤然謂筆者曰：「就是我做的，一切壞事全是我做的。」悻悻現於面，盎於背，大有「桀紂之不善，天下之惡皆歸焉」之神態。筆者知其終非好相識也。）加之當時第四軍勢盛氣浮，人較衝動。其時陳真如（銘樞）最得蔣公信任，因此又多不慊於真如，三也。有此幾方面之湊合，因於十六年初夏之某曰（日期已忘），寧漢分裂之局，終於表面化，以半禮貌半威脅之形態，限令武漢衛戍總司令陳真如隻身離開漢口，時十一軍部隊多在防地，真如又素不治事，常駐漢皋，每所接觸，輒喜清談。對此迅雷不及掩耳之手段，自無旋迴補救之餘地。於是不得不棄其隊部，獨自乘輪東下。

真如既出走，即將其所任之武漢衛戍事宜劃分為二：武昌衛戍司令，由第四軍之葉挺任之；漢口衛戍司令則由唐孟瀟所部之××任之。至於真如所統率之十一軍部隊，則由第四軍編併之。蓋隱隱中湘軍與粵軍，其時已各依其勢力範圍劃江而治矣。

天下事每有百密一疏者。緣十一軍蔡廷鍇之一團，駐防武漢下游青山陽邏一帶。當武漢騷動之時，蔡已聞訊，急率所部一團之眾，沿江東下金陵，歸依故主。此即爾後擴編為十九路軍之基本隊伍也。

十九路軍之成長

真如有幸中央付託之重，泥首都門，乃位以總政治副主任之職（吳稚暉為主任），頹喪情形，更難言諭。自得蔡廷鍇率部來歸，掙得面子不少。恰如獄囚有開脫之機，痼疾有復甦之象。當局亦以招徠反側，慰藉忠貞之心情，對蔡廷鍇特加青眼。乃編為國民革命軍第十九路軍，以蔡為軍長，駐屯京滬沿線常州至上海一帶。整頓補充，不遺餘力。先後擴充至四個師，裝備整齊，士氣旺盛。將領自蔡以下，師長如沈光漢、毛維壽、區壽年、譚啟秀；旅長如翁兆垣、張炎等，並皆一時之選。人才鼎盛，隱若長城焉。

蔡廷鍇字賢初，粵之羅定人。蔡雖不文，而篤實無華，效命不貳，不愧軍人本色。且其服膺之舊長官，如蔣光鼐（字憬然，廣東人，保定一期生）之腳踏實地，不鶩虛聲；戴戟（字孝惘，安徽人，保定三期生）之忠實服務，安份守己，皆算是良好軍人。故蔡氏平昔之所薰陶，亦足養成該軍奮勇殺敵，勇往無前之風氣。惟昧於智力，敗於盲從。一方富軍人服從之美德；一方則有政治失敗之悲哀，此固領導者之過也。是不能不歸咎於陳銘樞！

後台老闆陳銘樞

陳字真如，粵之合埔人。本係保定一期學生，因癸丑革命，回粵任軍職，即未返校給業。他這人是多方面無定型的。是常常自處於矛盾而不自覺、亦不自反的。他似軍人，又似學者。似革命家，又似軍閥。似有國家思想，而又不擇手段。似服膺主義，而又見異思遷。似誠懇而復作偽。似謙謙君子，而實驕蹇非常。似道貌岸然，而又內多慚德。是以欲逃禪而凡心未退（曾從歐陽子皈依三寶）。有野心而策劃不周。思想錯雜而論理不真。自視太高而才識不夠。下台：則三月無君，皇皇如也。得位：又一事不辦，碌碌無聞。就寧漢分裂一幕而論，身任軍長兼負武漢衛戍重責，而日居漢口，清談誤事。致被人玩弄於股掌之上，其昏瞀可知。至於以後之福建人民政府一幕，不計利害，輕舉妄動，致犧牲營譽之部隊，其寡識可知。

猶憶民二十一年春，陳任交通部長時，訪筆者於上海一品香旅捨，以缺然藹然之態度，囑筆者不客氣的糾正其缺點。筆者謂之曰：「搞政治的人，以取得權位為手段，而以實行抱負為目的。今君每一次失敗，則努力求進；每一次登台，則又放棄職守。是目的在做官，而不在做事也。武漢如是，廣東亦如是，今交通部又如是（陳雖為部長，但大權旁落，部中勾結李國杰等，鬧得烏煙瘴氣）。吾知君此次下台後，當又將努力別出新花樣矣。」其時陳氏正與王禮錫、余心一、歐陽予倩等以「神州國光社」為機關，朝夕聚首，蓋醞釀閩變之前夕也。

真如初受知於革命元老古應芬。自北伐後，由第四軍師長，而衛戍司令，而十一軍軍長。雖遭武漢之挫折，然自十九路軍長成以後，即視為私人政治資本。「一二八」後，自視愈高，領袖欲愈熾，雖歷任廣東主席，交通部長，及未就職之京滬衛戍總司令，猶以為未足，終致釀成閩變，又將這一點資本，損失乾淨！此中演變經過，真如殆不能不負其全責也。

「一二八」抗日之役

在「九一八」、「一二八」、「七七」、「八一三」這幾個同日寇打交道的紀念日當中，雖然皆是我們歷史上沉痛的紀念日，甚至「一二八」為範圍最狹、關係最小的一次；而上海人士，對他似乎特別熱心，特別重視。在參加北伐、抗日諸戰役的軍隊，如第四軍（鐵軍）、新一軍、新六軍，及參加「八一三」上海會戰、台兒莊大捷、反攻長沙的各隊，並皆先後享有盛名，然人們獨對十九路軍這一番號，似乎印象最深，記憶最切。原來這其中卻有一個不可思議的道理存在呢！

當「九一八」之後，東北淪陷，全國沸騰，輿論激昂，學生皆裂。外詈張學良之不抵抗；內責政府之不出兵。請願者劫持火車，交通為之阻塞。遊行者結隊呼號，首都為之不安。而當時日本軍閥猶復藉口抵制日貨，侈言取締；藉口藏本失踪，尋釁不已。此時此地，任何些小問題，皆有爆發戰事之可能。適有一日本僧人，與上海閘北三友實業社工廠之工友發生衝突。日本駐在虹口之海軍陸戰隊，即向我駐防閘北之十九路軍部隊，施行攻擊。其時反日之怒潮，早達沸點；而東北之不抵抗，又已遺羞全國。誰能首先抗日，誰就爭得人心。十九路軍更能抓住這一點，在愛國心、名譽心、自尊心，及軍人天職上，自然義憤填膺，予以還擊。時正民國二十年一月二十八日，即「一二八」淞滬抗日之戰也。

星星之火，愈擴愈大。戰事逐漸發展，雙方調兵遣將，陣形瀰漫到淞滬全境。十九路軍以蔣光鼐、戴戟、蔡廷鍇三人連署命令，主持戰事。日方以白川大將為司令官。在裝備與火力優劣懸殊之下，我軍仍士氣昂揚，前仆後繼。使日人前後由本國三次增援。壯烈犧牲之精神，真可以警天地而泣鬼神！隨後中央亦派張治中率第五軍增援，敵我鏖戰雖烈，然以事起倉卒，日寇既未有發動大戰之決心，中央亦無擴大戰事之準備。遂得循外交途徑，在無結果無勝負之狀況下，結束戰事。即後此所成立之淞滬協定是也。

關於此一戰役中，軍隊之布置，陣地之配備，戰鬥經過之狀況，補給之情形，消耗傷亡之詳報，主政機關及戰史家自有記載，非本文所及。茲就此事變之影響，及外界未盡明悉之真象，與夫十九路軍之歸宿，並上海人士之熱情等等，逐一分述如下：

可歌可泣的一幕

日寇既佔我東北。抗日作戰，是天經地義的事，亦是不可避免的事。但國力之強弱，準備之久暫；皆當局所困心衡慮，朝夕圖維。因學生之請願，民情之憤激，而輕於言戰；不可也。因清流之高調，反對黨之攻擊，而自亂步驟；不可也。因偶發之事件，臨時之衝突，致釀成大戰；不可也。上焉者：準備充足，誓師雪恥；此主動之戰也。勝兵之戰也。次焉者：大軍壓境，迫而應戰；此被動之戰也。哀兵之戰也。「九一八」後，軍委會設執行部（祕密機關），大規模統籌全國抗日事務。即就長江下游而論，除首都外，另劃有京滬、滬杭、杭江、蘇北四個防衛區。施工設防，曾未稍懈。外間不察。以為政府因循縱敵，毫無決心，非篤論也。淞滬之役，時機未到；政府不欲積極作戰，但求適可而止，不致燎原；此是事實。然亦不能坐視十九路軍孤軍苦戰，故增派第五軍以援之。蓋欲先立於不敗之地，以爭取停戰之機也。但是抗敵，美名也。十九路軍得其名，遂為舉國所頌揚、滬人士瘋狂所擁護，享有無上之榮譽。政府之冷靜，大計也；難言之隱也。遂為舉國所不諒，尤為十九路軍所寒心。於是演變而成民廿二之閩變。此其一。

不管中央是否謀國之忠；不管十九路軍的領導人，應否擴大滬戰；不管中央有無漠視十九路軍之心；更不管十九路軍之領導人，是否博取抗戰之令名，以形容政府之誤國，為反抗政府之張本；這些都是上層階級的政爭問題。我總覺得十九路軍這個部隊，是可愛的、可敬的。他們奮不顧身，殺敵致果，血肉橫飛，為國效命。使頑敵三次增兵，傷亡慘重。這種事實，真是可歌又可泣。因此深入人心，提高全國抗日精神；影響到「八一三」，為將士們忠勇殉國的楷模；為八年抗戰開其先河。這種偉大的成就，應該一致永恒的向十九路軍將士們，致其頂禮讚頌。此其二。

上海人民的狂捧

我國的上海，等於美國的紐約。它能坑人，也能捧人。任何一個人，在上海可以變好可以變壞。任何一個團體，或是一個部隊，在上海可以成名，也可以敗名。上海的金錢與物資，是豐富的；上海報館林立，消息靈通，是具有廣大宣傳力的；上海人是活潑敏感，而富於同情心，尤其崇拜英雄的。因為上海人頭一次看見大規模戰事，而十九路軍又是首先抗日的部隊；還有一種無稽讕言：說他們是孤臣孽子，沒有後方的。於是上海人上自各學校、各社團、各行商領袖大亨；下至黃包車夫、販夫走卒，全體動員，舉市若狂；為十九路軍忙慰勞、忙接濟；要錢有錢，要物有物，要車有車。上海人本來是膽小的，然為十九路軍運送衣物，馳驅於槍林彈雨之中，頓覺勇氣百倍；雖由安全之租界，而蹈危險之前線；不之顧也。蓋上海不啻為十九路軍之補給區；而上海人對十九路軍之忠勇，更奉若神明。十九路軍由此亦享有得未曾有無上之榮譽焉。

回憶抗戰期間，各戰區苦戰之軍隊亦多矣。社會人士，茫然不知也。地不同也。「八一三」在上海苦戰之軍隊，更勝於十九路軍者亦多矣。而上海人亦茫然不知其番號也。時不同也。故十九路軍之榮譽，尤其本身掙得者半，由於上海人捧成者亦半。此其三。

滑稽短命的閩變

「一二八」戰役之後，淞滬停戰協定，有一條屈辱條件，那是：「上海周圍三十哩以內，不許駐紮中國軍隊。」十九路軍又係日人之眼中釘，不得不調離上海。且部隊在戰爭之後，亦應擇地休養補充。有此數因，故政府命令十九路軍調防福建。這在政府應付外交，辦理善後；也可算是適當的措置。但在中懷芥蒂者從另一方面觀察，就認為有「移防八閩，聚而殲旗」之意圖了。我們從客觀方面著想，政府對於這萬人景仰風頭正健之十九路軍，縱令有所不滿，能冒天下之大不韙，予以解決嗎？這是絕對沒有的事。然而就在這種莫名其妙的懷疑與顧慮之中，受一班孤魂野鬼的鼓動利用；又鬧出一幕滑稽而短命的閩變。

民二十一年夏，十九路軍由滬到閩。翌年十一月，以李濟深為名義上的主席，陳銘樞為實際上的首領，蔡廷鍇為實力上的台柱的「中華民國人民政府」宣告成立。除蔣光鼐為福建省主席外，還配合上神州國光社一派，及依草附木的大小官員。跟著中央明令討伐。派將鼎文率師進攻。跟著延平深入，八閩瓦解。跟著十九路軍的殘部，由毛維壽率領，移防至隴海路線；逐漸編併，以至於消滅。這都不在話下。

陳真如不忍一朝之忿。做出這曇花一現的「傑作」。實在近於兒戲，其為不明智，自不待言。獨惜以萬人血肉、萬方熱情、艱難培溉的一朵鮮葩，竟如此輕易摧殘萎謝。能不為親者所痛嗎？我看這一幕唯一的價值，就是「人民政府」四字招牌，到今日還在大陸輝煌使用。這一名詞的作俑者，陳真如值得驕傲了。

一隊夷齊下首陽

自福建人民政府解體後。李、陳、蔡、蔣以下一班高級人員，太半蟄居香港。以其官囊之所有，及「一二八」上海市民之所貢獻，開辦國×銀行，經營各項實業，渡其海外優遊之生活。財經人員如沈以甘、鄧瑞人（沈於前年病逝於港，鄧去年歿於北平）俱任銀行董事長總經理各職。居常未能忘情於政治。「七七」事變後，政府特設參議官五名額。由軍委會特頒條例：崇其體制，遇以優禮。以李濟深、陳銘樞、蔡廷鍇、蔣光鼐（另一名為陳濟棠）充之。迨首都陷落，他們隨軍撤至重慶，組織小黨，標榜民主。李並一度主持桂林行營。大陸變色後，以「國民黨革命委員會」加入「民主同盟」，靠攏紅朝，分任有名無實之副主席、委員等職。大有「一隊夷齊下首陽」之勢。此皆人所共見，不必具述。

最近大陸鳴放。陳銘樞又大放厥詞。據新華社報導略稱：「陳的悖逆之處，是公然把毛主席與俾士麥、伊藤博文相提並論。他把毛主席說成是個人修養上，是熱而不淡，急而不舒，燥而難寧，察而難周之失。也難免影響到察人所言，決策定計的睿斷。」又稱：「他說毛主席有時為喜怒所乘，在一個浪潮之下，輕於挫傷高級幹部的自尊心，和他們的固有地位。」看這一段文字，大似賈長沙之痛哭。而又感覺自尊心之被傷，和固有地位之一文不值也！

居然肉麻當有趣

尤其令人齒冷的報導，是：「李濟深說：陳銘樞你是惡人之所好，好人之所惡的人。我對你這無恥之徒，已經看透了。現在你已經站在敵我界線的邊緣上了。澈底交代罪行，才是你的生路。否則，六億人民，是絕對不能答應的。何去何從，你自己選擇吧！」李濟深又罵陳：「自以為小有才能，其實未聞君子之大道也。陳銘樞無恥的認為解放前每次革命，都是他領導的。竊取人民革命之功，以為己功。到處為自己吹噓。他是一個十分惡劣的政治野心家。他是一個唯心主義者，卻一貫冒充是一個馬列主義者。」這一連串無恥者罵無恥者的無恥文字，真是肉麻有趣，可圈可點，可歌可泣！可以噴飯，可作三日嘔！最難堪的，是他的患難之交的老部下蔡廷鍇，也跟著圍剿他。蔡指著他的鼻子說：「你為甚麼提出學校取消黨委制？現在你還同那些右派分子往來嗎？如果你不交代，我們就同你劃清界限。」他又說：「今日的蔣（光鼐）、蔡（廷鍇）不是往日的蔣蔡；你不能利用我們欺騙我們了。從前我們是你的部下，服從你。今天，你要服從我們。」試看這樣血肉狼藉，自相殘殺的慘象，讀過幾句線裝書的陳真如，如何受得了。還有一位代表說：「陳銘樞是有一個以歷史上有重大罪行的特務反革命份子，和一些不滿份子為骨幹的陰謀集團。」如此說來，不獨陳銘樞罪孽深重。就是蔣蔡等人，恐怕還未能跳出陰謀集團以外呢。唉！「卿本佳人，奈何從賊？」

煙消雲散餘幻想

因為編者的盛意，要我寫一點東西湊湊熱鬧，勉強應命，自覺年老健忘，不免模糊影響。雖對幕中人似曾相識，然既不欲為親者諱，亦自不必作左右袒也。

任何一個政治集團的領袖。要深謀遠慮，維護其部下過去的榮譽歷史綿延於不絕。要領導部下向未來正當的新生途徑去發展。若為環境所迫，儘可自己退休，讓部下去自由邁進。不可拿他當自己的家產，終身把持。萬一領導錯誤，就不免盲人瞎馬，夜半深池了。真如對此，其有憾乎？

十九路軍的士兵們，曾在這一榮譽番號下，做過無名英雄，受過國人崇拜，今日已煙消雲散。十九路軍的領袖們，正在大陸上做著啼笑皆非的叩頭蟲，而捧場十九路軍最起勁最熱烈的上海人，很多全在香港做難民。我常有一個幻想：假如陳蔡諸公，現仍安居本港。拿他們目前被凍結的金錢，辦幾所學校，來教育上海的難民子弟；也可算是投桃報李吧？更不會有取消學校黨委制的問題吧？涉想至此，為之憮然有間！

「濁世之雄」黃膺白

筆者按：黃郛這個人，在華南以及東南亞方面，恐怕知道他的人還不多；可是他在辛亥獻身革命，中間參加北京政府，曾秉國鈞；民十六北伐以後，輔佐蔣先生多所獻替，或出或處，問歇隱現於政壇，與蔣先生介在師友之間，始終不渝；其人其事，值得大書特書；余自慚譾陋，用誌一鱗半爪，至於軼聞史料，以俟博雅君子。

由牛刀小試到拜命組閣

黃郛，字膺白，浙江紹興人，畢業日本士官學校。辛亥，上海光復，陳其美任滬軍都督，黃為都督府參謀長；未幾，創建新軍，黃兼滬軍第十師師長，蔣先生其團長也。時其美經營革命，力圖發展，志士雲從，義軍風起，滬上華洋雜處，人事紛紜，黃整飭內部，擘畫周詳，因應有方，指揮若定，牛刀小試，蓋已見上駟之才矣。

癸丑二次革命，黃權衡利害，本未從向，第以大義所在，亦不獨標異幟；失敗後，重渡扶桑，韜晦力學，除日語外，尤能博涉西籍，於國際形勢，公法條約，窮微探賾，極深研幾；迨袁世凱帝制熸消，黃乃參加北京政府，初任外交總長（即部長），旋拜命組閣，為國務總理；時北府已屆末期，不易挽回頹局，而南方革命，正奮其方張之勢，遂捨北而南。（按：黃氏參加北政府這一段史實，昭昭在人耳目，因予時日及人事，記不甚清，又無精力去找尋資料，故從略）。

漢皐相聚輒作長夜談

當北伐軍進展至武漢之時，蔣先生駐軍高安，正與頑強之孫傳芳軍相搏鬥。而武漢以容共之故，俄顧問鮑羅廷、加倫將軍、及共黨主要份子，並左傾者流，與夫不滿現實之軍事巨頭，方溶為一爐，以掣蔣之後而謀分裂。黃氏盱衡局勢，力圖消弭，曾於民十六年兩次蒞臨漢皐，寓法租界德明飯店，與各方相接觸。余因辛亥識黃於滬濱，此時適周旋於軍旅之間，每於深夜在其客邸作長談，黃慨然言曰：「以余（黃自稱）在此作客觀之觀察；國府散漫失馭，形同虛設；總工會、糾察隊叫囂取鬧，不可終日；軍人中唐孟瀟（生智）沉默強毅，專注軍事，此其志不在小；第四軍博鐵軍之名，恃功而驕；陳真如（銘樞）徒騖虛名，好為空論，其新編之第十一軍，雜揉成軍，在唐孟瀟臥榻之側，恐難勝衛戍之任（時陳銘樞為武漢衛戍總司令）；武漢粗定之局，亂未已也。」其目光遠到議論透闢如此。

濟南慘案後黨家莊獻策

蔣先生既戰敗孫傳芳，底定東南，奠都南京，成立國民政府，實行清黨，黃任外交部長。十七年北伐之役，國民革命軍佔領濟南發生五三濟南慘案；黃以外交部長莅濟與日本駐軍折衝，在我交涉使署被日軍司令訛詞請去，竟予扣留；黃據理力爭，不為所屈；迨脫險後，與蔣先退至黨家莊，商定北伐大計，決定把濟南問題，暫時擱置，不管這一地區，一面以我們的軍隊，出敵人之不意，直向平津打去，先去除了軍閥，再來對付日本；使日人阻撓北伐之計，成為畫餅。後來完成北伐，實賴此英明之決策；黃氏贊勷之功，蓋有不可磨滅者。

自此至「九一八」前後，黃氏退隨滬濱，不時應蔣先生之請，到寧小住。他們水乳交溶，多所商洽，其所獻替，自非局外人所得與知。

他主張軍人多讀線裝書

余時在南京，每幸於其中山門外被招待之寓所，得聞緒論；其態度和藹，談吐溫文，縝密而有層次；他說國人治事，雜亂無章，一定要提倡科學辦事；此節蔣先生曾在政治學校，召集文武高級幹部，申訓一次。他嘗慨嘆專門人才之缺乏，實不足以當建設大任；應該有計劃的在國內國外從事訓練。他又說國內諸巨頭缺少學養，每每掉以輕心，視國事如兒戲，尤其軍人，要多讀線裝書，變化氣質，才能不負國家付託之重。他對東北問題，主張一面交涉，俾有餘裕時間；一面準備，方可及鋒而試。他興之所至，滔滔不絕，有兩次他約我，我進去時，見到外廳上有好些候見的客，我略談談就再三告辭，他總不讓我走，所以我對他頗有相知之感。他的議論很多，這不過略舉一斑。他死了二十多年了，我人微言輕，只能以阿其所好的態度說說罷了。

軍人擅外交從政如玩票

「九一八」以後，繼之有綏東、冀東諸問題，中央乃特派黃為華北政務委員會委員長，委員裡也加入些北洋舊人吳光新、魏宗瀚之流，這當然是本著緩和日本俾國內加緊準備的作用；中間有所謂「何梅協定」，為國人所反對；當然對蔣與黃，皆認為不要抗日，而未能體察其苦心。而黃在北平的作風，又別樹一格，不做紀念週，不讀總理遺囑，中央雖不聞不問，而黨中自多所責難，嘖有煩言；在任約二年，於民二十四年改組冀察政務委員會，以宋哲元為委員長，直至「七七」抗日戰爭為止。

黃的為人，有一種特立獨行的作風。他好學不倦，深思遠慮；有時富中和性，虛與委蛇；有時罔恤人言，戛戛獨超；他本係國民黨，而與黨中異其趣；本非官僚，而在北洋秉國鈞；本軍人而擅外交；在政海中似客卿又似玩票；與當局獨能常受優禮終身無間言；亦濁世之雄哉！

夫人沈景英（亦雲）女士，浙籍，辛亥在上海結婚，系出名門，為半世紀前之嶄新女學士，育一女，現在美國。先是黃有原配，離婚而與沈合，在當時亦算開風氣之先。原配亦生一女，皆無男子。

黃於抗戰前一年卒於滬，享年五十零歲。大殮之日，余曾赴滬參加，自國府諸要均有輓辭，憶余一聯錄之以結本文：

遡金台樽俎，滬海旌旗，訏謀不讓良平，自有千秋傳信史；
記漢上危言，白門雅教，治學何殊燕許，愧無一日報知音。

尸居廿載遺臭萬年的張治中

白抗戰勝利後，國共雙方在東北作生死鬥爭之際，傅作義以華北剿匪總司令之重寄，一旦宣布局部和平，作變相之投共。因之魯豫徐蚌節節失敗。南京方面，李宗仁以代總統派張治中等八代表（張為領袖）赴北平與共黨談和，竟至一去不返，整個投降。從此國府一蹶不振，終致放棄大陸。這一南一北兩個大丑角、大叛臣，影響國家，創造悲劇，此正左氏所謂二五偶與二憾也。今張治中死矣，傅氏猶以水利部長降臣身分趨蹌於紅朝廷陛以外，生猶寂寂，殆將隨張治中之靈輀以去不遠矣！筆者與兩人來往有素，莫測藎籌。二十年來，徒增愴痛。獨惜其知遇之隆，而報國之慘也！

揚州巡警．入學生軍

當辛亥革命克復南京之後，黃克強以陸軍部長與參謀總長組織學生軍。開國之初，資格寬大。張治中時為揚州巡警，投效入隊。未幾，南北合併。袁世凱續辦保定軍官學校。以二期以後之陸軍中、小學生尚未畢業，遂於北京清河、武昌南湖又分辦陸軍第一、二預備學校，收容各省陸小及四個陸中未畢業之學生，加以深造。而將南京之學生軍，併入第一預備學校。張治中以此得於畢業後升入保定軍校第三期，此其出身之始也。張字文白，安徽巢縣人，與馮玉祥同籍。史稱湯放桀於南巢，當是此地。

出長軍校・紅極一時

張氏於保定第三期畢業後，歷任軍職，漸受知於蔣先生，得任中央陸軍軍官學校教育長。時國府所轄各軍事學校，自陸大以及各兵科專門學校校長，皆由蔣委員長自兼，而以教育長負實際校長之責。中央軍校規模龐大，學生眾多。又有教導總隊、特訓班，張任此職，其倚畀之專，職權之重，可以想見。故張在南京，實為紅極一時之軍事要員。當民廿二至廿六年之間，筆者濫竽於中央訓練機關，所屬有教務科，在體制上實主攸關各校事，故於會議席上，及酬酢往還，與張氏時有晤敘。且以保定同學之雅，亦具熱情。其人白皙面削，言甘氣藹，諂笑無威，不似高級軍官，而富有政客氣味。大抵巨奸善變，妙算內藏，無怪蔣先生亦未之識也。

以第五軍・參加滬戰

在此以前，第十九路軍發動「一二八」淞滬抗日之戰。雖發難之始，或未出於統帥計劃。而對外作戰，不能不攖冠赴難。故中央組第五軍，以張氏為軍長。此役雖以滬上民眾之踴躍捐輸，如火如荼，結果以淞滬協定結束。既無所謂勝負，亦不足論功過。其後十九路軍終演變而成「福建人民政府」之鬧劇。但張則以此添一軍銜，多一勞績，地位愈高，信用愈著矣。時筆者適于役廣州，其詳未之聞也。

調主湘政・演出慘劇

抗戰初期，張氏調任湖南省主席。下車伊始，曾宣布治湘兩大原則。迨敵至平江，距離長沙尚遠，遂以焦土政策，發令放火圍燒，致釀成長沙全城前所未有之慘劇。終以手法高妙，人緣顧拂，置長沙警備司令酆悌及憲兵團長某、警察廳長某三人於法。而張氏則逍遙事外，轉在重慶出任政治部長。湘人頗有違言，贈以一聯一額，嵌入「張治中」三字，亦以見怨毒之於人深矣！

匾額：「張」皇失措。

聯語：「治」湘無方，兩大原則一把火；
「中」心有愧，三顆人頭百事哀。

長政治部．聯共良機

國府於抗戰期間，以美方之錯誤共黨為農民革命，加以所謂民主人士之投機取巧、噪鬧不休，不得已聯共抗日。特設政治部，延攬民主人士及共黨分子，以期緩和局勢共同禦敵。張既繼陳誠之後得任政治部長，遂盡量拉攏此輩，且與周恩來特別周旋。蓋其包藏禍心，已肇端於此時矣。抗戰勝利，調停國共之風，甚囂塵上。馬歇爾之八上廬山，軍調小組之終無成就，尋至國共破裂，剿匪無功，外援既一筆勾銷，內變亦乘時爆發。蔣退李代，捨戰謀和。張治中於時又成為熱門人物。

代表議和．新朝新貴

張氏在這一段期間，曾被任為西北軍政長官，掌握甘寧青新綏各省之軍政大權。惟李宗仁代總統後，困守南京，一籌莫展。李所希望的，只有與共黨謀和，或可保有半壁江山。乃派出八個議和代表，以張治中為首，乘飛機赴北京，眼巴巴的望著磋商條件。孰知他們早已成竹在胸，有去無回。共方所提出的條件，根本無磋商餘地。就這樣慢慢的把大陸整個丟了。而張治中在那邊也受到周恩來的照顧，受到臣虜式的豢養。中共據有大陸後，張氏更獲得許多榮譽無實的副貳頭銜。如：「全國人民代表大會副主席」、「國防會議副主席」、「人民政治協商會議常務委員」、「中國國民黨革委會副主席」等等，又做了新朝新貴二十年。

尸居廿載．遺臭萬年

最近報載張於本年（一九六九）四月六日病歿於北京，卒年七十九歲。並於生前寫下遺囑：強調要解放台灣。強調蘇修集團終被推翻。並敬祝偉大的共產黨萬歲！偉大的領袖毛主席萬壽無疆！因此我就想起他從前在南京、在重慶，常常喊蔣委員長萬歲！蔣主席萬歲！蔣總統萬歲！蔣夫人萬歲！假如這個遺囑真是出於張氏手筆，不知他寫這遺囑時感想又如何？或者為的死後殯禮上能得一次告別儀式吧？張治中死矣！尸居廿載，遺臭萬年，何苦來哉！

斷送華北的傅作義

（按：軍界元老臧卓先生前撰〈十九路軍的沒落與陳銘樞的下場〉一文，追敘往事而褒貶自定，早已傳誦一時。日來經一再敦請，再賜鴻文，茲承撰就傅作義一篇，交付發刊。先生與傅氏多年袍澤，知之獨多，本文對傅氏其事其人之批判與剖析，語重心長，可謂入木三分。是誠以春秋筆法，寫現代史實矣。）

在北伐進展以前，國內戰爭以守城著稱者，得三人焉：一為劉培緒之守信陽；一為劉玉春之守武昌；又其一則傅作義之守涿州是也。劉培緒無所建樹，湮沒不彰。劉玉春雖羅掘雀鼠，慷慨城闉，終無救於曹（錕）吳（佩孚）之頹勢，而以疽發背歿於津門。惟傅作義自守涿州喪敗而後，獨能飛黃騰達，由天津警備司令，而綏遠主席，而戰區副長官。勝利後，因緣時會，以張家口之役，兼察哈爾主席；更進而洊升華北剿匪總司令。傅氏勢位之隆，與中樞倚畀之毀，可謂至矣。乃竟於東北垂危、中原未定、江南無恙之時，倡為「局部和平」之說，一舉而斷送華北。今且趨蹌惕息，用非所學，以「水利部長」承色笑於紅朝，可鄙亦復可憐矣！

死守涿州

傅字宜生，籍隸晉南，保定軍官第五期畢業，為山西閻錫山部屬，由排連長升至營團長。以偏裨之材，鎮牧蒙疆，鷹揚華北，閻之裁植，蔣之拔擢，本人之努力，而時勢之所造也。山西自民初鎮總吳祿禎被刺於石家莊；巡撫陸鍾琦被刺於太原撫署；即由閻百川氏任督軍。前後三十八年間，雖一度以泰安之敗，出走大連；一度以抗日之役，隔河退守。而始終隨政潮之動盪擁有督軍、省長、巡按使、將軍、督理、主席、總司令、綏靖主任、司令長官等名號，百變不離山西。一貫作風，惟以閉關自守，沉機觀變，為不二法門。其命傅作義襲取涿州，蓋自辛亥以還，參加國民革命，有志中原之始也。

當北伐進展初期，寧漢分裂之時，鄧演達、唐生智、張發奎等由京漢路（即後之平漢路）北進至河南之西平、遂平一帶。其時吳佩孚所部已完全失敗，靳雲鶚亦受命改編。自許昌、鄭州以北直至北平之線，為奉軍張學良所統之三四方面軍駐守。馮玉祥既欲略取陝豫，閻百川亦志在幽燕。故利用張部之側面薄弱，出以奇兵，佔領涿州，傅氏即此役之主將。

涿州在保定之北，蘆溝橋迤南，為入北京之孔道。當時奉軍鑑於革命軍之銳進，閻馮之側擊，及第三軍在河南方面之失利，正在縮短西路，掩護東路，自不能任令涿州陷於他人之手，以妨礙其歸路。而晉軍亦正利涿州截斷鐵道，為東進之支點。做一方圍攻，一方死守。

然守城而不出擊，而又外無援兵，傅遂於城破時為奉軍所俘。此初試寶刀之第一回合，雖遭敗衄，而以報紙宣傳，傅作義三字，翻以此得稍稍顯名於當世。

當時張漢卿之參謀長鮑文樾，適為傅之保定同學，先後期也。傅以此得優待。羈留未幾，即縱之至津。這恰予傅氏以莫大機會。而天津仍為其發祥地焉。

雄據津門

當民十七孫傳芳在龍潭偷渡失敗後，津浦路戰局急轉直下，直魯聯軍張宗昌、褚玉璞所部，殘敗北歸，勢甚混亂。北伐軍追奔逐北，雖成破竹之勢，而沿途掃清殘敵，稽延時日。加以日人包藏禍心，製造濟南慘案，冀阻南軍之北進。於是號稱「北方革命軍」之山西部隊，乃得順利佔領河北平津一帶，而傅作義即在閻百川先生旗幟之下，以地下姿態出現，不費一兵，不折一矢，而為天津警備司令，亦倖矣哉！

其時張宗昌所部之徐源泉一軍，已撤至天津，且早已輸誠。南軍既未到達，徐源泉即於褚玉璞離去督署之俄頃，前往接收，然竟被阻於官銀號（官銀號為天津日租界與華界交界處，督署在河北，過此渡金鋼橋始達）駐守之日軍。而傅氏卻已於此時先到督署矣。說者謂此亦日人阻止南軍侵入華北之預定政策也。蓋傅氏於涿州釋出之後，即潛匿於天津日租界，由曲同豐與天津日當局疏通（曲氏曾任保定軍校校長，為傅之老師，又係留日士官二期生），而日人居心製造南北分歧之局，故傅氏乃得於中取利，坐享其成。厥後未久，曲氏為人闖入日租界寓邸刺死，同時並傷及家人，時在黑夜，兇手逸去，案終未白。曲氏本庸人，早已息影津門，與人無爭，如此凶死，頗耐人尋味也。

坐大塞外

與傅氏同時任北平警備司令之李服膺，亦為閻氏部下，彼此分享平津軍權。李性忠實而欠開展，始終「服膺」閻氏，傅則貌似誠懇而心多譎詐。自居析津之要衝，即已輸款中央，隱脫閻氏掌握。爾後屢膺寵命，實肇基於此。閻馮反蔣之役，閻氏出駐平原，指揮泰安作戰。傅能以騎牆態度，巧為運用。閻敗，傅乃升任綏遠省主席，可覘其巧宦之一斑。獨惜李服膺調守大同，抗日初期，以撤守為閻氏揮淚槍斃，聞此中另有隱情，愚忠可憫，論者冤之。

傅氏在津所部，僅陳長恒一旅。及任綏遠省主席，於抗戰期間，兼第八戰區副司令長官，文武兼資，更多發展。綏遠雖由蒙旗改建，僻居塞外，然地處河套，渠道縱橫，良田萬頃，牛羊馬匹，腓壯成群，並非荒寒貧瘠之壤，傅氏利用邊陬，生聚訓練，成立兩個軍，八年抗戰，安處於甌脫之中，其有所成就，勢也！亦運也！

掌握華北

民卅五年克服張家口之役，本係中央軍出居庸關，取宣化、懷來，苦戰所得之戰果。而傅以近水樓台，由歸綏利用平綏鐵路，直迫張北，遂以克復張家口聞，誠所謂貪天之功。然更以此得兼察哈爾主席。察綏兩省，為內蒙全部之精華，至此而傅之聲威益懋。迨東北局面，日益緊張，瀋陽錦州之連絡，始終未能打通，平津學生，又紛紛以反飢餓等口號遊行請願，北平行營主任李宗仁，既無掌握之部隊，形同虛設。傅氏既襲張北先登之盛名，中央薄采虛聲，遂特派為華北剿匪總司令。蓋已將華北全責，付諸傅氏一人，傅於此時，不特可與老長官閻百公分庭抗禮，且視閻之跼蹐危城，艱難困守，尤為志得意滿也。

華北剿總時期之傅宜生，可算是中天日麗，也可算是日薄西山。因為他對國府的功名，將至此結束。而對紅朝的扮演，將自此開張。他在包頭，與西北宿將鄧寶珊，隔河相望，聲氣早通，而鄧以鬱處窮邊，久不得志於國府，適逢天外飛來一班人馬，以延安為龍興之地，空谷佳人，結廬隣左，枯僧入定，春色惱人，其一拍即合，實本天緣，固無待後之瑣瑣姻婭為也（鄧女為毛之兒媳，這是偶然的另一結合，不過現在因此可能增加關係）。因為鄧與毛之交親，傅與鄧之聯繫，故毛之於傅，早已下了功夫；而傅之於毛，亦早存有案底。此即後來所謂「局部和平」之張本也。

蓄意變節

憶傅氏就任華北剿總之始，以張家口為本部，綏遠為後方，而以北平為前進陣地，時來往於平張之間，其辦法原欲肅清河北，自固吾圉，以平、津、冀、察、綏三省兩市之地盤，看最後之成敗，為投資之本錢，其狡謀野心，固至深遠。是以下車伊始，曾出動部隊，清剿冀西太行山麓易縣，淶水之匪區。但出師不利，陣亡師長一員，軍長魯××亦殉職自戕。這一役予傅氏以莫大警惕，決心保存實力，不再與共軍對壘。故對於抽派兩師，增援東北，打通錦州瀋陽之線，則託故推諉；對於濟南之撤守，德州之危急，則視同秦越；對於太原之田橫五百，壯烈犧牲，雖桑梓袍澤之親，亦復無動於中。至對於最後率部南下之建議，則更視為迂濶難行，目笑存之。蓋其所謂平津之「局部和平」，與華北之整個靠攏，固已成竹在胸矣！

傅之蓄意變節，原期保其勢位，蔚為新國勳臣。但這天真的想法，在歷史上曾不能得之於恢廓大度的開國之君，更何能望之於刻薄寡恩的猜疑之主？且其嫡系百戰功臣，尚以震主之嫌，有削落之舉，更何論於一降將！故「解放」之後，跟即解除傅氏兵柄，所部亦分別改編。據個中來人談及：其碩果僅存之兩個師，及其最精銳之騎兵部隊，均於抗美援朝時犧牲殆盡。餘部則發往蒙邊，集體墾荒。傅氏對此多年訓練患難相從之部屬，猿鶴蟲沙，風流雲散，能無兔死狐悲藏弓烹狗之慼耶！

改行治水

記得大陸變色前夕，友邦人士，震於傅氏治兵之名，頗有主張直接予以軍援者。由今觀之，總算省了一次輸送隊，孟子曰：「亦運而已矣」。誠哉其「運」也（運輸意）。

至傅氏之任「水利部長」，不獨用非所學而滑稽可笑，亦似針對其能吃苦耐勞，作一絕大諷刺。試想這幾年來，大陸水災，最著者如：長江、黃河、淮河、松花江、到處出毛病，水利部駸且變為「水害部」，請問這外行「部長」，其痛苦懊喪為何如？且以數十年軍籍，上將威儀，現在杯酒釋兵，改行治水，看人家封元帥，佩勳章，神氣活現，還要曳尾泥塗，追隨恐後，回念生平，能無遺憾！

山西將領，因三晉風氣之淳厚，與閻百川先生多年之領導，類皆樸實無華，忠誠不貳，如楊愛源、孫楚、王靖國、李服膺等，無論其存其歿，皆不愧為模範軍人。尤其此次太原陷落，五百烈士，堪與日月爭輝！但自抗戰以來，名城撤守，例皆美其名曰「戰略撤退」，故但聞撤退之聲，不見殉難之士，風氣所關，浸成頹喪，又何怪靠攏者與降將軍之多也！

勉乎宜生

宜生離開山西最早，脫去閻之控制最久，故其作風別創一格，不同於晉軍。其為人：誠浮於偽，實短於名，貌似恭順，而胸多城府，外示謹飭，而內懷鴟張，善偽裝，善買信用，善看風頭，善盜虛聲，善騙長官，善籠絡部下。餖打瑣末，事必躬親，可謂得閻百川之皮毛，至於老布軍衣，粗茶淡飯，則堪傳馮煥章之衣缽。然北平西四大醬坊胡同之花園洋房，巍然巨第，固不足以言其菲宮室惡衣食也。蓋其人乃小有才而富模倣性，急功利而富投機性者。政治安定未嘗非治世之能臣，惜乎處兀臬危疑之局，不能艱貞自守，而以斷送華北，貽譏當世。視彼太原諸守將，位不高於傅，名不重於傅，責不專於傅，而支柱殘局，苦守經年，遠勝於傅。然猶赴陣爭先，成仁死後，相形之下，為愧多矣！

雖然，今日之事，尚未到蓋棺論定之時，真理之揭發，日進未已；右派之鬥爭，了無窮期。積久發暴，大命終傾，每見報載老友多人，列名「右」籍。黨人碑仆，翻增價於令名；滄浪水清，初何嫌於濯足。所冀士有悔禍之心，民解偕亡之痛，則「以後種種，譬如今日生」。吾人方將馨香瘼拜而未有已也，宜生勉乎哉！

我所認識的傅作義

李誠毅

（按：本文作者李誠毅先生，為我國報業先進，曩在西南、華北、東北各地，曾先後主持龐大新聞事業。自大陸變色，息影香島，刻任教於本港聯合書院。氏雖為名報人，而在過去軍政要員中，不乏知交，杜聿明、傅作義其尤著者也。本篇之作，為氏記述當年與傅作義之間的一段珍貴秘聞，往事追懷，感慨萬端，字裡行間，充滿真情。傅作義若能讀到此文，撫今思昔，亦當有隔世之感！）

當毛澤東下台，周恩來蟬聯「總理」之後，投共之傅作義，仍然被任為「電力水利部」部長。這確是很有趣的。因為在我的認識中，傅作義只是一個道道地地的職業軍人，要鎗桿子他是內行，若叫他去主持大陸的電力水利事業，確實是開玩笑，誠不知中共當局把電力水利看成是一個什麼東西？不過，從這件事上，來說說傅這個人，到是比較有意思的。

死守涿縣一戰成名

我之認識傅作義，是遠在卅年前北伐還未完成之時，也就是國府正進行北進軍事到了最高潮的時候。那時閻錫山已受命為國民革命軍第三集團軍總司令，閻氏為了策應津浦、平漢這兩線的戰事，就派了一師人馬浩蕩蕩從平型關走出山西，越過太行山，經河北省的西陵、淶水、易水直撲涿縣，企圖切斷平漢路北段的交通。率領這枝人馬的師長，就是傅作義。

涿縣在平漢路北段，距北平不過一百八十里，這個地區在軍事方面來說，如果被敵方佔領，一來切斷了本身補給錢，二來也威脅了北京城的安全，當時北洋政府的主持者「大元帥」張作霖，「帥府」便設在北京，所以張氏一定要把這個地區的阻礙解除，要消滅傅作義這一師之眾。當時奉系的勢力，除了東三省和河北以外，還延伸到河南、山東及蘇、皖兩省的北部，所以涿縣的得失，張作霖是極端的重視。

奉軍那時幾乎抽調可以調得出的兵力，齊向涿縣進軍，當時奉系皇牌部隊的張學良、韓麟春的第三四方面軍，所屬萬福麟的第八軍、鄒作華的砲兵，全部皆加入戰鬥，陸軍還罷了，奉軍的砲兵，那時是全國最犀利的，所使用的加農砲射程既遠，威力又大，一般的工事，都難抵受這種砲火的轟擊。可是傅作義的長處偏就在這裡，他把守城的工事，挖在城牆的下面，陸軍進攻也好，砲兵轟擊也好，他卻能死守著涿縣城決不動搖，這樣的圍城戰一直僵到二三個月之久，奉軍苦苦圍攻，終不得逞。後來還是由當地士紳出面調解，雙方休兵議和，涿縣之圍才告解除。

奉張對傅格外賞識

我當時正在北京×報工作，重要的新聞，都是自己出馬採訪，為了涿縣戰事，我經常跑到前線。奉軍砲兵主將鄒作華先生和我的友誼，也就是在這時建立的。因為傅作義之能如此的苦守涿縣堅強作戰，在當時軍隊中實不多見，故此大家都很欽佩他，涿縣戰事結束後，他到北京城謁張作霖父子時，我和他就開始結識了。

傅作義這個人個子很高，看他的外型，穩重撲實，一望而知是個刻苦耐勞、腳踏實地的人。所以在當時，張作霖父子對他都很賞識，涿縣之戰結束後，張氏不但不以被俘軍人輕視他，而且還打破慣例來重用他，在傅從涿縣出來的那天，同時便發表他為天津警備司令，並且叫他就率領原來的部隊（陳長捷一旅）去就新職。張作霖對他如此禮遇，自然是看重他是個人才，顯然想把他從晉軍陣營裡爭取過來。

至於我和傅作義的私人交誼，所以能夠日漸深厚，最主要的原因是，晉軍中的大部分將領，多和我是朋友，如陸軍方面的商震、張蔭梧、王靖國、李生達、李服膺、楊耀芳、楚溪春；騎兵方面的趙承綬；砲兵方面的周玳等人，不但與我多所往還，而且交誼甚厚，由於這種關係，傅作義也就不例外地成為我的老友之一。

雖能吃苦卻甚深沉

晉軍中的情形，我是相當熟悉的，他們軍人中當時是五台、淳縣的人佔多數——閻錫山就是五台人——而且職位也多是高級的，並且他們十之七八是保定軍校五期出身。傅作義是榮河人，榮河在晉南蒲州一帶，在地域上與閻的關係當然較差，但因他是保定五期的關係，所以他在晉軍中也能佔一席位。

傅作義的為人，城府極深，喜怒從不形之於色，即使已經知道的事情，你若當作一件機密或新聞跑去告訴他，他一定裝著不知道，而且還表示著非常有興趣的樣子來靜靜聆聽你的訴說。他這樣做，對於一些事情的來踪去跡，可以多所了解，還能多多傾聽別人的意見。同時知道他個性的人也就不敢對他隨便亂說，或隨便欺騙他。這確是他過去成功的部分因素。至於他平日的衣著樸素，飲食簡單，能與士兵共甘苦，也使他在帶兵練兵方面得到不少的便利。他在晉軍中充任師長的時候，對時局便非常留心，對新聞界的朋友也樂於連絡，記得在涿縣戰役之後，他出任天津警備司令，每次到了北京，總要到我家裡來談談，或要求我把有關時局的重要消息，向他詳細分析，他能夠聚精會神，靜坐傾聽。我們閒談的次數既多，他竟成了習慣，即使他回到天津，到晚間酬應事畢，也經常打電話到北京來詢問時局情形，我為接聽電話的方便計，曾特別在床頭裝置一座話機，可以和他大談特談。這些卅年前的往事，偶一追憶，恍如隔世了！

綏遠之行印象深刻

傅作義的變節投共，這當然是他一生歷史上最大污點，但他過去對朋友的熱誠，有些地方的確是能使人感動的。民廿四年秋，他任綏遠省主席時，屢次邀我到綏遠去觀光，當面邀，寫信邀，我當時雖忙於報務，難有餘暇，但終以情不可卻，也就去了一次。綏遠已是塞外，風沙蔽天，滿目蕭疏，和北京城的景物簡直不能比較，我到歸化（綏遠省會）下車後，那時正值午夜，車站距省城有數里之遙，站上冷落不堪，又值陰雨，想找旅館都難上加難，在溯風凜冽中，我正躊躇無計，不料從遠處發現兩隻燈光，風馳電掣的向車站駛來，我想那是汽車，而這汽車一定又是傅作義派來接我的，原來那天火車誤點數小時，他在省府守候至夜半，等得不耐煩便回寓所休息去了，我便跨上汽車直駛省府。那晚，塞外雖是苦寒，我倒很舒服的在他辦公室過了一夜，次早傅作義便趕來相見，又陪著我到處參觀、遊覽了一天，他那種情意殷切的態度，無形能使人留下深刻的印象。所以我對於他的變節投共，內心裡總存有著很大的疑問，惜我當年在他變節的前數月已經離開舊京，不然，這其中的情形，或者多少能知道一點的。

抗戰期間，我隨著杜聿明將軍轉戰西南一帶，而傅作義卻遠處西北，與日敵週旋。彼此數千里之隔，我們當然不能謀面。抗戰勝利後，我回到舊京，除了繼續辦報以外，還兼著東北軍方的職務，而他這時也就充任了十二戰區司令長官，經常到「北平行轅」接洽公事，因此，我們又有機會在一起重相聚首。

收復張垣一段秘聞

說到這裡，我要敘述一件軍事上的祕密，這事雖早成過去，但回憶起來，還有餘味可尋。記得民卅五年夏，國共和談破裂，在華北方面，傅作義奪回了中共佔據的張家口。這和胡宗南在西北攻下赤都延安有著互相輝映、異曲同工之妙。在傅作義這次軍事勝利當中，我個人多少與此役也有點關係。

當時，我因主持東北軍方駐北平的機構，辦公地點設在東城東總布胡同。有一天下午，一位光著頭、高大肥胖的中年人，輕車減從的駕著一輛車忽然光臨，門崗向他索取名刺，他說：「我是傅長官」。衛兵班長當時將信將疑的進來傳報，我忙著出迎，一看果然是他。

我把他讓進我辦公室，他見室內有好幾個人，便問我：「可不可以屏退左右？」我知他有機密事相商，就立刻示意那些人全部退出，這時他對我說：「有沒有辦法，馬上通個電話給杜司令長官（聿明）？並且請他立刻答覆一件事呢？」那時軍情緊急，北平和瀋陽之間，有直通長途電話，我和杜聿明長官每天不斷的要在電話中連絡，所以傅作義這項要求我立刻允諾，不到兩分鐘便將電話叫通了。

行動迅速共軍喪膽

當時傅的意思，是想請東北方面將原駐熱河圍場，多倫間，張家口後面通庫倫要道的石覺所部十三軍暫時不要他調，並且要石覺監視那地區共軍部隊的行動。我當時便將這意思用電報密碼譯出，由電話中告訴杜將軍，而杜氏在電話中立即以「遵辦」二字覆告。傅氏得到這個答覆，非常滿意，立即興辭而去，來去的時間，前後不過十五分鐘。

傅氏剛剛離去，不料杜將軍又有電話來，要我請傅作義親自講話，我忙著追了出去，他已行遠了。我只得駕車趕到他的官邸，其家人告，傅已到機場登機飛返歸綏，行動的迅速，真使人嘆為觀止！三天之後，傅的快速部隊，以快速行軍方式，由平地泉、興和、尚義繞道察哈爾北部。翻過山頭，於晚間九時許進佔萬全，真可謂神兵從天而降。那時張家口的共軍正在演戲助興，事前一點情報也沒有，驚惶失措，望風而逃。張家口收復後，一時傳播中外，從此西北交通暢通，國人對共軍與蘇俄連成一氣的精神威脅亦隨之解除。

傅作義攻下張垣後，我曾馳函致賀，目的在希望他能與杜將軍加深感情上之連繫，以便對東北、西北的剿共軍事有所補益，原函大意說：「……張垣下後，大局底定，豐功偉績，中外共欽。前次台旌蒞平，承談部署計劃，神機妙算，早有成竹，當時遵囑轉報杜將軍，作犄角之助，杜將軍亦佩卓見，欣然贊從。今日蘆籌一一見諸事實，曷勝愉快！中樞調公兼長察政，極有意義，不但在安內，且於邊防鄰邦，寓有深意。今後西北東北得公與光公（指杜聿明）兩大名將撐持，成就決不在當年郭子儀、李光弼、寇準諸人之下也。……」等語。

惜死投共曷勝痛惜

我當時確是以郭汾陽來推許他的，就和卅七年的國民大會譽他為當代之曾國藩一樣。不想數年之後，傅作義沒有做郭子儀，也沒有做曾國藩，他反而做了吳三桂、洪承疇！這真不是人們始料所能及的了，惜哉！

張垣收復後不久，傅作義來北平，特意邀我吃飯，譽我為攻佔張家口的「無名英雄」，我笑說：「不敢當」。

至卅六年冬，他接長華北剿總，當時北方大局前途堪憂，他的勉任艱鉅，也不過是盡人事、聽天命而已。不過他在北平危急時，靦顏投共，主要可能是受到鄧寶珊的影響。鄧那時是甘肅主席，和毛澤東又是兒女親家。鄧傅兩人原是莫逆之交，因而就把拖傅下水了！但傅以四十餘年戎馬生涯，久膺疆寄，六十多歲的人，還要惜死投共，「紫陽書法不輕饒」，不但人人都嘆息他，而我這個與他相識多年的老友，更深深感到萬分痛惜啊！

「西北王」胡宗南的真面貌

過去一般人對胡宗南將軍的觀感，總以為他坐擁數十萬大軍，雄據西北二十餘年，於抗戰勝利後全國淪陷於共黨期間，竟無一非常建樹有所表現，不覺耳聞目論，眾口鑠金；甚至民卅九年西昌戰役結束，胡氏返台時，一般人士有以戰敗失土獨責難於胡氏者，有發行刊物專號對胡氏督責誅求者，社會民眾更有街談議歸咎於任大責重無恙歸來之胡氏者；此皆不明內情、不究實際，僅以屬望之殷、失望之切，而致其無涯之痛，洩其憤懣之情，非篤論也。

予以時代與年齡之隔閡，對北洋軍人及留日士官與保定軍官認識較多，而於黃埔前期同學，除少數如宋希濂、桂永清、杜聿明、杜心如、潘佑強、酆悌……等間有接觸外，而於胡宗南獨昧生平。每憶其在黃埔同學中，為最先升任之師長，及任官少將之第一人，且於其在台病故時，總統伉儷，親臨弔祭，以蔣先生之睿達，自具獨任之明，而始終倚畀，絕無責言，專閫之寄，成敗以之；則胡氏自有其過人獨到處，豈偶然哉！

余竊疑之！特託由李伯英宗黃兄搜求將軍事蹟，得其紀念集一巨冊詳加審閱，內多名流翔實之記載，袍澤親炙之言行，部屬含感之事實，部民愛戴之真情，有非可以倖致者；囚攝其大端，謚之曰「模範軍人」，著之《春秋》雜誌。以存公道，以釋群疑，以明眾槃之舉，非一人所可獨挽狂瀾也。

胡宗南浙之孝豐人，黃埔軍校第一期畢業。民十五年北伐時，已洊升團長，進軍江西銅鼓，繼攻牛行、奉新，以至南昌、上饒各戰役，擊破殲滅孫傳芳部楊震東、謝文炳等眾，俘敵方本仁部九千人。入浙後，破孟昭月頑強之敵，挽友軍戰局之危，遂得迅復杭城。上海之戰，襲敵軍庶澄部，翌年冬以奇計收復蚌埠，論功升師長；以至十七年北伐，敗張宗昌於臨城，會師濟南，完成統一之功。嗣是而內爭迭起：西征武漢，討桂軍之叛變；北戰嵩山，阻馮軍之入豫；定唐生智鄭州之亂，敗閻馮中原之師；尋而進勦共區，三越秦嶺；追奔毛匪，苦戰松潘；入羌氐蠻荒之地，尋陰平絕塞之途；寒暑飢疲，榛莽疫癘，終得殲滅其殘餘四五萬，倖逃者僅五六千；邈茲殘喘，陜北負嵎，未竟全功，徒滋遺憾。

抗戰軍興，胡氏以軍長增援上海，尋升任軍團長及集團軍總司令，並兼中央軍校第七分校主任，移駐西安，整編華北各戰場退陜部隊。中經羅山蘭封之戰，擊潰敵土肥原精銳師團；尋受命為第一戰區司令長官，右禦日寇，左拒共匪，卒使豫西及陜甘寧青安堵如恆。日本投降，受降鄭州，至三十六年三月進攻匪巢延安，三日克之，改以西安綏靖主任長駐關中。迨賊勢已成，總統引退，奉命移師漢中；此時川滇各將領續叛，大局已無可為，然猶奮其餘勇，血戰川西，死亡枕籍，餘眾一團，雖欲麾戈返日，庸有濟耶！及來台後，拜大陳島海上游擊之命，求死所也（求一死所，這是他到台見領袖語），其志亦苦矣。以上據胡列所著《胡宗南傳》。

胡氏所經手訓練及改編的軍隊，雖有數十萬，但據唐嗣堯君所述：「論者每謂將軍統兵數十萬，坐鎮西北，莫與倫比，共匪叛國，理應躬率三軍，勘平內亂……若就實情言之，未免過於苛責。將軍綜綰西北，訓練官兵，確為國家勁旅；惟所轄部隊：調往東北者有之，調往華北者有之，調往華中者有之，調往川滇者有之；……當是時也，內憂外患，交相煎逼，絕非獨木能支大廈。」此亦為胡將軍對於最後川康戰局不能賈其餘勇理由之一說也。

胡是公而忘私的人。待人甚厚，律己甚嚴，對於一己的生活瑣事，一概不去管它；甚至一般人的健康營養病藥衛生，也不求深解；在軍中沒有著過灰布以外的衣服，更沒有著過皮衣。他是永無私財的，當師長時，所有薪水公費，一概送給傷兵醫院，本人一文不要。乃至其個人婚事，直至年近五十，攻克延安後，始與葉霞翟在西安王曲以最簡單之儀式舉行，婚後其家庭生活之清苦，絕非外人所能想像。他平時以軍作家，獨食時兩菜一湯，請客時四菜一湯，皆由軍中伙夫為之。石敬亭君對他有如下一段記述：

「胡將軍任戰區長官時，桌上僅罩藍布一方，紅藍鉛筆幾支，寢室除簡單臥具外，別並他物，衣服恆壞至不能換。享客時每桌置四色小菜——豆腐乳、鹽菜類，中一沙鍋，用大鍋燉就的雞肉粉條菜蔬等物，隨吃隨添，很少用名貴菜品。他的兄弟結婚時，向他借錢，他說：到時都接到下馬陵來（胡住下馬陵在長安南門內昔董仲舒治學處），我給你辦。屆時也沒用樂隊，行禮後，備了便飯一桌，請證婚、介紹、主婚、司儀、新人，一吃而去。胡自己結婚時，亦極簡單，先通知予到興隆嶺吃便飯，到時見他同新娘打掃屋子，整理床鋪，才知道與他證婚，亦未帶去圖章；陝主席祝紹周帶去兩瓶酒，當是他的生日；參謀長盛文聽說，帶了紅紙一張，紅燭一對，並當場寫了結婚證書，行禮時也沒有樂隊，禮成，備八碗便餐，大家吃了而散。」又唐縱述其在台病危時云：「當其病危，無力就醫。病榻上其所著之內衣與毛衣均為破舊之物；古人所謂居陋巷一簞食、一瓢飯，人不堪其憂，而胡先生怡然自得也。」

我們就上之二則觀之，自可見胡氏律己之嚴肅與公爾忘家之態度，試問今之軍人，誰能堪此者！

胡宗南坐鎮西安時，除訓練軍隊外，對於訓練青年亦不遺餘力。抗戰軍興，胡氏在西安城外之王曲主持中央軍校第七分校，其時正值中共在延安方面成立所謂「抗日大學」，東南及華中各地青年，多有不避艱辛、長途跋涉，欲赴延安受共黨之洗禮，大有如醉如痴之勢。胡氏一方面搶救誘導來自各方走向延安道上之青年，另一方面並派員入山西、河南、河北、山東、安徽、江蘇、浙江等省之敵後以及與共區鄰接之各要道，分設若干招待青年的組織，招收流亡青年，計前後共招得約四萬餘人；更成立戰幹訓練團四團，大批吸收失學失業青年，亦不下三萬餘人；這七萬餘人，本屬迷途羔羊，但在共方百計爭取下，亦可為當路之豺虎，經胡氏集中訓練，教導培植，學成分發，終成為抗戰與剿共之忠貞幹部。這些都可見到他特別重視與愛護青年的本質。

胡宗南在西安時，生活儉樸，純出自然，絕無半點矯揉造作，他是一位不知自己生日，絕對不喜見客，不喜應酬的軍人，但他對民初陝西第一任大都督張鳳翽（字翔初），始終敬禮有加，張氏歡渡六十誕辰時，胡親為祝壽，執禮至恭，以示敬老尊賢之意，因此深得陝西地方人士之好感。抗戰期間，各方教授學者，除一部分到西南辦學外，多半走投無路，因為胡氏專閫西北，聞風向往者，大不乏人。胡氏乃在陝省鳳翔縣之東湖公園，特成立一個接待中心，專為接納招待這一班學者。不惜賛助多方，使學者們能在西北地區各展所長。這也是時代所湊合，而好士之素懷，當非如齊王之稷下比也。

胡氏對於軍校第七分校之教官人選，尤其慎選賢能，分別任用。凡學術界知名之士或青有年為者，無不加以延攬，引為已用。當第七分校成立之初，即曾分函友好，推薦人才，並親自函電馳聘所知，到校任職，是以一時俊彥，紛集軍黌。除第七分校與戰幹團外，其餘各文化機關如：中正中學、外國語班、新中國文化出版社、西北音樂學院、西北影劇團等機構，共計延聘之軍政幹部與專家學者不下三千餘人。其規模之大、用人之多、需費之鉅，直非吾人所可想像。而胡氏當年得君之專，幾為陳辭修以外一人。機關之龐大，職權之賦予，誰能比擬者！由此可見能者必有遇，有遇而後始能展其能也。

胡氏因久駐西北，對於邊疆各少數民族，多所招徠，並集合一班人分別學習他們的語言；尤其對於藏族，特別交歡。其時環駐隴南的各軍領袖，如陝軍的孫蔚如、甘肅的鄧寶珊與魯大昌、青海的馬步芳、川北的鄧錫侯與田頌堯等，胡氏和他們都很少往來，獨對於卓尼拉伯楞之藏族首領，則誠意接待，因此頗獲藏人之好感，得向卓尼購得大量馬匹，編成兩個騎兵團。後來進軍松潘時，拉伯楞藏人翻山越嶺，千里運糧，予胡部以接濟。胡氏更雇用譯員及嚮導，派遣代表，携帶禮物，分訪當地各藏族領袖及大寺廟之當家，連絡拉攏，悉力以赴。因此當中共西竄時，於鎮江關、毛兒蓋、上下包座諸役，胡部因得藏族之助，供應糧食、情報，收容運送傷患，阻撓共軍通過，使共方在藏族地區戰死、餓死、凍死者不計其數。當時如得各方協力圍困，當不致有延安燎原之禍也。

胡氏治軍極嚴。每出發前必宣布命令：「剿匪必先愛民」。民眾不歡迎，雖勝亦敗。所以第一件事，要做到「不擾民」、「不拉夫」、「不取民間一針一線一草一木」、「公平買賣，不賒不欠」、「借住民房，要打掃乾淨，物歸原處」。並由政治工作人員負責命令之實行。

胡氏本人雖極端刻苦，但照顧部下，卻無微不至。據其參謀長盛文將軍所述：「當民三十八年大陸形勢逆轉，胡氏為謀安定所屬幹部來台眷屬之生活，在公費極端困窘之下，抽出部分，仍竭其全力託台灣省政府在台北市南京東路購置住宅四十棟，以供來台眷屬居住；而胡氏個人，則無一瓦之覆，一椽之庇，公爾忘私，將軍有焉！」

我又見到汪丙辰君所紀一段留守業務，錄之如次：「胡上將交付我的任務，是管理軍眷。第一要集中居住，代租民房，代付房租。第二要大家生產，不分階級，但依興趣，各做手工。第三要將全部子弟，強迫進入附近各級學校教育之，並代付學費。第四是解決軍眷一切問題，以共有眷軍官奮勵向前，無後顧之憂。」筆者認為，這一做法，自屬完美，但是非錢不行。恐當時全國各軍事長官，未能如胡氏之得心應手也。

胡氏可紀之真貌尚多，我只能擇其要者如此。意胡氏之持躬嚴謹，服務忠誠，自無間言。然非得領袖之專任，而又有充分之軍需，與偌大之職權，恐未易致也。嗚呼！將軍以如此刻苦，致歿時幾無以為殮，斯亦足以答知遇於萬一乎！

海隅為異客・中秋思故人

來港瞬渡廿一個中秋矣（二十年中有一閏中秋），每憶東坡〈水調歌頭〉詠中秋詞有句云：「月有陰晴圓缺，人有悲歡離合！」在今日便感覺到月之陰晴圓缺，萬古依然。而人則只有悲與離，而無歡與合，能不痛哉！今屆中秋，仍不能不有所思！然對邈無消息之妻室兒女，則不忍思；對苟安海外之親朋故舊，則無庸思；對盈千累萬之同學同事、長官部屬、遠親近隣、前輩後輩，則不勝其思。無已，終不無思！思：患難與共者、情親難忘者、知己者、風趣者、窮而無歸者、存亡莫卜者（知其已死則不思）。故人何處？悵念無由！姑摘寫若干人，以實《春秋》之篇末，以應佳節之懷人。

淞滬風雲、緬懷酒友

戴戟字孝悃，安徽人，保定三期畢業，北伐時曾負傷。當民十六第一次武漢之變，由第四軍分編一部為第十一軍，陳銘樞為軍長，蔣光鼐、戴戟各任師長，蔡廷鍇其團長也。嗣以蔡氏率一團東下，蔣先生為擴編為十九路軍，蔡任軍長，由是坐大，而陳銘樞始終控制之，實為太上司令；故淞滬「一二八」之役，及福州人民政府之變，陳實主之；大有「軍中只聞將軍令不聞天子詔」之態勢。

戴氏於「一二八」時任上海警備司令，關於對日作戰命令由蔣光鼐、蔡廷鍇及戴氏三人共同署名，故戴實為第十九路軍之第四位領袖，備位而已！又以成軍歷史關係，附從而已！

戴氏嗜黃酒，借以澆愁，每與予遇，必盡醉。雖居上海要津，而不與地方潛勢力往來，絕非楊虎（嘯天）等可比。閩變以後，投閒置散，迨抗戰軍興，始由顧祝同將軍保充第三戰區後勤司令。大陸淪陷，予由川經滬來港之日，特邀予與其參謀長張襄同飲於其寓所中，終日共話，且飲且談，對二十年之舊賬，唏噓而已！

張襄字仲昌，閩候人，保定一期畢業，曾任武漢衛戍總司令部漢口辦事處處長及淞滬警備部參謀長多年。為人品端學萃，我們譽之為「福建聖人」；蓋福建才人多，而聖人則不多覯也。張氏亦善飲，奇窮，家室蕩然，幾難度日，惟恃戴氏稍稍接濟而已。與予別時，執手黯然，多年老友，同僚同學，今又同為淪落人，真不知何以相慰也。

湘水波瀾、盛名搖落

唐生智，字孟瀟，湖南東安人，保定一期畢業。他的事知之者多，予亦偶述及之，茲不多贅。惟予與之欠共患難，曾寄腹心；雖見解偶異，而情愫無愆（第一次武漢之變，予曾通電反對。電文載上海《申》、《新》兩報，在南京我亦曾向他辭職一次）。獨惜其以自告奮勇戍守南京，致為盛名之累！而以後無聊靠攏，更覺晚節不終。予於大陸易手前夕，由北平回滬西赴川鄂時，曾於上海同孚路其四弟寓中與之為最後之一晤。彼以驚異之口吻謂予曰：「你還不走嗎？他們不對付你嗎？」我當時雖不悉他所謂「他們」究何所指？或竟兩有所指！儘可不以為意，我行我素，惟覺其對我之殷勤關切，在匆遽危急之時，予以棒喝！能無念茲在茲乎！

唐部舊同僚中之可念者，尚有二人：

劉興，字鐵夫，湖南邵陽人，保定二期生。歷任唐部軍長，與何鍵（芸樵）、周瀾（叔祁）等齊名者。惟唐部實以何芸樵為雄才而不能用，劉興則忠誠有餘，富於保守，故亦隨唐之搖落而湮沒不彰。抗戰勝利後，劉氏曾到滬，為其私辦中學校購置教材，特鄭重訪予，盤桓數日，其誠懇篤摯，至今念念不忘。

鄧介松，唐之秘書長也。其人雖偏左，而甚理智。平昔辦事，亦公允無私，較之已故之鄧壽荃，忠實多矣。大陸易手前夕，予在宜昌，曾接其來信，詳悉告知程頌雲（潛）在湘之大概，亦見其臨變不遺也。

合肥往矣、愴念殘枝

段合肥（祺瑞）之子侄輩，與予來往較稔者只三人，而兩人已故，今之存者，當僅其姪段宏綱耳。合肥長子宏業，字駿良，性情剛愎，過於其父。近聞孟河老醫師費子彬先生告知，得大陸傳言：駿良死於津門，身後蕭條，無人過問，乃由馮華甫（國璋）之子為之營葬。馮段故不相能，今乃尤其下一代修生死之好，煩冤之解，有數存焉。

合肥之甥陳鈞，字眾孚，保定一期砲科畢業，曾任皖省某師師長，內戰帶花，不幸短命死矣。此君服務認真，毫無習氣，英年早謝，滋可惜也。段宏綱為合肥之姪，早喪父，合肥甚愛之，視同己出，畢業於保定五期，曾任監察委員，有似軍人政客，好治遊，予在平津，時有往還，以與傅作義為保定同期，或可苟全於亂世乎？

眼底盛衰、嗟來上將

個人一生之盛衰，固視乎才德行為與命運，而有時隨時局、國勢為轉移。在昔一治一亂，每間數十年或百年而遙，今則政變無常，戰亂頻仍，富貴貧賤之易位，瞬息間事耳，所謂持盈保泰，或有不容其持而保之者。茲姑舉北洋政府沒落後三位上將言之，此皆與予有舊，而於「逢辰之垢」時為之周旋者也。

靳雲鶚係雲鵬之弟，孝薦卿，民十六北伐之初，靳為吳佩孚之副總司令，駐軍信陽，自稱河南自衛軍總司令。予當時曾奉命越武勝關（時南北鐵甲車對峙於關前）接洽，以暫編軍隊號歸命國民革命軍，自後下野，在平津時相過從。民廿一以後，生活漸感不支。時唐孟瀟任軍事參議院院長，予承乏總務廳，乃由唐氏請蔣委員長位以上將參議。此雖將軍府之虛名，固慰情勝無也。

賈德耀，字昆廷，留日士官六期。曾任北政府陸軍次長，旋坐升總長，且為段執政最末一任之國務總理。素喜依附馮玉祥，以牽制張作霖。與予一度共事，後亦以窮困來南京，輾轉得任軍事參議院上將參議，食國難餉焉。

寇英傑，曾任河南督軍。此公盛時，曾以十萬金聘名坤伶碧雲霞為妾而大出風頭。轉眼之間，榮枯異勢，乃不得不以軍參院之上將參議享此嗟來。

今僅舉此三人者，其等而下之，更不數數覯也。嗚呼！何嫌乎嗟來上將乎！今日之嗟來文丐、嗟來教授……更不知凡幾也！逢此佳節，能勿思乎！

地靈人傑、愧對青田

浙之青田，自明初劉伯溫以來，歷五百餘年而有陳辭修（誠）。真所謂地靈人傑，固不僅以青田石名於世也。陳辭修係保定八期生，得君之專，世無甚匹。而位望事業之隆，亦彰彰在人耳目，自可繼劉青田而無愧，正不待下走辭費矣。

保定軍校中尚有青田籍同學三人。第一期為杜偉、葉南帆。第二期為章燮。此三人者，皆不見用於陳辭修。於以知辭公之舉不同鄉，用人無私；而此三人亦未能以青田人而依附陳青田，以致休名不立，建樹無聞；可謂辜負鍾毓，愧對青田矣。

杜偉字時霞，保定一期砲科畢業。父持，字志遠，民初任福建軍務幫辦兼第十四師師長，以條陳軍民分治，被袁世凱總統以軍人干政明令撤職。後又當選國會議員。保定八期以後，已無清制陸小、陸中畢某生可資升學，故多由軍中挑選及各省保送之優秀青年遞補入學，經杜老保送者亦大有其人。時霞畢業多年，陳辭修已任軍要，故雖一度為其總務處長，而為時甚暫，終未見用，杜遂顧而之他。最後陳儀（公洽）主浙時，杜任民政廳長。今困在大陸，聞以吝佛冀保餘年。與余交親數十年，能勿思乎！

葉南帆，原名煥舟，保定一期砲科畢業。其兄煥華，係老民黨，為江蘇陸軍小學之算術教員。南帆為人熱情，胸無城府，雖有足為奧援之同鄉未之攀附也。曾充唐生智之副官長。抗戰後入川，備位散秩。勝利後到滬看予，周旋三日，大責我：「有權位不知弄錢，自討苦吃！」予感其意，兼鄙其言，苦笑而已。至今日方念其言之可貴也，然而晚矣！

章燮，保定二期步科畢業。以講話如連珠，渾名「機關槍」，遂忘其字。初任夏超（鼎侯、孫傳芳為五省聯軍總司令時之浙江省長）部警衛軍團長，動即醜詆陳辭公，無所不用其極，似有宿憾者。。其言固有過激處，陳氏即能容物，未必相諒也。故終被通緝而沉淪終生，其不見用也宜哉！章喜學京劇老生馬連良調，以青田最難懂的口音去學京戲，往往令人噴飯。予昔年在北平養病時，嘗聞其「機關槍」彈發如雨，無靶無敵，不計也；招尤買怨，亦不計也；對陳氏百罵不厭，亦不計也；惟在養病時，則當音樂聽耳。

這幾天秋風蕭瑟，暑氣潛消，由中秋思故人，不免想起當年張季鷹（翰）秋風思蓴（蒓、水葵）鱸來。這蒓菜生長在江浙草澤中，葉與莖皆有黏汁，香滑清麗，製湯最美，杭人向以瓶裝，浸水出售。而四腮鱸生於松江之秀水橋下，以其腮有四為罕見，東坡赤壁賦所謂「狀如松江之鱸」也。鱸膾蒓羹，在江東不算稀奇。惟以張翰因秋風起有感而棄官東歸，此一故事，遂令千餘年來引起秋士懷歸之感。自分無家可歸，何來蒓鱸之想。正因對月懷心，一身無安排處。喜得老友費子彬醫生電約為迎月之讌，尤感意外者，竟有蒓羹一甌。松江之鱸，雖不得兼，而配有名菜數色，一為粟黍芽爆蝦仁。另一為變蛋（皮蛋）拌碎加葱蒸蛋。翠綠、金黃，間以絳紫，色香味俱臻美妙。俗傳有清乾隆帝下江南，蘇州人製有美而不費之名菜，所謂：「金鑲白玉版，紅嘴綠鸚哥」者，彷彿似之。余以有蒓羹之享，大足為中秋故人之思，加以點綴，用掇數言，以為本文之小引。

摯情耆艾、長寄相思

史久光（壽伯），江蘇溧陽人，留日士官及砲工專門畢業，為予之第一位直屬長官且有知己之感者。史氏以辛亥南京光復有功，任黃興之參謀本部作戰局局長，辟余為三等參謀。後來南北統一，為北京參謀本部第五局局長。予為三等參謀時，尚未入保定軍校續學也。予於史氏非素識，而愛護提携備至；並為予作蹇修，多所顧拂，惜予已另婚未果，然其初意可感也。史氏學萃中西，精研各國戰史，為項城大公子雲台（袁克定）所推重。洎帝制失敗；遂辭職南歸。平昔與地質專家丁文江（在君）最相知。抗戰時在陸軍大學教書，晚景不佳。夫人誕九女，無一男子。史氏今如健在，當九十餘矣。念之哉！

李書城（筱園），留日士官第三期。辛亥在黃興漢陽總司令部參謀長，對於我們南京學生在武漢起義時參加的敢死隊及督戰官等，時時特加照顧；雖說是他的職責所在，然在戎馬倥偬之際，體念青年，令我有親切之感。後來他曾在北京做一任短期的陸軍總長。大陸易手前，他曾至石家莊晤毛澤東，打算接洽湖北局部和平，予時在武昌，曾與一晤。為人貌不揚而口吃，喜作政治活動，終無所成。數十年來，時見其僕僕營營，惜其有志未逮也。

宋玉珍，字獻廷，北洋老武備出身，曾為段合肥（祺瑞）之衛隊司令，長我十年，與我為多年同事，曾共患難，且為逛故都古董攤子的同道人。北洋政府解體後，宋氏清貧自守，無以聊生，寄居一老僕翟易祥簷下。抗戰勝利後予寓北平，獲與相見。翟易祥常備酒肴及餃麵等享予二人。翟氏雖家境窘迫，而對舊主人供應不衰，侍立如故，命之坐亦不敢就坐也，求之今日，難矣哉！宋北人，善製各餅食，時來予寓親為之，今或已物故矣！數十年老友，時在念中。

趙樂平，綏遠人，為段合肥多年軍需司長。唐孟瀟（生智）在唐山恢復軍權時，堅囑予為覓一經理處長，予以此公薦之，北洋老軍閥靳雲鵬所視為得未曾有者。抗戰勝利後，氏以軍需總監退役，飛回北平，予曾一度携眷寓其別院中。第一次國民大會竹枝詞一百詠（由開幕至閉幕，有莊有諧，具歷史性，曾用螯仙名逐日刊登報端，大陸上或有存者），予即在趙宅寫成。趙亦長予十齡，為人平澹和厚，善寫北碑，惜兩子皆戇，一日，其子戇性大發，突對予幼兒天靈蓋上劈了一刀，深兩刀，幸未裂，血流如注，注以整瓶雲南白藥，血頓止，竟未就醫而癒。及今思之，其二戇者固不必計，而予不戇之幼兒，亦若存而若亡也！趙家非富有，而患在趙氏終身充任軍需，銀錢過手太多，其能否免於中共之清算，未可知矣。

張華輔，留日士官生，一度出任訓練總監部副監，為人文靜端謹，勤慎從公，吾人相處極和洽，亦公餘竹戰之老搭檔也。某次因代表國府赴日觀操，回時報告，語偶失體，被黜，用是沉落。歸寓武昌，予在漢皋時往訪未遇，時復念及，當難有好消息也。

王彭年，字右箋，辛亥前從吳祿貞將軍遊，後隨吳光新，漸躋身於合肥左右，但為時已晚，無所展布矣。與予亦數十年老友，最後在武昌寓其家十餘日，老夫婦以臥室讓予憩息，殷勤調顧，常變不渝。當時國勢，已屆終凶，相對無言，負負而已。今縱不被中共鬥死、餓死，亦當悶死矣！

秦毅，字子剛，河南人，原任徐源泉之副軍長，北洋老軍人也。民十八年冬，予偕唐生智出亡，至天津時，一時以津友多交際場中人，旅館更不方便，無法保密，對唐氏幾難有安全住處。因想到秦君與人絕少往來，遂暫寓其家，然後從容另布寓所，故秦實為張儉當年「望門投止」之李篤家也。這是可與言義氣的人，自在念中。

宿將顛連、降乎死乎

宋希濂，字蔭國，黃埔第一期畢業。大陸淪陷前，任宜昌綏靖主任，統兵三個軍，號稱中央得力集團，終為各方局勢所影響，向川東南撤退，最後被俘。予於西上時，曾以顧問名義寄居宋氏幕中。隨軍西撤時，亦於巫山途中，共歷艱危。聞其兄國大代表某早經投共，料蔭國當可以無聊歲月苟全於亂世也。

沈靖原，名兆鑫，字鑄東，與予為江蘇陸軍小學同期生。自保定畢業後，數十年未及見也。時沈為宋希濂之副主任，其夫人寓重慶，予過渝住其寓中，對待如家人，真兒時同學之情親也。成都變色後，曾與予同受庇於鄧晉康（錫侯）處。聞胡宗南殘部之某軍長，以沈統宋部受編於共軍，不識後果如何矣？

王靖國，保定五期畢業，任山西軍之軍長多年，與予有金蘭之誼。予與晉軍將領相交最厚者，為王氏與李服膺二人，李不幸以大同撤退含寃而死；所最念者，王君而已。細檢太原五百完人中，並無王氏在列，想係外圍守將，太原苦戰多時，為俘？為降？為死？不可知矣！

李樂濱，山東山，與予在保定同期同科。當傅作義以「局部和平」降共時，李適為天津交通司令。予匆促中趕往北平携眷屬一部分南歸，勉強搭上最後一班之「元培輪」回滬；但南行者麕集津門，無慮千萬，而交通線只有此一次輪船，其擁擠搶購奔走無門之情形，真是難以形容。我以李兄之力，為代購船票，護送登輪，時碼頭上行李如山積，人群如海潮，人聲嘈雜，婦孺呼號，莫可名狀，即幸有船票，亦未易登輪也。我得此公以老同學關係，親為照料，至今念念不忘。遙想彼或可借傅氏之力，在水利方面得一苦差耶？予日禱之！

昔嘗有句云：「流亡無奈負恩多。」偶一念及，氾濫無邊，思之不已，欲罷不能，本文只好再續！

由「中秋思故人」片斷寫來，分期登出，不覺又度過重陽。重陽在此間有拜山之俗（在長江方面重陽只登高不上墳），這又要接著「重陽思故鬼」了。故鬼新鬼，想不了那許多，還是將我的「思故人」寫完了吧！

蜀道鵑啼、遊魂何處

我最後由四川出來，聽到許多困守異鄉，悵懷欲絕；見到幾位拖家帶眷，老淚顏彈；更有草草杯盤，為我祖餞；昏昏燈火，哭笑無由者。大都由抗戰而來斯土，迨淪陷而滯天涯，真有如東坡詩「夢裡似曾遷海外，醉中不覺到江南」之感！摘寫數君，載勞夢寐！

陳秉乾、字育時，保定一期畢業，予之小學鄉也。賦性和厚溫文，不類軍人。夫婦皆能詩，伉儷甚篤，饒有詩僻，樂此不疲，每念其人而病其入迷也。抗戰時隨軍入蜀，歷任軍幕，勝利退役。所得退役金，以不善營運，幣值遽變，瞬化烏有，賃一斗室，夫婦相對苦嘆，鞍馬平生，耕桑難望，無可解憂者。予正謀東下，偶一過從，苦難相慰也。

楊悅時，泰縣人，抗戰時任成都中央軍校教官，以上校軍階退役，娶川女為婦，無出。賃一大宅門房為寓，與予客居之友人家正相對，以此時相過從，蜀釀言歡，川餚適口，雖地介門公，居儕陋室；難中老友，亦餘異地相逢之樂。惟其時賀龍已入城，正頒布新令，所有卸職公務人員，一律按日開會學習，楊以六十之年，為久居計，不能不以順民姿態，趨蹌恐後。類此者不知凡幾，所謂「在人屋簷下，不敢不低頭。」此亦無數可憐人之縮影也。

楊庚，亦予同邑人，中日開戰之始，為蘇北第〇區專員。以謹遵焦土政策，於撤退時放火焚城，致全城為瓦礫之場，雖有孑遺，而無燼餘，以此為鄉人所憤恨。入川後深自懺悔，遂遁入空門，袈裟換著舊戎裝矣。予於川東梁山道中巧遇之，一瞬而已，當年豪氣，已在貝葉蓮花慈悲自在中矣。

小友二三、親情在抱

勝利後，羈寓平津，逸居多暇；託庇川鄂，伴食侯門。既得東道之顧存，又遇昆朋之照拂；情殷如故，客以當家；流寓多年，未嘗辛苦。其中或故人之子弟，或邂逅之後昆；故舊不遺，親情無限；及今遙念，惆悵何如！

劉少珊，故友劉將軍鐵珊（玉春）之子，留日士官畢業，曾任予之副官長。英年有為，少壯而值國變，不得逞其志，悒悒而已。予初蒞平，寓濤貝勒故居，人少屋多，每感空曠，旋即改寓其家，招待殷勤，騷擾數月；大亂之後，累此家非富有者，竭蹶為之，心殊難安也。

吳必發，留日士官畢業，故長官吳自堂之子，與少珊為同期同學。自吳公謝世，天津宮島街之巨宅，已售與日人，必發僅住其後排群房之一，當年屬員僕隸所居也。予至津南下，擾攘之交，困難萬狀，津門一切，多承提調。曾見其臥室尚懸有當年予祝自堂公五十壽詩四首，記塞外出征事，數十年世誼，感慨久之，今更不知其下落如何矣。

姚文緯，中央軍校十期畢業，抗戰時曾任團長，勝利後以裁編賦閒，青年將校，自多抑鬱。初論婚於宜昌仝老先生（忘其名字），係張文襄門生，擅詩古文辭。予在宜昌為宋希濂將軍顧問時住中國銀行，姚聞知來訪，接談之下，乃故人姚渭清之子也。自此常在其岳家聚首。時有安徽吳君兄弟二人俱以詩名，與予四人乃時有詩酒之會，頗不岑寂。宜昌撤退後，全老先生曾與一度晤於成都，而姚氏子尋亦東下回鄉，不知所終矣。

臧海山，浙江江山人，曾任農民銀行漢口副理，政局丕變中，閒居萬縣。予在萬受孫主任德操將軍之禮遇，住總商會大樓，飲食供應，至感周洽。海山君與予素不相識，以臧氏旅外不多，遽以宗誼見訪，客中無譜牒可稽，姑序齒以宗晚相認。未幾，竟移寓總商會隣側，日以佳肴享予，堅執子姪之禮，歷久不衰，此偶合之宗親，儼人倫之楘範；中心感動，意至拳拳。及至萬縣撤退，予隨軍西赴蓉城，頻行之際，夫婦攀轅泣送，有同死別，至情所屆，歿世難忘。蓋地方瞬將「解放」，行者雖屬望生機，居者正未卜死所也。

友誼不孤、離愁何限

人生的友誼，易見於太平之世，難逢於離亂之時。而相交之誠摯，易存於和厚之輩，難求於孤僻之人。在離亂之際，而處孤僻之人；非望望然而去，則訑訑然而來。駭也，俠也，笑也，罵也，皆所以見真性情者也。予最後離平津南下，得怪友數人焉。

白雲鵬，吉林人，父某，為長蘆緝私統領，家小康，但人口眾多，漸感不支。白少好任俠，嘗回原籍，以打獵為生，所交皆黑山白水間客，質而尚義人也。予早年曾與之遊，勝利後初抵津，下榻其河北寓中，招待備至，有若家人。及與張市長直卿遇，始離白府焉。

鄭大為，保定一期騎兵科，父汝成，於癸丑革命平定後任淞滬護軍使，其首任也。先是，滬都督陳其美被刺，民黨謀有以報之，遂於鄭赴虹口日領署道賀天長節途中被刺於上海外白渡橋上車內；袁氏傷之，立下令追封為一等彰威侯，世襲罔替，同時以大為世襲彰威侯，此民國三年事也。大為性孤高，雖痛其父之慘死，然終不直袁之嗾凶刺陳，開啗殺之端，乃致其父膺民黨之報，不願受襲侯之封爵也。予嘗戲鐫一章諷之，文曰：「中華民國第一侯」。時帝制尚未發端，民國那得封侯，袁氏早欲稱帝，蓋已昭然若揭矣。大為謂予曰：「封爵決不受但亦不敢拒，只表示不任軍職，在家行醫以為掩護。」予在平時常至其醫寓，消磨永日，今不知曾經遭受清算否也。

查凌漢，字秋槎，保校一期砲科畢業。其父少時與段祺瑞同隸武衛軍吳長慶部，出征朝鮮陣亡。段氏掌政久，查避嫌不往見，獨在北京前門外勸業場設席為相士賣卜焉。段氏聞之，亟傳見畀以軍職，不受而回，賣卜如故，蓋超然世外，今之傷心人也。予寓平時常至其家，享我以各種麵飯，立以衛生馬將消遣焉。此亦可念之趣人也。

記半世紀前的私塾風光

現代青年，動以學校生活及考試制度為苦，並以畢業後之出路為憂，實則今日之所學者，科目既多，致用於國家社會之途亦廣，若以比之昔年私塾與科舉，則相去奚啻霄壤。今之五十歲以下之人，殆多不知私塾之況味；六十五以下者，或亦未及領略科舉之情形。予生也晚，在私塾只四五年即入學校，尚未能十年窗下；科舉亦只以幼童趕上最末期之縣、府、院考，而科舉已廢。至於鄉會試更不及知。前傳某太史以八十餘之耆宿，有撰為科舉實錄之說，是亦帝制時代之掌故，今之學子如或窺其鱗爪，自有隔世之想，其對學校大考與會考制度，當必另有其觀點也。

從四書館說到經書館

私塾通稱書房、書館，俗有四書館、經書館之別；四書館則三家村童蒙先生所設，鄉愚以略識之無為主，開頭讀三字經、千字文、百家姓、二十四孝、龍文鞭影之類，進而讀學、庸、論、孟，寫寫仿影背背書，學生則活猢猻，先生則猢猻王也，多不第秀才為之。

經書館學生平均年齡較長，多有應縣府考及院考者，所讀五經、四書、古文、詩賦時文（從前念八股文，後讀闈墨策論），間有看綱鑑及涉獵子集者，除課試作文外，楷書小字，尤為必要，蓋謄寫試卷之預備也。多廪生、增生、附生、貢生或副榜舉人為之師，亦有不求進取之孝廉公及飽學之宿儒設帳授徒者。書館之性質，有獨包者，有合聘者，有供先生膳宿者，有挈眷就館者，有送外課者（不就讀，只送窗課求改，謂之外課），形形色色，種類非一，大抵每遇考試，某書館之學生有發跡者，則先生之聲譽雀起，門牆桃李，生意興隆，否則日益黯淡無人問津矣！

謁聖拜師與束修節敬

聘請私塾先生須送聘書（俗稱關書），開學之日，在書館行謁聖拜師禮，上供「至聖先師文宣王孔子之神位」神牌一座，紅燭高燒，香煙繚繞，鞭炮齊鳴，東翁與西席均著禮服，翎頂輝煌，先拜孔子，然後東翁拜先生，先生答拜；學生則先向孔聖行三跪九叩禮，隨對先生行跪拜禮。先生坐而受之，東翁奉贄敬禮（紅封銀元，數量不等，非束修也），揖讓而退，入學禮至此告成。此後每日早晚必揖先師，每月朔必香燭拜先師。對先生之報酬除束脩外，每節必有節敬，入學有筵席，新年又有春宴，先生必須坐首席，蓋培植子弟，尊師重道使然也。

余初入學，並未如村童先讀三字經、百家姓、千字文，但讀「四字鑑」（四字韻言歷史）、「地球韻言」（四字韻言包括中外地理）、「三才略」（文言分章記天地人各事）。此在六十年前，似屬革新之教授法，我覺得初小用韻言課本，在今日仍屬可行，蓋兒童記憶力強，背誦又覺順口，只要編纂得法，取材適當，自比狗咬貓叫，較有意義。先君子曾著有《蒙學古今韻言》，四字句，對古今中外一切常識，包羅萬象，在清季頗風行於淮泗各書塾，今則早成絕響矣！

磨墨雖小道樂在其中

從前在書館中有一種大方磚，約二尺見方，厚五六寸，為習大字之用，醮水蓄筆，隨寫隨乾，既省紙墨，又便練習，今則久已不見此物，恐亦無從購置矣。

墨汁今已盛行，但昔年私塾中之學生，墨必自磨，有時還要替先生磨墨，看來雖是末事，卻屬寒窗課字重要工作之一，因為墨須細研、須緩研，用力則墨粗，求速則易潑，故必平心靜氣，緩緩研磨，或一面看書，或瞑目靜坐，可以活動腕力，可以養性怡神，費時而不失事，雖小道亦有可觀者焉。若美婢素手，漩墨生姿；書畫名家，磨墨索費。雅人深致，名士襟懷，尚非埋首呫嗶兀兀窮年所可語也。

墨盒所用之絲棉，以前多於養蠶時，置蠶於盤盂上，令吐絲成片，不令製繭，今則大南紙店概有售者，絲棉宜煮沸去油，疊鋪盒內，宜用黃連冰片水磨成，墨宜濃淡適中，視盤中螺狀線紋之稜度，隨時醮筆試之，不宜中途滲水，宜去膠質，庶寫時不致膠筆，同時墨香撲鼻，光彩煥發，若文章洋溢，字體秀麗，更能相得益彰也。

習字首在觀摩，次調筆墨，次平氣息，次舒手腕。臨帖必多讀帖，目運指畫，心領神，所謂意在筆先也。寫行楷要在規矩中不失其神韻，若處女之幽靜而具婀娜；寫草書又於飛舞中不離規矩，若劍士之周旋而自循法度。吾國之論書法者多矣，學生固不必求為書法家，而規模整飾，門面大方，亦自有其必要。

磨墨固具涵養工夫，同時亦有出神入化之妙用，潔其硯，澄其水，植其墨，正其坐，手運輪囷，水暈漣漪，目注文波，耳聞清瀨，鼻臭墨香，心隨濃淡，或文思綺發，妙想陸離；或古艷繽紛，滾瓜背誦。或一心鴻鵠，九千里而摶扶搖；或萬軸書城，五百年而興名世。黃粱入夢，則潑墨淋漓；紫燕投懷，則童心初蕩。此如短短一時代，自有其小小一乾坤，大而化之，亦足樂也。

太靜固不好太動更糟

昔之學者主於靜，今之學子主於動。習字、磨墨、讀書、作文、焚膏、漂麥、囊螢、映雪、惜寸陰、破萬卷；丙舍書聲，無間寒暑。此皆靜的工夫也。踢球、競走、跳繩、拔河、秋千、戲劇、軍訓、旅行；甚至遊行集會、演講募捐、看戲跳舞，此皆偏於動者。動的工夫多，則學的時間少。加以星期有假，寒暑有假，節日有假，事與病有假，蓋一年之中，荒於假者三之一，荒於動者五之一，荒於嬉者十之一。香港更多有半日讀者。有雖坐教室而心不在焉者。擲光陰於虛牝，茲可惜也。

今之青年，體育發達，動作活潑，常識豐富，接近社會，優點甚多。較之寒窗苦讀，形容顦顇，舉止酸腐，狀若木雞，所謂「百無一用是書生」者，相去固不可以道里計，然過猶不及，是在有心人善為調劑之耳。

夫靜，死象也；動，亂象也。暴君專政，則士無生氣；國勢式微，則死氣沉沉。遜清末葉，私塾學子之囿於知識，格於時代，醉心於科學，泥首於書帷，固屬頹墮人心，桎梏思想。然如今之統治者竟驅策學生遊行叫囂，櫛風沐雨，用作政治工具，則遺誤青年，荒廢學業，更有甚於遜清者也。

私塾中還有各種體罰，主要者為「戒尺」，又稱「戒方」，以栗木或楠木等質堅量重者為之，長尺餘，方二寸弱，多用以打手心。另有「竹披」以鞭笞臀部，所謂扑作教刑也。學生於書課有背誦講解不出或與同學廝打犯過者，多半責打左右手心三五下乃至二十下不等，如牽手懸空打，不過做做樣子，示以儆戒。若墊在台子上用力重責，則墳起如饅頭，數日始消。鄉村塾師，更有頂研石、跪碎磚種種野蠻體罰。村童之好弄水者，則於兩手心各書一字，漫漶則罰之，其好登高攀樹覆巢取卵者，則設為蛇蟲妖魅以懼之，至於罰站（其時尚無「立正」語詞）、罰跪、面壁，尤屬家常便飯。

飛上枝頭未必作鳳凰

村童牧豎，在童蒙館讀一二年書，識幾個字，寫寫賬，管管門戶，也就算了。等而上之的，則半通不通，咬文嚼字，之乎者也，子曰詩云，也可以做個不第秀才，在鄉間問問閒事，擇肥而噬，吃一點血食，或於三家村設館授徒，在野老耕夫間，文縐縐的自命為飽學之士。上焉者，則憧憬於「書中自有黃金屋，書中自有顏如玉。」青燈苦讀，吟哦窮年，日揣磨於高頭講章，詩賦制藝。八股時代，有所流行之「大題三萬選」、「大題十萬選」、「大題三十萬選」，以及各科中式「闈墨」，皆模仿應試之用。四書題解、五經備旨、皇清經解、十三經注疏各書，皆通經解題之用。淵鑑類涵、事類賦統編、古事比，皆查記典故之用。字學舉隅，為矯正俗筆之用（試卷不得有俗寫字）。其他避諱（清代帝王諱名，如「溥儀」，凡遇「儀」字，皆須缺一筆為「儀」字，歷代皆有規定）、抬頭（如皇上抬兩格，皇太后抬三格，朝廷、國家抬一格，普通恩榮頌聖等字樣平抬），繁文縟節，不可殫舉。青年學子之腦力精神，泰半消耗於經義文字，而實用應世之學，百無一是，力學者每多少白頭、肺癆病、形容枯槁、傴僂顢頇、勞形鬱折以死者，不知凡幾。即有少數獲雋者，補得博士弟子（秀才），一領青衫，半生場屋。謹愿者青氈坐困，碌碌以終；狡黠者魚肉鄉民，營苟活而已。至於乙科中式，甲榜題名，或潦倒仕途，或窮愁翰苑，或為書院之山長，或為當道所禮羅，亦不過掛名士招牌，居縉紳之列。飛黃騰達者，能有幾人！蓋上之所以勵下者，旨在以虛名籠絡多士，而下之所以求上者，志在得科名以獵一官。既無社會事業，安排出路，又無特殊技能，謀求溫飽。只有在這唯一狹窄的小路上，謀生活、圖發展，蓋即飛上枝頭，亦未必能作鳳凰也！

有清一代多碩學通儒

可是學問之道，存乎其人，學塾不過植其始基，只要不溺志於利祿，即掛籍於科名，亦不足為病。碩學通儒，何代蔑有，自不必矯枉遺世，高調獨彈。猶之今之學校出身者，雖一般只學得各科系廣泛之原則，而專家發明，大有人在。有清二百六十年來，雖有政體鈐制之威，仍無礙於漢學昌明之運。顧亭林、黃黎洲當絕續之交，成不刊之學；戴東原、紀曉嵐纂輯《四庫全書》；阮芸臺、王先謙之《正續皇清經解》，校勘補輯，博引旁徵，不獨為稀世之盛業，實足為載道之鴻編。他如毛大可之考偽；王船山之論史；顏習齋之加倡習行；方望溪、劉海峰、姚姬傳開桐城派之先河；而阮元、畢沅、曾國藩輩，不獨著作等身，又以達官地位，宏獎士類，故積學之士，翕然從風，文人之盛，洋溢當代。惟康有為、梁啟超通經達權，擷新啟後，起凋敝之人心，作時代之轉捩，此實足為五百年名世者流，非所語於並世寵兒，支離滅裂，勦襲餖飣者比也。

至於彫鐫駢儷，潤飾詞章，如：吳兆騫、蔣心餘、洪北江、袁子才等；吟壇祭酒，擅長詩歌，如：錢牧齋、吳梅村、朱竹垞、王漁洋及其他詩人等，亦足激揚世運，迴蕩心弦。若乃致力於考據訓詁諸家，雖聚訟紛紜，各宗一是，而鉤稽辨析，考文知音，亦非博涉者不辦。

我國書院之設，肇自唐宋。有清一代，各省更多設立，其著者如南京之鍾山書院，江陰之南菁書院，淮安之麗正書院，杭州之詁經書院，廣州粵秀山學海堂，江西廬山白鹿書院，長沙嶽麓書院，成都尊經書院，保定蓮池書院，其他不勝枚舉。類有達官為之唱，而宿儒為之長，學本自修，而師承有自，士多俊彥，而宏獎多方，講學得琢磨之益，月課有膏火之資。是又可謂學塾之擴大，而研究院之雛形也。

對女性的禁錮與束縛

在男權社會，以「女子無才便是德」，以「德容言工」為衡量女性、禁錮女性之天經地義，即列女傳所載，亦以母儀、賢仁、貞節……名篇，其讚美女德者，不出賢妻良母，慈愛勤儉，相夫教子，柏舟彤管等辭。讚美女容者，不出宋艷楚娃，南威西子，笋手峨眉、朱唇皓齒，歌喉舞袖，蓮步梅妝，樊素口，小蠻腰，傾國傾城，紉蘭紉蕙等語。

言女子，則彩鳳鏡鸞，競傳旖旎；春花秋月，俱寄相思；紅葉題詩，白團遮面；迴文蘇蕙之什，錦城薛濤之箋；恨水愁雲，千里征人之賦；紅消翠鎖，一春腸斷之詞。

言女工，則采藻采蘋，承筐承筥；繅絲分繭，弄杼投梭；夕陽砧杵，漏夜裁量；化奪針神，則寒凝纖指；巧來織女，則花落繡牀。

凡此綺麗之頌聲，舉屬嬋娟之佳話，但是細細研究，無一莫非束縛女性、侮辱女性的語辭。所以一般女子，終身在家庭井臼中討生活，固然沒有機會發揮其天才，更談不到教育以增廣其知識，即偶有才女，亦大都歸之吟風弄月、樓頭思婦之流。

女子的枷鎖終被打破

數千年來，記載所及，還有不少掃眉才子，女學士者流，自未可一概抹煞。但這與環境閥閱有關，所謂士大夫薦紳之家，其父兄又多積學之士。至於蓬門篳戶，小家碧玉，蓋得未曾有。如：曹大家之為班固妹，蔡文姬之為蔡邕女，左芬之於太沖，鮑令暈之於明遠，劉令嫻之於孝綽，皆難兄難妹。至以《漱玉詞》擅名詞壇之李易安，亦李格非之女。此其人皆家學淵源，相承堂構，故能出類拔萃，獨步巾幗，非可倖而致也。

昔年女子之入私塾者，除童年十歲以下，偶有附學，餘則多半在家塾獨包先生，與兄弟姊妹共讀，或由父兄執教，其界限固甚嚴也。清乾隆間，錢塘袁才子以少年科第，息影金陵，依附江督尹文端公繼善，以詩文相標榜，嘯傲山林，風流自賞，廣收女弟子，藉隨園為文會之場，詩話作遊揚之具，在當年且認為有玷詞壇，貽譏士類，蓋頭腦冬烘者，自必少見多怪也。

民國以來，對男女同學問題，聚訟紛紜，今則視為故常，安之若素。女子教育，已打破數千年深閉固拒之枷鎖，誠為稀世之福音，足以傲視古人者。即當年頑固派所最顧慮之男女風化問題，今亦見怪不怪，漸入正軌，只要性行純正，理智充盈，不為血氣物情所驅使而成為飛男飛女，由學誼友誼進而步入戀愛，以代替昔時「父母之命，媒妁之言」之盲目婚姻，未嘗不是「彝倫攸序」之一道。

男女學生與師生戀愛

男女同學之間，如年齡相若，知識相當，雖非青梅竹馬，耳鬢廝磨，然課餘散步，假日郊遊，教室切磋，校園徙倚，或容與於水濱，或周旋於球藝，固已相知有素，情愫無遷，如此結合，自不難得美滿之結果。

至於師生戀愛，究屬反常，在老師則經驗已多，張網自易，或以金錢，或以虛容，或以學術地位，垂餌設阱，誦術多端。在學生則少女心情，毫無主宰，感情衝動，易入迷途，然海棠梨花，紅顏白髮，雖迷戀於一時，必追悔於事後！於是，婚變繼起，笑料多端，何苦來哉！

當年王伯群以交通部長掛名大夏大學校長，用金錢勢位，娶校花保志寧為室，鬧得滿城風雨，老夫少妻，未卜齊眉，不數年伯群死而保氏孀，此以富而且貴，尚未鬧若何笑話；若郁達夫之於王映霞，以一窮名士而偶少艾，映霞他適，達夫猶形諸篇什，苦戀不已，其決絕之〈賀新郎〉詞，至有「縱齊傾錢塘江水，奇羞難洗。欲返江東無面目，曳尾塗中當死。」之句，士不藏頭，龜方曳尾。垂老投荒，猶有「洞房紅燭禮張仙」「玉鏡台邊笑老奴」與蠻島土生女結婚紀事詩之作，真可謂有勇氣者。此等事在私塾時代，因為男女大防，當然沒有，萬一有小德出入，大德踰閑者，亦認為名教罪人，為士林所不齒，奈何今之師生戀愛者，猶步趨恐後而未有已也！

半世紀前的學生生活之憶：從陸軍小學陸軍中學說到保定軍校

由清末至民初之間當了十幾年學生，學未優而仕；做了幾十年的官，官不大不小而老；老而不死，而又不能告老還鄉，竟做了太平山下的難民。如今回想起來，做一世人，還是當學生最有味，安能返老還童，當一輩子學生！諫果回甘，不自禁將昔年學生時代的趣事，瑣瑣回憶一番。趣各不同，亦各言其趣也。

過渡時代充滿怪現象

遜清光緒末年，廢科舉、辦學堂（那時不叫學校），草創之始，班級、課程、教師，以及學生年齡，真是不倫不類，大有「四不像」之勢。軍事學堂則比較嚴格，我在文學堂只讀了四五年，那時風氣初開，還在「先進於禮樂」的野人時代，所謂阿飛、拖屍、戀愛等種種文明花樣，還談不到。中小學同班生，既有三四十歲的秀才，也有十二三歲的童子；或長袍馬褂，或大辮低垂；劉海箍、瓜皮帽，白紙摺扇，文縐縐的一步三搖，各極其緻。縣有小學，府有中學，縣知事（縣長）與知府，多為兩榜出身，每到學堂視察，必朝衣朝冠、翎頂朝珠、呢轎小隊、旗繖招搖、官派十足。科學視為具文，漢文則內行甚多，特別注重。

其時有太史公周某，為今日紅朝新貴之祖輩，評閱文字，每喜引經據典，學生無以難之，為了對付這位太史先生，同學中之黠者，常偽造西儒言論，或擅製譯名，鼓簧其說，以博取分數，太史公對西學一竅不通，不敢斥妄，且以為該學生學貫中西。畢業時，例得比照科舉功名，錫以榮銜，每有回鄉分送報條，開賀筵、打秋風，金頂煌煌，大過其榮宗耀祖之癮，過渡時代之怪現象，有如此者！

光緒卅二年至宣統三年間，我在南京進江蘇陸軍小學及陸軍第四中學，改渡軍人生活。清制：每省設陸軍小學一所，每期每縣考取一名，首縣二名。二年畢業升入中學，中學則全國設四所，分區收容五六省之升學者。第四中學則集江蘇、浙江、江西、安徽、廣東、福建、四川各省同學於一堂。同學既多，青年尚友，談俗尚、廣異聞，熙熙融融，真是黃金時代。

真辮假辮與職業學生

其時革命排滿之風，瀰漫學府，有志之士，競相加入同盟會。對於清初入關薙髮令所強迫留傳「豚尾」形之辮子，深惡痛絕，一時剪辮子之風，行於全校。兩江總督端方，雖號稱開通，仍不同意剪辮子。後任總督張人駿尤腐化頑固，多所誅求。故已剪者復製一假辮，假辮有兩種：一則周圍劉海，覆於頂上，後拖長辮，形頗逼真；一則以假辮縫綴於軍帽後沿。前者價三元，後者稍賤。一時理髮匠大有生財之道，直至辛亥，此風始革。

陸軍第四中學學籍範圍內：如廣州、福州、杭州、江寧、京口（鎮江）各地，皆有八旗軍駐防，旗軍子弟，亦有少數入學者。彼等則以漢族學生行動報告旗籍將軍，時江寧將軍鐵良頗仇視漢人，此輩蓋即今之所謂職業學生，特工之雛形也。但當時革命黨並無職業學生，其參加皆出自願，絕不似大陸變色前夕共黨之職業學生在各校挾槍橫行，鬧得烏煙瘴氣。蓋大義所在，人有同心，固不必強制為之也。

學德文打麻將的往事

余初入陸軍小學肄業，外國語文設有英、法、德、日、俄五班，聽由學生填寫志願，任習一種。直至保定軍官為止，不再更改。平均習英日語者為多，德次之，法俄最少。余習德文，意謂德國以陸軍名於世，可冀派往遊學也。彼時之德文教師德人貝來法及愛亦以此為言。孰知自光緒中葉南京陸師學堂派過一次留德陸軍學生而後，直至北伐完成並未再派。而習法文者，共只十一人，竟於宣統元年派去九人之多，以是知任何事非可前定者。即如此刻在香港，英文用途極廣，如果當年我是學的英文，再配以似通非通的漢文，來個中英合璧，對於找職業，豈不容易多多乎？就是在公司洋行弄個大小職務，也不致於炒魷魚。五十餘年前的事，誰又想到五十年後還用得著呢！

麻將是中國的國寶，講起打麻將，資格太老了。記得十六歲那年，在陸軍小學寒假，沒有回家，留堂同學四人，在自習室打牌，總辦沈尚濂（字小溪，日本士官二期，那時校長稱為總辦）查到了，就將我們三人各記大過，而麻將牌之所有人某君竟被開除學籍，某君後來又考入他省陸小，輾轉仍到保定畢業。民國以來早已參贊軍要，為上將軍矣。此可見麻將之魔力，與當年之校規，雖在寒假，決不放鬆也。

彗星碰地球妙想連篇

宣統二年，英倫路透社電：「某月日時（記不清了）彗星將與地球相遇，世界末日即將來臨。」我們當時在陸軍中學（中央軍校即其原址），同學二千餘人，對於歐西天文家這一算法，將信將疑。到了這一天，大家徹夜不眠，眼望那浩浩長空，天朗氣清，橫行天際的彗星（俗呼掃帚星）拖著披離夭矯的尾巴，光芒四射，真像一個橫衝直撞的蓋世霸王。我們大家三人一小組，十人一大組，或在操場，或在校園，或在房間，或在橋樓，或縱飲高歌，或清談玄想，天南地北，發為妙論。我們想：如果將地球碰得四分五裂，化為野馬塵埃，不必談了，若是能保留得一部碎粒，成為一小行星，那我們就將建立一個獨立王國；如果將我們帶上別的行星，如火星、木星，那我們就不必再等發明甚麼火箭等等去作太空旅行。也就做了個天然探險家。再不然，把我們帶上彗星本身，那我們更可以一切主動，將那些有害或無用的行星與人與物，一掃而光，來個大鬧天宮，豈不痛快！萬一整個化為烏有，那又省卻人世間無窮煩惱，這幾十年來的兩次大戰，爭帝爭王，乃至千秋萬歲的未來種種，也人可不必了。我們恭候牠的大駕光臨，預備訇然一聲，發現奇境，可惜他們算錯了，末日並未見降臨，留了我到今天還在香港做難民！

全是未來的王侯將相

光緒帝與西太后之喪，先後僅隔一日。學堂裡總辦領了我們大家在大禮堂舉行「哭臨」。此當時所謂「國喪」儀注也。但是師長在上面勉強乾號，學生在下面嗤嗷戇笑，於是「哭臨」一變而為「笑臨」矣。那時清室王公大臣每逢南下，兩江總督必陪同來校參觀，同時亦必大灌米湯，對我們這一群殷勤慰勉曰：「你們必須盡忠朝廷，將來全是王侯將相呀！」一到辛亥起義，這些未來的王侯將相，多半革命去了。清室之屋，因素固多，可是就一般政局之成敗興替而言，自應以形勢為主。孫子論兵，重形與勢。為政亦然。若形勢走入下坡，徒恃結恩幹部，製造嘍囉，儘可教忠教義，而忽於形勢之日非，期部下之挽回頹勢，責群眾以見異思遷，此不情而遠於事實之論也。

王占元演講大談前蹄

當年段祺瑞為了軍校學生鬧風潮，一怒之下，悍然要解散保定軍校，命第二師師長王占元派兵將學校團團圍住，如臨大敵。並用簽名、照像、悔過、扣留代表、離間南北種種手段。雖然如此，而保定軍校學生終不屈服。軍校解散後，大家群集北京，分駐於城內各省會館（在北京各省、府、縣均有會館，多係同鄉京官捐置，科舉時代，為了北闈士子及窮京官寓所，民國後各校學生多有寄寓者，不收費。），由同鄉會招待。鬧了一個時期，又決定復校，陸軍部命京漢鐵路備專車送我們返校，並每人發給補助費，都督代表團公推胡瑛、張我權等隨同回校。在開車之前夕，適逢中和園演義務戲，戲碼有譚鑫培的《打棍出箱》，龔雲甫的《行路哭靈》，楊小樓的《盜御馬》，田桂鳳的《蝴蝶夢》，票價三元，我們大過其戲癮。這一次段祺瑞委曲求全，和我們這群學生交手，竟吃了小小敗仗，在學生正是「莊生曉夢迷蝴蝶」，而當局方面可算「賠了夫人又折兵」！

車到保定，由直隸藩台曹銳（清時河北省為直隸省，曹銳為曹錕之兄，民國初年尚沿清制）、師長王占元發起在淮軍公所開歡迎會。王占元本老粗出身，這天咬文嚼字，大演其說，他居然在會中演講道：「你們是學界，我們是軍界，咱們本是軍學一家，人有人的前蹄（提），馬有馬的前蹄，咱們要以國家為前蹄……」我們就哄然鼓掌，大捧其場！

無理取鬧的考試制度

在保定軍校第一次鬧風潮中間，尚有許多插曲，記不勝記，惟有一事，令我五十餘年來未能忘懷，當時砲科有一位四川同學李璜，顧慮到軍學派別，人事恩仇，主張息事寧人，掩旗息鼓。但是大家少年氣盛，未予接納，他認為意見不合，馬上向同學告別，就此退學不幹了。大家雖聯合挽留，終不顧而去。此公在學生時代，富有政治家風度，我輒景憶其為人，後來看到青年黨有所謂「曾左李」之李君同名同籍，頗用疑似，然數十年來亦無緣一問也。

蔣百里自戕傷愈辭去保定軍校校長職後，以段祺瑞之嫡系曲同豐繼任。這時癸丑二次革命失敗，南人銷聲，苗氏乃鉤沈取締，無微不至。暑假後開學，限時點名，有已報到而因入城逾限應點者，亦閉門不納。第一日即開除同學八十餘名，這班人即跑到南方參加革命，反是雲龍風虎，得風氣之先，所謂害之適以成之。又訂出一種考試制度，品性一門分數，為學術科總平均二分之一，只准以學術科抵補品性一分，換言之，即品性最少要五十九分，方算及格。但較之品性百分者，總平均已差廿五分半，亦即品性百分者，學術科只要有十分（百分之十）已算及格，試問品性操之長官之手，有何標準？無理取鬧，孰逾於此！同學某，成績優良，自陸小以來，向列前茅，畢業時，以品性扣足，得了個倒第一。某君素不羈，為之解曰：「倒第一最難考，多一點就是倒第二，少一點就不及格了。況易前茅為後勁，所謂奔而殿者，同學亦與有榮焉。」

保定軍官學校滄桑史之一：蔣百里先生自戕目擊記

世之言吾國軍略家者，動稱蔣百里。而談辛亥以來之軍官者，或亦並及保定系。距今四十八年前，蔣百里任保定軍官學校校長，為維護學校而自戕；雖倖獲不死，而影響到軍界新舊之爭、南北之見，與夫參加癸丑革命五百餘同學學籍之除名。至於軍校，則延亘至九期，作育萬餘人，從公數十載，繽紛擾攘而未有已。今蔣氏墓木已拱，而保定同人，或際會風雲，飛黃騰達；或沉淪不遇，忳鬱以終；或仍以垂暮之年，周旋於艱屯之會。半世紀以來，後浪前浪，風雨浮沉，功罪無倫，寃親一體，疆場玉帛，成敗同歸，亦云盛矣！本社主政，曩曾囑予一述保定軍校之厓略，茲並將當年目擊蔣百里之自戕情狀，連累及之，其或可備軍事掌故之一端歟！

清末軍官教育亂糟糟

欲明蔣百里之自戕，必知其任保定軍校校長之原委；欲悉保定軍校之源流，必先述及清末民初之學制；欲識蔣氏自戕與軍校及各方之影響，又必須分析當時北洋軍閥相碁之情形；

不辭覼縷，為分述其梗概如下（按：本文全憑記憶，無任何參考，如小有出入，甚盼讀者指正！外史氏附筆）：

遜清末造，鑑於甲午、庚子諸役，喪師失地，欲振八旗、綠營（即綠旗兵）之頹敝，重建新軍，乃從軍官教育入手。最初軍學制度，因陋就簡，零亂不堪，學堂名稱（那時學校概稱學堂）亦陸離雜沓，不可名狀。首創者為天津武備學堂（軍界稱為「老武備」，王士徵、馮國璋、段祺瑞、盧永祥、李厚基、張懷芝……等皆先後出身於此）。繼之者為開平武備（吳佩孚、宋玉珍等出身於此）。在保定，則有：北洋陸軍速成學堂、陸軍協和速成學堂（蔣總統曾入協和第三期，後入日本士官）、陸軍軍官學堂（此為陸軍預備大學堂之前身，入民國遷北京改陸軍大學校，非後之軍官學校。「堂」與「校」有前清與民國之別。齊燮元、李濟琛、魏宗瀚……等出身於此）。在各省則有所謂講武堂、武備、將弁、速成、練軍、隨營、弁目、武普通、軍需、軍醫、獸醫、陸軍師範……。各學堂皆冠以省名，各自為政，名目繁多，全國不下二百餘所。可謂初期改革之大觀焉。

三級制的軍官新教育

光緒三十一年清廷詔頒陸軍軍官教育新學制為三級制，逐級遞升，期受完備之教育以立軍官之基礎，其制度規定大概如後：

（一）每省會設陸軍小學堂一所，三年畢業，升入陸軍中學堂（逐級遞升）。

（二）全國共設陸軍中學堂四所：陸軍第一中學設於北京，收容直隸（今河北）、山東、河南、奉天（今遼寧）、吉林、黑龍江、綏遠各省陸小畢業生。陸軍第二中學設於西安，收容山西、陝西、四川（因二中成立較遲，川省陸小第一期生改入第四中學）、甘肅、新疆等省陸小畢業生。第三陸中設武昌，收容湖北、湖南、雲南、貴州、廣西等省陸小畢業生。第四中學設南京，收容江蘇、江西、安徽、浙江、福建、廣東等省陸小畢業生。二年畢業後，入伍一年，升保定軍官學堂。

（三）全國設陸軍軍官學堂一所於保定，收容以上四所陸中畢業生經過入伍一年者，二年畢業。

（四）學額：各省陸小每年招考第一期，每期以每府首縣二人（清時地方制度，省下有府，府治為首縣，每府轄六、七縣不等），每散縣一人，直隸州、散州、廳，準此。由省派委員分赴各府、州、縣考取。概不保送。

（五）陸小資格以年十六、七，身家清白，體格檢查合格，漢文清通為主。至於試前之教育程度，並無嚴格規定，因當時文學堂開辦未久，參差不齊，故與考者，或已在中小學，或尚未進學堂，舉視該省教育發達與否而定。

（六）課程：陸小、陸中課本，皆由陸軍部編訂印就頒發。時「兵部」初改稱陸軍部，蔭昌（午樓）以留德生回國任侍郎，頗有一新氣象。陸小科學課本，約相當於今之初中及高中一；陸中則相當於今之大中書院；所不同者，課本皆完備簡要，教師皆陸軍師範出身或其他一時名選，故能於五載間進修有中外歷史、中外地理、兵要地理、名學（即辯學）、博物、物理、化學（有機、無機）、平弧三角、平面立體幾何、解析幾何、數學、代數、力學、重學、生理、國文、修身、典範令（即操典、教範、野外要務令。由政府公布，軍中統一奉行者）、體操、教練、馬術，乃至陸軍禮節、中外交際……等等。外國語文，則有英、法、德、日、俄五種任擇其一。

軍官學堂課程，未及頒布，而清室已屋。

段祺瑞續辦保定軍校

如上所述，有兩種特點：一、學額平均，全國各縣每期皆有一人錄取，絕無偏重某一省、區之弊。而出身以後，在軍中亦覺全國大同，無畛域之見。二、在清末普通教育尚在草創之時，作軍官之預備教育，可稱美備。於此可見清室晚年確有一視同仁整軍經武之決心。可是日近黃昏，時不我與，截至宣統三年，各省陸小，只辦到第五期，而陸中只辦到第二期，第一期陸中畢業生，正在保定集中入伍（因當時軍隊，不適宜於入伍，故在保定成立

「入伍生隊」），而辛亥革命已起；保定軍官，清廷未及正式辦也。

天下事每有出乎意料之外者，清室培植這許多軍官種子，不啻為民黨造就許多革命種子。在辛亥以前，這班青年學子，大多數便已參加同盟會。舉義前後，恰為各省新軍以外之生力軍。於是有組敢死隊者（如第四中學在武漢之敢死隊），有編組北伐軍者，有參加學生軍者，有在革命機關服務者。風起雲湧，如火如荼，蓋對於光復舊物，熱血賁發，同此心同此理也。

南北統一以後，段祺瑞任陸軍總長，欲繼前清未完之業，開辦保定陸軍軍官學校，召集各陸軍中學之第一、二期已畢業之學生，合併為保定第一期。並在北京清河鎮設陸軍第一預備學校，武昌南湖設為二預備學校，以完成前陸軍小學第三、四、五期學生之學業，辦法原甚妥善，隨得袁項城之批准，發令召集。革命成功，大局底定，一班同學，雖多闖入仕途，然仍歸於平淡。故第一期應召至保定者，計一千七百餘人。棄官從學，意氣軒昂，一時稱盛！

初釀風潮全體被解散

民國元年七月，保定陸軍軍官學校第一期開學。第一任校長皖人趙理泰、教育長毛繼成，均段氏嫡系。趙為人庸懦唯諾，頭腦冬烘，一切秉承於陸軍部軍學司長魏宗瀚（海樓）。軍學司如爾後之訓練監部具體而微，直接管轄軍校，其所委用職教官，多北洋舊人，不學無術之輩，而又懷挾私見，排斥黨人，上課僅月餘，藉故開除革命份子之學籍，連續不已。時大家具在少年，意氣風揚，積不能忍，遂釀成保定軍校第一次風潮（後來蔣百里自戕為第二次風潮），上書袁總統及段總長，要求：一、撤換校長趙理泰。二、遴選有學術之教職官。三、恢復已除名之同學學籍。四、嗣後不得無理藉故壓迫及開革同學。並由每連各舉代表二人（十二個連），每省各舉代表二人，互選劉文島、臧卓、藍文蔚、李振中四人為總代表，分頭辦事。

本來軍事學校而鬧風潮，實為罕見之舉。在學生方面，自出於迫不得已；而在當局方面，更認為大逆不道。於是，段祺瑞用高壓手段，令駐防保定之北洋第二師師長王占元派兵兩團，將學校包圍，校門口排列機槍四挺，寢室、講堂、飯廳、廁所各門口均派武裝兵把守，殺氣騰騰，如臨大敵。一面更施以逮捕代表、威嚇簽名、分化同學種種軟硬兼施之手法。大家為學業前途，堅持團結，相持半月餘，軍部竟無法可施。最後乃由段氏下令，將保定學生全體解散。

大批人馬湧入北京城

這時正是民元十月，在北方已經是朔風凜冽霜雪載途了。千餘同學，一旦離校，或寒衣不備，或旅食無著，或不甘心於學業之垂成；邊遠省分各同學，尤多顧慮。段氏利用此種種弱點，在解散令上附一「但書」：「凡能於七天以內回堂者，照常收錄。」其意以為學生方面，被解散後，決不能在保定流連七天以上也。孰知這一班人陣容整齊，意志堅決。出代表們商定對策，以各省為單位，兩日之內，全部由保定乘車進入北京，各按籍貫，住居於本鄉之「會館」。一面由各同鄉會及同鄉京官，供應伙食，以資安頓。讀者或有所不知：自前清以來，為體念公車北上各士子及窮京官旅食艱難，由各省鄉賢捐貲在北京建立會館，房屋大小，豐儉不等，省、府、州、縣，會館林立，不下千餘所，以供本鄉人晉京所寄住，不需租金，為當年加惠同鄉之公益事業，不意此次適為保定軍校被解散學生所全般利用。

這大批人馬，浩浩蕩蕩，到達北京，當即通電全國，控訴段祺瑞。南方各省都督如湖北黎元洪、四川尹昌衡、雲南蔡鍔、江西李烈鈞、安徽柏文蔚……等，均有電到京詰責段氏不應解散，同時並電學生加以慰勉。而本京方面由代表們分頭謁見秦老胡同之各省都督代表，及寓居西河沿中西旅館之民黨要宋教仁，他們一致同情學生，認為這班人已受有六年之造就，不應中途犧牲其學業。並有說學生是我們各省的，各省是娘家，政府不得任意措置。津京各報館更大事宣傳，學生方面，聲勢大振。

公推蔣百里出任校長

至此段氏始迫於各方責難，態度軟化，一面答應物色校長，整頓人事；一面收回成命，派專車由各都督代表陪在京之千餘學生赴保回校。並由圍禁軍校之第二師師長王占元在保定淮軍公所開會歡迎。冷暖之情，前後霄壤。這是剛愎的段祺瑞初次戰敗於保定同學一大回合。實亦因應革命方張之勢，有其不可侮者在也。然而保定學生，初期受排斥於北洋，蓋亦種因於此！

所謂物色校長，仍不出段氏夾袋中人選，自為各方所不同意。於是，由各省都督代表公推蔣百里氏。蔣名方震，字百里，晚號澹寧，浙江海寧縣峽石鎮人。留學日本士官第三期卒業，曾在日本及德國軍中服務，為當時異數，德元帥興登堡嘗賞識之。時方三十，早負盛名，段氏自不能拒。惟蔣與蔡松坡同為梁任公門生，兩賢相得。事前松坡曾邀百里為雲南省長，至是蔣乃電詢蔡之意見，得覆謂：「軍校校長重於省長。」議遂定。宋幾即由袁總統明令任命蔣方震為陸軍軍官學校校長。此其經過情形也。

大抵事之造因順者，其發展易；而造因逆者，則阻力大。以段氏之桀驁，自不甘屈服於新起各督與軍校學生，而隱忍一時者，勢也。以蔣氏之英明，亦深知事出勉強，終難為當局所信賴，而力任其難者，情也。劫於勢，則計圖報復。屈於情，則矢志犧牲。蔣氏之出任校長，終以遭遇困難而飲彈自殺者，蓋所以報公推之知遇，而答學生之愛戴，慰情於無可奈何者也。

刷新人事一派新氣象

蔣氏到校之第一日，集合全校官佐學生於尚武堂前，發表就職訓辭，大意如左：

「今世之談陸軍者，不曰德國，即曰日本。這兩國我皆到過，其軍隊我皆深入考察過，他們的人也不是三頭六臂，他們的辦法也沒有甚麼玄妙出奇，不過他們能本著愛國精神，上下一心，不斷的努力，所以能有那樣的成就。我相信我們的智慧能力，決不後人。我更不相信我們的國家終於貧窮，我們的軍隊終不如人。我此次奉命來長本校，一定要使本校為最完整之軍校，使在學諸君為最優秀之軍官。將來治軍，能訓練出最精銳良好之軍隊。我必當獻身於這一任務，實踐斯言！萬一不效，當自戕以謝天下！」（按：這篇訓辭，當日曾經印刷分發，茲所記要點，決未失原意）。

蔣氏自就職後，首先刷新人事，以張承禮（字耀廷，留日士官畢業，洪憲討袁之役任四川督辦戴戡之參謀長，死於難）為教育長；王興文（留日士官，後在東北治軍）為步兵科長；臧式毅（日本騎兵專門學校畢業，後在海珠遇難）為砲兵科長；虞克震（日本礮工專門畢業）為工兵科長；楊祖德（士官，後曾升任校長）為輜重科教務長。各科故官，則有馬林、張楠、楊言昌、楊邦藩、成桄、張翼鵬……等數十人，分任各科教官，皆軍界一時知名之士。又指定專門人員編纂課程，補充教育器材。半載之間，辦事謹嚴，精神為之一振。

受盡寃氣蔣百里自戕

可是道高一尺，魔高一丈。蔣氏正忙得興高彩烈，學生們正覺得歡騰鼓舞的時候，陸軍部方面陰謀手段來了。在民二暑假前幾個月，陸軍部對校中呈請事件，概予挑剔批駁，不留餘地。甚至校長職權內應予施行呈請備案之件，或職官請假業經校長核准者，亦一概不准，極盡掣肘之能事。此不特對校長威有有關，實際上亦感到動輒得咎。蔣氏受此精神上之打擊，外無以對各省軍事當軸屬望之殷；內無以慰學子喁喁之望。不知其內心經幾度思維，幾番輾轉，乃決心為壯烈之犧牲，以作當頭之棒喝！

民二，六月某日晨，蔣氏命令全體學生，集合於尚武堂前，聽候訓話。須臾蔣氏服將官制服，披紅內裡大衣，立堂前台上，以嚴肅之儀容，徹昂之聲調，慷慨而言曰：

「大家聽道！我國人辦事，常大一種說法：『合則留，不合則去！』這是逃避責任，希圖取巧的藉口。要知道此處不合，他處還是不合，去又去到那裡呢？」

講到此，驀地喊一聲口令：「不動！」他跟即轉入台後屏風夾道中，就聽到槍聲砰的一聲，已倒臥在血泊中了。在前面的同學先就哭喊起「校長自槍了！」於是，全隊混亂，一千餘人圍著尚武堂呼號痛哭，感情激發，血淚儹流，莫知所措，逾時，有人高呼道：「快救校長呀！快送醫院呀！哭沒有用呀！」更有人高呼道：「我們要替校長報仇呀！我們要向袁總統控訴呀！」到這時大家才把他老人家送到保定醫院，才稍稍安靜下來。

同學們親眼看見這一幕血淚的舉動，馬上就開會集議，推舉代表，起草文電，上書袁總統，控告陸軍總長段祺瑞嗾使軍學司長魏宗瀚、教育科長丁錦（字慕韓）蓄意留難，逼死蔣百里。袁氏迫於公憤，經發表明令，特派總統府侍從武官長陸軍上將廕昌、參謀次長代理部務（時黎元洪遙領參謀總長）陳宧秉公查辦。這是保定軍校與段祺瑞短兵相接的第二次風潮。

保定軍官學校滄桑史之二：九千同學皆成亂世之蜉蝣

蔣白里自戕，正在癸丑夏季，長江三督發動二次革命之時。於是南方各督慰問電報，如雪片飛來，同時並對北京政府，多所指摘。這其間如滇督蔡鍔、黔督唐繼堯、浙督朱瑞等，情辭懇切，自不待言。而以北洋三傑之一著稱之馮國璋（華甫），其時方奉袁命率師討伐「亂黨」（袁世凱稱二次革命為亂黨），進駐浦口，亦自前方來電慰問蔣氏，並安撫同學，文長五百餘言，蓋馮、段積不相能，欲藉此以打擊段氏，皖直之爭，實已肇端於此矣（按：直系領袖本為馮國璋，馮死後，始推及曹錕、吳佩孚）。日本駐華公使小幡酉吉（其時各國尚未有大使制度）亦派遣醫生及看護左梅子女士來保照料（左梅子即後來蔣氏之日籍夫人蔣左梅），各方注視，震動一時。此際段氏居被查辦地位，固默不一言。而奉命查辦者，亦徐觀其變，久不呈覆。所謂雷聲大雨小也。

蔣百里去、曲同豐來

當蔣百里拔槍自殺之一瞬間，適為其副官某所見，疾撲其臂，而彈已發出，因是遂自胸部斜穿而出，臥治多時，幸得不死。又因暑假期前，同學紛紛南下，參加癸丑革命之役，蔣氏創癒之際，正二次革命失敗之時。至是段乃振振有辭，謂蔣為縱容學生，參加亂黨。而查辦者亦遂囫圇其辭，敷衍了事。蓋自槍而愈，既已鬆弛人心，癸丑失敗，更為致命打擊。自此而段氏乃躊躇滿志，對保定學府，視為「莫予毒也已」。

未幾，調任蔣百里為總統府率辦事處參議，另任曲同豐為軍校校長。曲亦士官生，山東籍，為段氏私人。知服從而不務大體，知諂上而不知恤下，他是奉有密令來取締這班學生的。尤其對南省籍而於癸丑暑假南下者，概認為有「亂黨」嫌疑。到校之始，被其除名者，達五百餘人。甚至開學之日，已到保定報到，而因封閉校門，未及參與點名被開除者，亦達七十餘人。對受學七年餘之學生，以如此殘暴之手段，存心排斥，殊失育才之本旨。嗣又改訂考試章程，「品行一門為學術科總平均二分之一」，作管制學生之手法。蓋蔣之前，為人事上新舊之爭。而曲之後，則為意氣上南北之見矣。

蔣百里由這一槍，始終在北洋政府不能遂行其志。爾後雖曾為孫傳芳之上客，乃吳佩孚之參謀長，然在五省聯軍垂敗之餘，及直系武漢勢衰之會，名流供養，未遇知音。對保校同人，雖皆感情融洽，獨於唐生智（孟瀟第一期）往來較密。然亦以鄭州反蔣之役，幽居南京三元巷一載有餘。民二十六，銜當局令，奔走歐陸。抗戰軍興，始受任為陸軍大學校長，當時所有軍事學校校長，皆由蔣委員長自兼，此一任命，視為異數，但受事未逾半，即歿於廣西宜山，蓋一生最後之知遇，亦未能盡其用也。蔣氏擅文學，工書法，通英、日、德語文，思想綿密，每有高超玄妙處，著述不多，識與不識，皆師事之，保定先後同學，更無論矣。左梅夫人生五女，長早夭，餘均遊學歐美，其一適錢學森，即四年前由美回大陸之原子科學家也。無子。

至曲同豐，一度任參戰軍第三師師長，皖直戰時隸段芝貴，敗於平漢線。民十八，在津寓為怪客所刺死，莫悉其原委。生前余嘗於吳光新宅遇之，偶談及軍校事，亦深致其愧赧也。

保定軍校、九期而斬

保定軍校，共辦至第九期為止。校長徐前之趙理泰、蔣百里、曲同豐外，繼之者為王汝賢、楊祖德、賈德耀等。先後畢業學生，共約九千餘人。從前北京武學官書局根據陸軍部檔案，印有一至九期同學錄一冊，最為完備，今已無從覓得，特就記憶所及分述各期之概數及其分野如下：

第一期——一千一百餘人。為各陸軍中學第一、二期畢業者。

第二期——約一千五百餘人。為清末陸中第三期宋及畢業轉學於民初陸軍第一、二預備學校畢業升入者。

第三期——約一千五百餘人。為陸小第三期及南京留黃興之學生軍編入陸軍第一、二預備學校畢業升入者。

第四期——約五百人。為辛亥湖北都督黎元洪所辦之軍官學校學生，編入陸軍第二預備學校畢業升入者。

第五期——約八百人。為陸小第四期編入第一預備學校畢業者。

第六期——約一千餘人。為陸小第五期入陸軍預備學校畢業者，及前陸中第一、二期畢業，因參加二次革命，在南方任職，未進第一期；由七總裁咨送入學者。

第七期——約一千餘人。同第六期

第八期——約七百人。由普通中學畢業考取，或經軍事長官保送者。（按：前清陸小學生，截至五期為止。）

第九期——約七百人。同第八期。

前塵影事、已五十年

北京政府自民八直皖戰以後，已呈分裂之局。軍官教育，早已不能統一。各省如唐繼堯所辦之雲南講武堂，張作霖之東北講武堂，閻錫山之山西軍官學校，馮國璋之南京軍事教育團，及馮玉祥之西北軍事學校（名稱不詳），所造就之幹部人才，皆有龐大數字。而異軍突起，尤莫如今總統蔣先生所辦之黃埔軍官學校。故自北伐底定南京以後，即延續黃埔系統創辦中央軍校。北伐完成，興辦步兵、砲兵、重砲兵、騎兵（後裁撤）、工兵、輜重兵、交通兵各專門學校於南京，設訓練總監部（後改軍訓部）以統轄之。更續辦陸軍大學校，及憲兵、軍需、軍醫各學校分隸各部門，一時規模大備。而保定軍校，則至第九期為止，成為軍學史上之名詞。此自清末以還，軍官教育沿革之概略也。

保定附近，為平原廣漠之野，凹道縱橫，黃沙撲面，面至易水唐湖，始有岡陵起伏。白楊蕭蕭，荒塚纍纍，雖無名勝可言，卻是練兵要地。軍校校址，在東關外，為舊式建築，前為尚武堂，兩旁排列平房數十棟，後為飯廳，中有廣場，成長方形，場中央矗立雙松，夭矯似虬龍，一若為此學府壽者，不知其九世而斬也。校外右側，為大操場，徑里許，猶記壯年跑步三匝時。左後為馬廠、砲房、交通器材及各項裝備庫。南臨大清河，偶有「浴乎沂」之雅。冬季白雪皚皚，一望無垠，千騎縱橫，玉飛銀濺，同學少年意氣之豪，未有盛於此時者也。五十載前塵影事，如在眼目前，不禁感慨繫之！

保定舊為直隸（今河北）省會（今移天津）。城內有蓮池書院，翠扇臨風，紅衣點點，頗饒勝概。曹錕任直魯豫巡閱使時，曾駐節於此。冠蓋往來，一時稱盛。蓋自軍校停辦，曹吳淪亡，不獨軍事學府，有滄桑之感，保定亦非復地靈人傑時矣。

各期同學、際遇不同

昔李文忠有言：「每造就一班人才，至少影響國家三十年。」保定軍校，孕育於晚清，成教於民國，丁絕續之交，際艱蹇之會，始之以辛亥癸丑，繼之以軍閥交訌，而北伐、而討逆、而戡亂、而抗日、而剿匪、而遷鼎海上，策中興而未有已；丁年從役，皓首馳驅，雖睿哲在前，領導有自，多士繼起，剝復可期；而此輩顛倒於成敗順逆之間，周旋於危疑震撼之境，或安於澹泊，或務於奔競；或作壯烈之犧牲，或為一隅之功狗；或顯赫一時，或沉淪終古；或青簡已判是非，或功業猶期來日，林林總總，為狀百端，蓋皆亂世之蜉蝣，而可一例以「野馬塵埃」視之者。

因為國家動亂，不特有南北之分。即在北洋，更有皖系、直系、東北軍、西北軍、山西軍之別。故無一定之人事制度。軍校出身之後，雖有分發之文，並無登庸之道。因多本於省籍、學誼、招致、意願各種關係，分途投效。爾後又或因服務勤慎，作戰有功，擴充軍隊及人事關係，或特加拔擢，或水漲船高，而升沉異致，雲泥霄壤。其際遇之不同，而致各期成就有異者，重要因素如次：

一、因北洋軍隊重用行伍行排斥學生的學係，故投入南方各省者為多，尤其第一期因為有兩次艱難之奮鬥，儼成為孤臣孽子，故或為創業式之苦幹，或作附庸式之幕僚，甚至有藏去資格以行伍身分起家者，第二、三期仍在北洋壓迫之下，與第一期情形大略相同。

二、因籍貫關係，其本省無軍隊者，則不得不依附其他各省。如江蘇、福建、江西、湖南、湖北，皆為北軍久佔之區。而四川、貴州、廣東、廣西、山西、東三省，皆自建軍隊，故發跡者多。

三、因時會之轉移，而趨向廣東革命者。此以第六、七期為最多。

四、因畢業時有適然之機會者。此指第五期之在山西部隊及東北軍而言。

五、因得同期大力之信任，而具有特殊認識者。今副總統陳誠（辭修）所領導之第八、九期為最多。

七、沉埋於北洋軍隊或首先歸順國民革命軍者。

八、誤於政治路線及意氣之爭者。

九、失意分子為汪精衛和平運動所羅致者。

十、游離分子及改途者。

其較著者、彙而記之

茲就右之所分析，特舉其有聲於時者，彙而記之：自鄶以下不與焉，非勢位之見也，難以枚舉也。

四川為西南奧區，自辛亥以還，同學即露頭角。民五，成武將軍陳宧（二厂）率北軍馮玉祥退出後，呂超（後為林主席時國府參軍長，已故）、向傅義（後為川省參議會議長），即先後任川軍總司令。嗣後鄧錫侯、田頌堯、劉文輝相率竝起，除田已先期下野外，鄧、劉統師干、主省政，歷二十餘年而未衰。鄧以圓滑者，劉以險狠稱，相隨之各期同學，為數甚多，對外籍入川者亦有照顧。惟工於川省局部之內戰，未足以言事功。今已率部靠攏矣。川省同學，可謂得地利而未得人和，無所建樹，滋可惜也。另有一期孫震（德操），亦久掌兵符，曾任川東綏靖主任。品德俱高，可謂涅而不緇。今在台灣。

黔軍總司令袁祖銘本第三陸中畢業，起自民初，擁兵十餘萬人，所部多同學。其著者為第十軍軍長天王培。北伐時袁駐常德，以另一種微妙關係，為唐生智所部軍長周斕所誘殺。王以駐防宜昌倖免於恐，但至民十七駐徐州前線於蔣先生第一次下野時為當局所殺。黔軍自此消滅。

湖南在民十五以前，多為北軍圖南要衝。自唐生智以旅長崛興，參加革命任北伐前敵總指揮第四集團軍總司令，耀兵江漢，兼主湘政。所部擴至五軍。同學統兵者，有劉興、何鍵、李品仙（廣西人後入桂系）、葉琪（後轉桂系任第四集團軍參謀長，墜馬死）、周爛、劉建緒……等幕僚有張翼鵬、龔浩、晏勳甫，一時稱盛。只因急功近名，舉棋不定，一誤於寧漢分裂，再誤於鄭州反蔣，終致依違寧粵，壯志就湮，刻在大陸，坐毀前功，良堪浩歎。獨何鍵一部效順中央，久主湘政。劉建緒亦以抗日效命疆埸主政福建。今則遯跡巴西，變名終老。而何氏則於前年病死台島。三十年來，風流雲散，變幻如斯，而擾攘未已，果何為哉！

山西同學，隸閻錫山旗幟之下者，第一期為楊愛源、周玳、袁甲三、孫楚等。餘多為第五期，如傅作義、王靖國、李生達、李服膺、陳長捷（福建人，在傅部曾任第五集團軍總司令，淪共前，任天津警備司令，被俘，為閩籍同學之唯一帶兵官）。除傅部以「局部和平」號召投共及少數隨閻在台外，餘如王靖國等，當已為五百田橫矣。

東北軍方面，一期有榮臻、鮑文樾、胡毓坤、魏益三、蘇炳文等。而蘇曾以抗日將軍與馬占山並稱，後來以軍事參議伴食南京，更無建樹。惟在第一次直奉戰失敗之後，楊宇霆、江朝六等整頓奉軍，正當第五期畢業，故用者亦多，富雙英、劉一飛等是。劉曾一度任察哈爾省長（張作霖任命），餘多不憶。

投奔兩廣、人才濟濟

自孫總理在廣州成立大元帥府，今總統蔣先生創建黃埔軍官學校，組織國民革命軍，矢志北伐。於是江蘇同學顧祝同、錢大鈞、韓德勤、王懋功（陸小轉士官）、李明揚（陸小）、沈靖、周朝宗（東江戰役陣亡）；江西同學劉峙、賴世璜、熊式輝（賴為國民革命軍第十四軍軍長。民十六，蔣先生下野期間，為當局所槍決，熊氏接編其軍為第五師，任淞滬警備司令，所資以發展者）、李師愬、曹浩森、王澤民、彭武歇等；廣東陳銘樞、蔣光鼐、鄧演達、黃琪翔、李章達、余漢謀、香翰屏、羅卓英、薛岳、鄒洪、李漢魂等；浙江陳誠，安徽戴戟，雲南李宗黃，湖北劉文島等無慮數百人，或任教，或治軍，皆在蔣先生領導下努力革命。至於陳銘樞、鄧演達等嗣後凶終隙末，容當別論。

世所號稱「桂系」之廣西軍，北伐時李宗仁（陸軍第三中學第一期）以第七軍軍長轉戰於鄂贛之交。迨民十七，西取武漢，戰勝唐生智，升任第四集團軍總司令，與蔣先生時有離合，每能自固其圉；抗日期間，以戰區司令長官，戰勝台兒莊，終始其役，聲譽鵲起，行憲時當選副總統，大陸危急，以代總統棄國飛港，寄寓新州，不免為親者所痛，誠盛德之累也。此一集團，尤人才濟濟。如以李白並稱之小諸葛白崇禧，治桂有年之黃旭初，奔走活動之黃紹竑、參謀長張任民、先後任安徽主席之李品仙（初隸唐生智，後因政局變化回桂）、廖磊、夏威及第七軍副軍長梁朝璣等。

今副總統陳誠，字辭修，浙江青田縣人，保定第八期畢業。自服務黃埔軍校以至北伐、剿共、抗戰、戡亂，無役不從。及今以副總統兼行政院長，三十年來，受蔣先生特達之知，負贊勳復國之重任。為人苦幹實幹，辦事認真，尤其立身廉。其所拔識之同學，如薛岳、郭寄嶠、羅卓英、鄒洪（死於廣東保安總司令任內。鄒羅與陳為盟兄弟，當倚為左右手）等皆八、九期幹練有為之輩。近年在台，頗能以土地改革，享譽國際。今後事業，誠未可量。若更和易其心情，恢宏其氣宇，完成復國之大任，以慰海內外喁喁之望，則留名青史，終不可諼，毋待外史氏之頌禱矣。

保定軍官學校滄桑史之三：雞蟲得失蝸角爭持的爛賬

我在上文已將保定軍校大概輪廓，及各期同學分布狀況，起伏情形，敘述大半，只以範圍較廣，分析難周，歷史既久，苦思匪易；而人事出入，時地差池，不免影響個人之行藏，與部分之史實。故愈求備而愈艱澀，愈分析而愈複雜，愈追憶而愈覺掛漏之多。還有一層：寫當前事，秉筆直書，或為同人所不諒；為賢者諱，又豈外史之所宜。至於多年舊好，往往姓名不憶；親身經歷，間或跡象模糊。茲三續本文，提筆久久，竟不知從何寫起，漫書所感，以作開場。

在北軍中露頭角者

保定同學雖多發展於南方，然在北洋軍隊中以鄉誼、人事及特殊關係而綰兵符、躋高位者亦不乏其人。除前文所述之東北軍、山西軍不計外，孫傳芳部則有保定一期之李寶璋，為五省聯軍之勇將，一度任淞滬護軍使與革命軍戰，折一臂，抗戰期間在保定抑鬱以終。保定六期之上官雲相早任王金鈺部師長，效順革命軍後，洊升至戰區副長官。吳佩孚部則有保定一期之蘇蔭森，曾注《孫子十三篇》，任吳之參謀處長，蔣百里任參謀長時也。吳部以死守武昌著名之第三師師長劉玉春部，有旅長周信臣、拜偉皆保定一期，拜以回教故，後從朱紹良，在甘肅頗能因應得宜。以轉戰福建、浙江、上海著稱之楊化昭，初隸王永泉，後隸盧永祥，雖一度聲名藉甚，但終於潦倒燕都，耳聾神弛，孰信其為當年驍將也！餘如西北軍之門致中，曾任寧夏省主席；騎兵軍長鄭大章；幕僚李興中（參謀長）、虞典書（曾任軍政部之總務廳長）、俞嘉培等。又如老二十師（即民初吳光新曾任師長之二十師）之王夢弼（師長）、李樂濱（旅長），老五師（即北洋第五鎮）之張綱，騎兵師長門炳岳，隨靳雲鶚投順南軍之魏益三，抗戰陣亡之軍長郝夢齡，曾任師長之陳眾孚（段祺瑞之甥），政客型之段宏剛（段之侄），段式穀（段之同宗）等。乃至以活埋直隸督辦褚玉璞，劫持山東督辦張宗昌於垂敗之時，因而起家為「煙臺王」之軍長劉珍年（保定第九期，後歸革命軍，調至浙江槍斃）等等，這其間雜憶多人，大都為北籍，或轉戰千里，或雄據一方，或隨軍閥湮滅以終，或投革命乘時消長，鷄蟲得失，蝸角爭持，除郝夢齡（錫九）為國成仁，蓋皆無足稱者！

公開反蔣之鄧演達

所謂誤於政治路線及意氣之爭者：這一類同學，大抵乘幸運之機，得有為之勢；始也，一帆風順，其興也勃；繼而志得意滿，不作第二人想；迨受挫折，積不能平，或誤於黨爭，或私於我見，或不慊於當局，或以僥倖心理冀快心一逞以遂其領袖欲；於是舉棋不定，離合無常，掉以經心，有同兒戲；卒之，支離瓦解，前功盡隳。語云「羽毛不豐滿者不可以高飛」，又曰「小不忍則亂大謀」，此輩是已！

右之所述，當以鄧演達、唐生智、陳銘樞為最，其關係於國民革命軍亦較多，茲分述之：

鄧演達字澤生，保定六期畢業，粵籍。初任黃埔軍校政治部主任，蔣先生甚倚畀之。民十六北伐軍佔領武漢，鄧任武漢行營主任，與北伐前敵總指揮兼第八軍長唐生智、武漢衛戍總司令兼十一軍軍長陳銘樞、第四軍軍長張發奎等同駐武漢（按：北伐之初，第四軍軍長為李濟琛，李留守廣州，以副軍長陳可鈺率軍北伐，張發奎、陳銘樞皆為師長，抵武漢始分編為兩軍，張升任第四軍軍長，陳升任第十一軍軍長，今紅朝「元帥」之賀龍，經編入十一軍為師長）。鄧小有才，每演說頗富煽動性，日與俄顧問鮑羅廷及加倫將軍相周旋，反蔣益甚。而武漢共黨亦鬧得烏煙瘴氣。時蔣方擊破孫傳芳駐節南昌，東下金陵，鄧即容共政府，此為第一次之寧漢分裂。未幾，唐生智自平漢線回師反共（先是唐氏與張發奎曾為象徵式之北伐），第四軍一部及賀龍竄擾東南為南昌及潮汕之變，至是鄧演達遂遯跡上海，與宋慶齡、季方（陸軍小學畢業，今在紅朝任部長）等組織第三黨，發行刊物，公開反蔣。民十七被捕，解南京槍決，陳銘樞為之蒿葬於中山門外。

輕言分立之唐生智

唐生智，字孟瀟，湖南東安人。保定一期畢業，以一旅起家，可稱治兵能手。北伐之始，身任前驅，取代趙恒惕首定湖南，擊破吳佩孚進佔武漢。若論北伐初期其功誠不可沒。乃以對蔣之不滿，乃受鄧演達之蠱惑，輕言分立。反共後，又率部東取金陵，以何鍵任安徽主席，劉興在江南岸，隊頭亦越蕪湖而東。終為程潛之第六軍及李宗仁之第七軍所敗。東渡日本，息影於別府。未踰年因桂系武漢之變，蔣先生為事擇人，起用唐孟瀟為唐山易師之謀，接統白崇禧所領唐之舊部李品仙、廖磊兩師。民十八年夏秋之交，以討逆軍第五路總指揮名義，移防鄭州，與馮玉祥鏖戰於登封、鞏、洛之間，大敗馮軍，追奔至崤函以西。未半載而威振中原，聲勢大振，宜若可以恢復功業，慎保英名矣。乃不旋踵又南應汪精衛、李宗仁；北結閻錫山；以護法討蔣在鄭州發難，殊不料閻氏別有深謀，寒盟而另作閻馮之反蔣，桂軍更無從呼應，唐氏遂陷於孤軍作戰。確山苦鬥，漯水無靈，雪夜霜天，微服過宋，此唐氏第二次之失敗，寧非人謀之不臧耶！

此後參加廣東政府，以「九一八」之共赴國難，偕汪精衛入京，先後任軍事參議院院長、訓練總監、軍委會執行部主任（主管抗戰工作）。抗戰之始，兼任軍法總監部。淞滬淪陷，以南京衛戍司令長官率罷敝之兵，應方張之敵，城陷僅以身免。嗣是而一蹶不振，終抗戰八年，株守重慶，未受一職。蓋南京一役，飽受求全之毀，積憤之餘，終致靠攏紅朝，以湖南省主席逶迤其間，其心苦矣，其所以致此者，謂非自取之耶！

不甘寂寞之陳銘樞

陳銘樞字真如，廣東合浦人。保定第一期砲科肄業，二次革命後未再入校。北伐時以第四軍之師長任武漢衛戍總司令，旋升十一軍軍長。寧漢分裂被迫棄職，回南京任總政治部副主任（吳稚暉為主任），陳於脫離武漢時，因為該軍蔣光鼐（保定一期）師長所部之蔡廷鍇團，駐紮武昌下游之青山，易於脫離武昌控制，即率所部之一團東下，蔣總司令（那時蔣是國民革命軍總司令）嘉其義勇，逐漸擴充成軍，駐防京滬路線，蔡廷鍇遂由團長一躍而為軍長，此即參加「一二八」淞滬戰役有名之十九路軍也。陳銘樞自始至終即以此一部隊為本錢，儼然自居為「十九路軍之父」，由此歷任交通部長、京滬衛戍總司令、廣東省主席。然其事跡之最著者，則莫如「一二八」淞滬抗日之戰與福建「人民政府」一幕。抗日，正義也、美名也。十九路軍於「一二八」之役深得全國人士之讚譽，尤其上海各界幾竭財力、物力踴躍輸將，政府於釁起之後，派張治中率第五軍協同作戰，那時本未到中央預期抗日之時，故以淞滬協定暫結戰局，然十九路軍於宣傳上收抗日之名，政府無形中尸縱敵之咎。尤其調該軍至福建整訓，深為陳等所不滿，未幾遂由銘樞主動，擁戴李濟琛偕所屬蔣光鼐、蔡廷鍇、戴戟及若干左翼人士，成立「人民政府」於福州。這當然自隳其聲譽，得不到各方之同情，期月之間，即被討平，該軍由毛維壽率領歸中央改編。「十九路軍」這一榮譽番號便歸消滅（此節詳載〈十九路軍的沒落與陳銘樞的下場〉一文）。

陳等自失敗後，蟄居香港有年，直至「七七」抗日戰起，始以軍事參議官名義由寧而漢而至重慶。在陪都日與民主人士接觸，又組一小黨。勝利後靠攏共黨，又以好發議論為共方所痛斥，甚至不令蔣、蔡等與之往還，今已不悉其情況何若矣！

蔡廷鍇係行伍出身。這一集團的同學如一期蔣光鼐（憬然）、三期戴戟（孝惘），皆係第十一軍的師長。戴於北伐時作戰負傷，曾任淞滬警備司令。李振中（勉堂）為補充師長，後隨朱紹良任甘肅省府秘書長，撞車死。張襄（仲昌）任參謀長，皆謹飭之士，大都隨陳銘樞為升沉。陳的為人：似學者又似冬烘；似僧侶（佞佛）又似官僚；似道學家又似名利客。外表冷靜而不甘寂寞，每有一次失敗，即不斷努力以求再起。但在取得軍權或政權之後，又好為空論，不務實際。對於本職多委之幕僚。以是屢戰屢北，屢北屢戰。民二十一，他在交通部長要下台的時候，到上海來看我，要我直言其過，我即以此告之。我並說：「你現在又快下台了，又不知要搞出甚麼花樣來呢！我總希望你對於得之易者，不可輕易失之！」就此一笑而別。

我與鄧演達，僅在武漢時有往來。而與唐孟瀟、陳真如，皆具數十年不尋常之友誼。對孟瀟更有許多患難事實。現在都是七十歲以上的人了，回憶他們過去的際遇、地位、實力、及苦幹的精神，與可以有為的功業，就這樣煙消灰滅，能不為之惋惜麼？故不嫌詞費，表而出之。

失意人物投身汪朝

再次就要談到失意份子受汪精衛和平運動吸引而去的一部分同學。這可算是黨國領袖們政治分歧、領導錯誤所演出的一幕悲劇中被犧牲的人物。就軍人方面說：士官、保定、黃埔、陸大以及各式新舊軍官，應有盡有。當然是在抗戰中沒有被徵用的人，或是早已被打入冷宮的份子，還有淪陷在長江下游的份子。或因生活關係，或因汪氏之號召力的關係。除若干軍事首長不計外，而當時重慶所有軍事參議院、武官署（這是專養閒軍官的兩個機關）及軍委會等各軍事部門，幾於滿坑滿谷。誠不知國家造就許多軍官，何以到對外戰爭時不加召集，而任令投閒置散，自尋出路，致陷於罪戾而不知覺？豈孟子所謂「是網名也」非耶？茲略舉已服刑、或瘐斃或病故者如下，得保首領而苟存者不與焉。

華北軍政督辦兼治安軍總司令門致中（靜原），他是繼齊爕元、杜錫珪的最後一仟。保定第一期畢業，原隸西北軍任寧夏省主席。勝利時蔣委員長任命為暫編第七路總司令，軍隊結束後來港，二年前病死於新界。

華北建設督辦殷同（桐生），陸軍四中轉日本經理學校畢業，素富幹才，辦事有魄力，與日內閣小磯國昭等相友善，為華北政權中唯一能與日寇據理力爭之人，曾任黃郛華北政委會時北寧鐵路局長，家中設有祕密電台與重慶通報，勝利前夕，病死北平。

華北財政督辦兼準備銀行總裁汪時璟（翊唐，出身同上）。原任中國銀行東北區兼遼寧經理，歷辦財務，井井有條。華北準備券對中儲五兌一，始終穩定。勝利時奉命專機飛渝報告。回平後尋被捕解南京，法界名宿江庸曾為之辯護，終判無期徒刑。數年前，瘐死上海提籃橋獄中。

葉蓬，字勃勃，保定六期畢業。「九一八」後，任武漢警備司令。憤日寇之佔我東北，曾以日本「人頭靶」（實彈射擊的槍靶繪上日本人頭）令部下對之打靶，以起敵愾之心。事為漢口日領所知，迫令我方免葉職，不准錄用。葉至南京，當局委以路警總局長，微示意曰：「可改一名字」！葉即當面書「葉一哀」名，當局於「哀」字口中加一豎為「葉一衷」，為避日方「不准錄用」故也。吾嘗謂此患難君臣也，衷心哀矣！不意此公亦加入汪政府，任湖北綏靖主任，勝利後雖經多人為之辯護，終判死刑，在南京雨花台槍決。余謂其「哀」字穿中而為「衷」，是當胸一彈也，其死不幾早有朕兆耶！

姚錫九，字聘卿，由江蘇陸小送法國留學，為我國最早之航空家。曾任東北航空處長。民廿一年短期任航空署副署長。嗣以謀升斗，參加汪府為參軍，會航空署長陳昌祖（陳璧君之弟）去職，以姚補充，旋兼參謀次長。勝利後，判死刑。

胡毓坤，遼寧人，保定二期畢業。早期任奉軍軍長，在汪府繼劉郁芬為參謀總長。勝利後與葉、姚等同命運。

在這裡我姑舉出這幾位，這是一個大集團中最悲慘結局的不幸者。但是還有一位第二期同學×××，他也是汪府高級人員，他判了死刑，既未特赦，亦未執行。其事甚微妙，其遇殆高於周佛海，這更是千百人中唯一的幸運者。

保定軍官學校滄桑史之四：有人靠攏紅朝、有人退老海隅

在前一節裡，我寫了許許多多貴同學的爛賬，多是些反派腳色；更有一部分靠攏紅朝的，將在本節中寫出，自然也類於反派之類。至於好的一面，或積功累能，循資洊晉；或時來運到，平步青雲；或改途易轍，別尋出路；或由軍從政，分領封圻；或墓木已拱；或尸居無聞；或蒙特達之知，方興未艾；或結絢爛之局，退老海隅。我與這些人，或相交親；或相接觸。我於這些事，或曾經歷；或親見聞。其間一鱗一爪，動關史實；來龍去脈，有裨逸聞。用本「春秋」之旨，再續外史之篇。

四校同學隱成系統．一爐共冶自有淵源

在開頭，我忘記先說明「四校同學」的問題，所以間或舉出若干陸軍中、小學（簡稱陸中、陸小）出身或轉學的人物，在讀者或認為既非保定出身，何以混為一談，豈非夾纏不清？原來，自辛亥革命以後，有在陸中畢業，即繼續服務軍中，未暇再入保定者，如：四川之鄧錫侯、田頌堯、呂超；雲南之李宗黃；湖北之張篤倫等皆是。有在陸小畢業轉學他校未

入保定者，如：廣西之李宗仁；廣東之陳濟棠、張發奎等是。有既入保定而又以癸丑革命或其他原因退學者，如：陳銘樞、劉文島、向傳義、李拯中等是。此等未入保定各同學，多已異軍突起，嶄露頭角，而在保校畢業者以同學關係，不惜後來居下，寖且各成集團，逐漸擴大。於是，外間有所謂「保定系」之說。其實物以類聚，自然形成，無所謂系也。

因為有上項情形，就有許多同學，發起成立「陸軍四校同學會」。四校者：（一）陸軍小學校（包括前清二十二行省每省一個）；（二）陸軍中學校（包括第一、二、三、四陸中）；（三）陸軍預備學校（民國所辦第一、二預備，相當於陸中）；（四）保定陸軍軍官學校。這四種校名，實際包括二十五個學校，隱具一個系統之意義。民國七、八年，成立總會於上海，呂超、李宗黃、臧卓、向傳義先後任正副會長；黃伯樵、高冠吾、吳本景等主其事，曾發行武鐸雜誌多期，對於連繫同學感情，調查同學狀況，介紹失業同學，不無小補。民十七，北伐完成，在北平成立分會，臧卓為會長，各省亦有成立分會者。嗣以黃埔同學會在南京成立，蔣先生為會長，大家認為軍事系統，不必分歧，陸軍四校同學會，遂自動取消。所以我將那些未入保定的同學，也闌入保校範圍，並非有所歧分，或有意高攀也。

關於四校同學問題，既經說明，茲再敷述靠攏紅朝的各同學：

傅作義搞局部和平・張治中扮首席代表

靠攏紅朝的同學，其動機約有三種：

（一）以保全實力而靠攏者。如：華北剿匪總司令傅作義（宜生）、西康省主席劉文輝、四川綏靖主任鄧錫侯等是。劉、鄧遠駐西川，「解放」之後，本其數十年來一貫之技倆，從違迎送於軍閥與革命之間，原無足異。而最影響於剿匪形勢之急轉直下，以至大陸之整個撤退者，則莫如傅作義之所謂「局部和平」。傅畢業於保定第五期，民十七奉軍出關，傅以運用得宜，不費一彈，唾手而得天津（事詳余所寫之〈斷送華北的傅作義〉文內）。由是獲蔣委員長之信任，十數年來，位望日隆，當華北阢隉之交，遂成天之驕子。迨東北失利，國軍退集山海關，傅既不赴援，亦不抵抗，反以新穎之「局部和平」一辭，為縱敵自保之計。遂令降將（吳化文）生心，濟南不守；樊籬潰決，徐蚌墮師；皆傅之一念，有以致之。今其實力早為共黨所支解，僅以「水利部長」鬼渾排場。鄧、劉更不足論，不知其內心，抑亦有所憬悟否耶？傅係晉南人，本隸閻錫山部，晉軍內部有所謂五台系、渾源系，對晉南人初不甚信賴。傅自任天津警備司令後，如虎出柙，漸得蔣委員長之信任，以是而綏遠主席、而戰區副司令長官、而華北剿總，對閻早在若即若離之間，故閻雖反共到底，而傅則早有異圖，以視晉軍袍澤死守太原之五百田橫，為愧多矣！今後果尚能如李陵所謂「得當以報於漢」耶？跂余望之。

（二）以素昔反蔣而靠攏者。這當然以唐生智、陳銘樞為其代表。但唐部多在海外，即陷在大陸之劉興、周爛等亦皆反共，甚至唐本人亦談不上共產。陳銘樞誤於理想，好高鶩遠，所部蔣光鼐、戴戟等只因歷史關係，共同行動，亦無所謂主義也。

（三）以投機而靠攏者，如一期之晏勛甫，三期之張治中、黃紹竑、黃琪翔……等是。晏勛甫以最後之武漢市長，熱中功名，至降為市府參事而不惜。黃紹竑叛桂投蔣，獵取主席、部長而不知止。黃琪翔專務儀容，未嘗學問，或左或右，自命不凡，此皆不足論列。惟以議和首席代表之張治中，曾受蔣先生多年寵信，畀以中央軍校教育重責，循且統軍旅（第五軍）、主湘政，任政治部長，領西北兼圻；竟至一去不返，靦顏從逆，這對任何方面，實在無從交代。張為人文秀而不厚重，小有才，人緣甚佳。故以長沙之大火，身主湘政，而能免於責難。在重慶以政治部長地位，更時與共黨要人及民主人士相接觸。迨徐蚌失利，李德鄰以孱主代政，已屆「宋人議論未定兵已渡河」的地步。張以投機心理，力持和議，逆知和議成，則為雙方所倚重。萬一不成，則國軍主戰派，或將得而甘心，故必投共以自保。吾意其自為謀也審矣！

至於李章達（保定一期畢業曾任「廣東人民政府副主席」已病故）、季方……等求仁等仁；高冠吾（汪政府江蘇、安徽省長）……等逼上梁山；葉南帆……等隨波逐流；更指不勝屈，是又在牝牡驪黃之外矣。

棄武就文別求蹊徑・封疆開府各有前因

我寫了這許多失敗的，或近於不甚冠冕的同學故事，不獨貽譏獨者，或更為部分同學所不滿。就是我自己，也覺得心煩氣短。但是在一個大題目裡寫一個大團體，事實所在，自然是瑕瑜互見。從前有一位先生，廢話太多，學生們不耐煩聽，他便說：「不用忙！好的在後頭呢！」我姑襲用這一句「好的在後頭呢！」且讓我慢慢道來！

同學中不以治軍名，或闖入政界一帆風順者，或由帶領軍隊積勞起家而綰領封圻者，或學非所用中途改業者，凡此亦大有人在。姑就所知，略舉一二：

以辦黨者名終始革命之李宗黃（伯英），雲南人，三中一期，賦性誠懇，頭腦清楚，和易近人。抗戰期間，曾一度代理雲南省主席，應付滇省龍雲之糾紛。今居台灣從事教育事業，且為國民大會主席團主席之一。劉文島（塵蘇），自癸丑軍校風潮後，即離校赴法，改攻政治，北伐後，任武漢市長，後曾歷任駐德、義兩國大使，以善演說稱，今任立法委員。賀耀組（三中一期轉士官）曾任駐土耳其大使，今已靠攏。藍文蔚為藍天蔚之弟，曾辦稅務，始終不得志。何家駒三期畢業，吳本景一期畢業，均改業銀行界。黃伯樵由陸小留德，以辦上海市政及京滬、滬杭兩路著稱。凡此雖遭際不同，固皆各有其奮鬥之歷史者也。

其以特殊情形而任地方首長者。如：何鍵（三期）以反唐（生智）通款中央而任湖南主席達八年之久；黃紹竑以反桂主浙；張定璠在北伐初期任上海市長；黃旭初（三期）以半獨立姿態任廣西主席多年；胡宗鐸、陶鈞（均四期）以桂系據武漢得分掌湖北軍民兩政；萬耀煌（一期）以西安隨節，張篤倫（三中一期）以奔走西康，先後皆任湖北主席。王懋功（第四陸中轉士官）以不附汪（原係汪派）而得勝利後之江蘇主席。李品仙、劉建緒以抗戰而主政安徽、福建，以及劉和鼎（九期，劉鎮華之弟）之長皖，秦德純之長魯，皆為時甚暫。蓋除何鍵以反共稱，陶鈞以殺人稱，黃旭初以自居吾圉稱，皆無治績可言者也。

陳孝威稱文壇祭酒・鄭大為襲民國侯爵

現居香港辦《天文台報》之陳孝威，保定二期畢業。為人深思長慮，好學不倦，彬彬有儒者風。民初，一度任泰寧鎮守使，所轄有滿帝后西陵，陳以仁厚之心，嚴樵蘇、完翁仲，不以清室既屋而稍弛其護衛，深得滿清遺老之讚揚。以視唐之道之盜賣陵木（民十三，唐之道任師長，駐東陵，盜賣古樹得數十萬金），孫殿英之炸陵盜寶，及今之大掘明十三陵者，其重義忘利，相去奚啻霄壤。惟所如不合，三十餘年來，未嘗一試其鋒，僅以孝威將軍（北政府任命）羈遲海外。抗日初期，即在香港創辦《天文台報》，發揚正氣，振奮人心，迄今一紙風行，始終以政論家、軍論家之姿態出現，鼓吹忠貞，洞明大勢，最能鞭辟入裡。此可謂軍人中能別樹一幟者。惜其不遇，故特表而出之，非阿其所好也。

天下事真是無奇不有！誰想到中華民國，竟策封了一位侯爵；而我們保定同學，居然有位侯爺呢？原來第一期畢業同學鄭大為，係上海鎮守使鄭汝成之子。在癸丑二次革命失敗之後，袁世凱派鄭汝成鎮守上海，殺戮黨人甚多，黨人恨之刺骨；因於民四，汝成住上海虹口日本領事館，道賀大正天皇加冕，車經外白渡橋時，為孫祥夫等狙擊而死。時袁氏方籌備帝制封爵條例，尚未頒行，震悼之餘，急不暇擇，乃以大總統策令，追封鄭汝成為一等彰威侯，世襲罔替；並以小站營田三千畝，賜其家屬。迨汝成之子大為畢業於保定一期，留校為第二期學生隊長，按說大為以汝成之長子身分，應襲封彰威侯，同學遂戲以侯爺呼之。大為厚重少文，在軍界未任顯職，擅中醫，偶亦懸壺問世。予嘗戲謂之曰：君可鐫「中華民國第一侯」圖章，以資紀念。蓋民國而有侯爵，可謂歷史上之滑稽故事，亦同學佚聞之可供談助者。

保定軍官學校滄桑史之五：半世紀四個時期中的動態

保定各期同學，在這動盪的半世紀中（辛亥到現在），其動態約可分為四個時期；（一）辛亥、癸丑之交；（二）北京政府時代；（三）護國之役；（四）由北伐至抗日勝利。第一時期則羽毛未豐，多屬犧牲之志士；第二時期，則新舊齮齕，亦復蠖屈而難伸；第三時期，雖有部分發展計劃，而因蔡松坡之功成身死，遂致徒託空言；惟第四時期，則有蔣先生從龍之士，與各方拱北之臣；雖偶因相碁而力分，或乍離而乍合；然北伐之勢如破竹，抗日之步伐整齊，與夫歷次剿共之艱苦卓絕；雖為全國軍人臨危授命共同所致力，而保定同學之周旋其間者，亦皆淬礪無前，馳驅恐後，繽紛璀璨，蓋未有盛於此時者。往者已矣，今而後復國重任，固宜在蔣先生領導之下，寄望於後起之英！而我同學之猶據要津者，其將何以輔弼元戎，完成此當前之一課耶？茲就各時期分述其概要。

僅憑青年血氣之勇．初無成軍建業之謀

當辛亥革命之初，前期同學，年長者不過二十一、二歲，後期才十六、七歲，可是大家在學校時，激於革命思想，已多數加入同盟會；迨武昌起義，第三陸中就近參加者有萬耀煌、張篤倫、張森、鄧漢祥等多人（《武漢開國記》記載甚詳）；第四陸中更有陳銘樞、王應榆、李章達、彭武歇、任鉞（即任援道）、臧卓、杜偉、黃伯樵、杳春浩、王卓、詹猛、施樹聲、周龍甲、黃以銓……等五十餘人（《武漢開國記》漏未列入，我已記憶不全），初為敢死隊，與第八鎮工兵、輜重各營共守漢口，王卓、詹猛陣亡於此役，負傷十餘人。漢口既失，後隨漢陽總司令黃興分任參謀、督戰官、臨時指揮官各職。任援道為漢陽城防司令。其他各省如呂超、向傳義之於四川；李宗黃之於雲南；黃旭初之於柳州；尤指不勝屈，殆非個人所能遍述。惟此時此地，僅憑青年血氣之勇，初無成軍建業之謀；且學業未成，手無寸鐵，小之為嘍囉，供犧牲；大之作幕僚，效奔走；曾記小同學施樹聲（自鳴，已故）在漢口第一次放槍，他尚未有過實彈射擊經驗，大喊「我帶花了！」蓋疑後坐力為中敵彈也；黃伯樵等四、五人夜探漢口劉家廟敵陣，搶回一挺機關槍，大家拿紅綢子把他們裹了抬起來；某同學腿上已帶了花（軍中稱臨陣負傷為帶花）不知道裹起來，跑到水裡淹死了；這種種皆可謂陣前之兒戲，喜劇中之悲劇也。在這一時期中，儘可趕熱鬧，忙得熱血賁張，如火如荼；

其所成就，實在渺不足道。吾嘗謂辛亥革命若再遲後三到五年，則這一批人可在滿清二十餘鎮（師）新軍中，洊升至管帶（營長）、標統（團長）地位，分布既周，平均發展，似可於民國建立初期，多有一些貢獻；或不致使北洋軍隊，始終保持其頑固之勢力，造成多年南北之糾紛；天實為之，謂之何哉！

第二北京政府時代：當民元創辦軍校之初，袁世凱、段祺瑞本欲收為己用；但始之以軍校人事問題，繼之以蔣百里之自戕，遂使北政府不敢錄用；而同人亦支離四散，各奔山頭；中間受多年之挫折，歷無數之艱辛，作不必要之犧牲，成莫奈何之坐老；既未能集團使用，建立新軍；亦未能平均分發，側足舊軍；縱有一二特殊關係羼入軍中，為數亦僅；故在北洋方面，除第五期以後之在山西軍，與第一次直奉戰後之在東北軍外，多數皆分投於川軍、湘軍、黔軍、浙軍以及兩廣各地方軍隊中。

蔡松坡滇海舉義旗・蔣百里滬濱設機構

護國軍之役（反對帝制），蔡松坡之赴雲南起義也，設辦事機關於上海北浙江路蔣自由（前浙督蔣尊簋之尊人）宅中，以蔣百里、蔣伯器（尊簋字）主其事，而由同學劉文島、李拯中、張襄、汪時璟、臧卓等服務奔走於其間；同時並以張承禮（百里任軍校校長時之教育長）任蔡部黔軍總司令兼四川省長戴戡（循若）之參謀長；預備打倒袁氏後，重用這一班幹部，作大規模之建軍；蓋當初百里先生任軍校校長，薄雲南省長而不為，蔡與蔣固早有默契於其間也。不意蔡氏方初試其鋒，而袁即殂謝；蔡亦以病赴日就醫，而不幸短命；張承禮更以川黔軍之衝突，被殺於麻店子；至此，蔡氏固已留名青史，然以時間之匆遽，其成功未免表面化，對於北洋固有之勢力，曾未有絲毫改變也。至於蔡氏與百里先生所安排保定同人之人事計劃，自更無從說起矣。

講起人生遭際；恰如小生命之投胎；雖煅練砥礪，守經達權，保持令聞，建立事功，有待於及身當前之努力；而始基之所在，機會之所臨，動輒影響於方興之難易，持續之久暫，與夫成敗之懸殊。孟子曰：「雖有智慧，不如乘勢；雖有鎡基，不如待時！」其信然歟！

這一批人，對於上述三個時期中，既已無勢可乘；或如盲人瞎馬，隨遇而安；或效良禽擇木，以類為歸；其遇合固自不一。然江漢朝宗，百川大壑，自以民十六北伐初期起，至民三十五勝利後止，在蔣先生旗幟之下，這一時期，最稱鼎盛，今就所知，縷晰言之：

北伐誓師魚龍曼衍・南京底定離合無端

革命導源於廣東，自民十以還，同人之投赴者，已略舉於前節中；在當時，不過先後為大元師府、總統府及各部署機關之屬官；僅粵籍同學，間已闌入軍隊，亦只在團、營長階段；洎黃埔軍校成立，此輩絕大多數，舉被任用為軍校教官及學生隊長各職，王柏齡、鄧演達且升遷至教育長，為蔣先生所倚畀；嗣是而粵垣靖難，東江肅清；民十六，蔣先生以國民革命軍總司令大舉北伐，所率基本部隊八個軍：第一軍蔣自兼軍長，第二軍譚延闓，第三軍朱培德，第四軍李濟琛（留守廣州，副軍長陳可鈺代），第五軍李福林（留守），第六軍程潛，第七軍李宗仁，第八軍唐生智；這其間除二、三、五、六、四個軍外，其第一軍師長如劉峙、顧祝同、錢大鈞；第四軍師長張發奎、陳銘樞，及至副師長、團長皆為同學；而第七、第八軍，上自軍長，下至營、連長，幾盡為同學；總司令部白崇禧任總參謀長，鄧演達為總政治部主任，唐生智兼北伐前敵總指揮，此北伐初期保校同人隨蔣陣容之大概也。

自金陵底定，而各方匯流，雲集者眾：南來從龍之士，與眾星拱北之流，濟濟多士，蔚為大觀；究中以唐生智之敢作敢為，鄧演達之行險僥倖，陳銘樞之輕舉妄動，李宗仁之顢頇失措，陳濟棠之南疆獨霸，黃琪翔之進退失據，張治中之巧取功名；並皆離合無端，瑕瑜互見，為德不卒，功罪難論。至若劉峙、顧祝同、錢大鈞之終始不渝，陳誠之一枝獨秀，朱紹良之溫文爾雅，白崇禧之應付雍容，熊式輝之乘時突起，曹浩森之儻然無爭；除白氏以桂系故，偶以不愉快事件，夾纏其間；自餘諸人，舉屬蔣先生不二之臣。乃如嚴重之廬山採樵，曠然高蹈，晏道剛之失機貪功，求榮反辱；袁祖銘、王天培、賴世璜等之恩怨重重，慘遭殺戮；一鱗一爪，有壬有林，不辭拉雜，聊為天寶宮人之囈語，姑作汝南月旦之品評。

陳濟棠海南支危局・小諸葛華中失事機

關於唐生智、鄧演達、陳銘樞、張治中等，余於前文已略有論列。李宗仁事，時人記載亦多，更昭昭在人耳目，無事喋喋。至陳濟棠以胡漢民、古應芬等之主持，因黨爭而涉及政爭，致成多年獨立之狀態；然其統軍治民，能導致粵省之繁榮，與東南之安定，且與中央始終未有兵戎相見；迨後余漢謀、香翰屏等歸命南京，亦匕鬯不驚，效命恐後；陳氏更於抗戰間，播遷寧漢，株守陪都；最後主政海南，冀以彈丸支危局；前歲病歿台島，亦可謂歸正首丘矣。

白崇禧，字健生，保定三期畢業。北伐前，與陳銘樞、劉文島同至衡陽，代表蔣總司令遊說唐生智為北伐先鋒。復以參謀長兼東路前敵總指揮，略取浙江，進佔上海，為第一任上海警備司令。孫傳芳襲攻龍潭之役，正蔣總司令下野期間，白氏指揮若定，雍容坐鎮，厥功甚偉。民十七、八之交追奔張宗昌、褚玉璞部隊至山海關，鎮守灤榆，聲望大者，乃以胡（宗鐸）、陶（鈞）武漢之變，受中央免職處分，起用唐生智為易帥之謀，非其罪也。抗日軍興，白又繼唐之訓練總監而為軍訓部長，隱若報復然。白氏運籌擘畫，每見機智，世或以「小諸葛」稱之。勝利後任華中剿匪總司令，值徐蚌會戰緊急當時，中央電令調兩軍赴援，久置不覆（事詳於張任民所記〈白崇禧一封電報說了些什麼？〉一文），議者詆為逼宮；就大體上說，援不援或有理由，覆不覆似難索解，是或千慮之一失歟！裨說載左宗棠與人互謔語：「此諸葛之所以為亮也！」諷之者曰：「此葛亮之所以為諸也！」余亦曰「此諸葛之所以為小也！」今在台灣任戰略顧問委員會（按：即軍事參議院之變體）副主任委員。

劉經扶平庸多厚福・顧祝同忠信結主知

最初繼何應欽為黃埔教育長隨蔣北伐任第一軍師長之王柏齡，揚州人，由第四陸中轉日本士官，本有可為之局，以出師失利，一蹶不振；後為蘇省府建設廳長，以有寡人之好，在家鄉頗不理於眾口，早已物故；此以見事業之成敗，雖有良好之機遇，要視個人之努力為何如也！

隨蔣北伐統兵最早最久而最稱腹心之寄者，當無出劉峙、顧祝同、錢大鈞三人之右。劉字經扶，江西吉安縣人，保定二期，歷任軍中要職及河南省主席，最後出任徐州剿總，位望雖高，而才力似不足以副之；劉之舊部李思愬（二期），曾於剿共時中敵彈，由兩腮對穿，形成酒窩，全齒脫落，人極隱誠練達。錢大鈞字慕尹，江蘇崑山人，保定三期，北伐完成後即離開軍隊，自江西剿共時，任委員長侍從室主任多年；勝利後任上海市長，此為蘇州唯一之高級軍人，當可與小范老子比美。

這三位中，最稱氣度雍容而中和載福者，當推顧祝同。顧字墨三，江蘇漣水人，保定六期，歷任西安、貴州行營主任，四省剿匪北路總司令，江蘇省主席，抗日時任第三戰區司令長官，勝利後任陸軍總司令、參謀總長，現與白崇禧同為戰略顧委會副主任；他為人是謹慎的、忠誠的、忍讓的；待人接物，是和厚的、不露圭角的；故勢位之隆，不遭疑忌；倚畀之殷，歷久不衰。顧與同期趙啟騄（次驊）、韓德勤（楚箴）交莫逆，趙恃才傲物，任江蘇民政廳長槍殺新聞記者劉煜生為顧引出不少麻煩，故終不見用；韓楚箴彬彬有儒者風，抗戰期間，曾代理江蘇主席，然以淪陷之餘，播遷於蘇北各縣，可謂吃力不討好；以視王東臣（懋功）之走馬上任，其難易苦樂，相去遠矣。

保定軍官學校滄桑史之六：將軍皆頭白，人事已全非

自從民十七北伐完成以後，中間歷經第一次武漢倒唐之役、第二次武漢征桂之役、潔河討唐之役、福建人民政府之役、閻馮之役，以及四省剿匪之役，雖不能概歸之「春秋無義戰」之列；然兵禍連年，殃民誤國，儘可各有是非，終屬自相殘殺；保衛國族，殺敵致果，其惟抗日一役，始足言軍人之職守，與衛國之正誼。舉凡歷年赴命於內戰者，固屬無代價之犧牲，亦覺罪多而功鮮！自抗日以還，保定同人，馳驅效死，殊未後人；此一頁光榮之歷史，庶幾使同人得以賈其餘勇，挹其末光；其或可為大書特書者歟！

參加抗戰的陣容・屹立東南的支柱

我國在對日抗戰之始，先設五個戰區；撤退武漢以後，陸續增設至十一個戰區；其各戰區司令長官，為第一戰區程潛、第二戰區閻錫山、第三戰區顧祝同、第四戰區張發奎、第五戰區李宗仁、第六戰區陳誠、第七戰區蔣鼎文、第八戰區朱紹良、第九戰區陳誠兼、第十戰區×××、第十一戰區孫連仲，以及南京衛戍司令長官唐生智；這其間除第一、二、七、

十、十一、五個戰區外，其餘七個司令長官，皆係四校同學及保定出身；而第二戰區之副長官傅作義，又形成歸綏之小戰區；第三戰區所轄之蘇皖魯豫四省邊區總指揮韓德勤，亦形成蘇北小戰區；第五戰區之副長官兼集團軍總司令李品仙，亦形成豫鄂皖小戰區；第三戰區集團軍總司令劉建緒亦形成閩贛小戰區；第三戰區集團軍總司令劉建緒亦形成閩贛小戰區；乃至從征之集團軍以下師。旅。團各級帶兵官，乃軍事幕僚，保定出身者為數尤夥，無從臆述。此保定同人參加抗戰陣容之大略也。

至抗戰期間任中央高級首長者，則有：委員長侍從室主任錢大鈞，初期之軍法總監唐生智、副監王懋功；陳誠、張治中先後皆任政治部長，何鍵先後任內政及撫卹部長；軍訓方面：白崇禧任軍訓部長，王東原為中央訓練團主任，陳繼承、萬耀煌先後任成都中央軍官學校教育長。自餘各級，亦分任有差，此保校同人參加抗戰中樞之大略也。

八一三滬戰既起，第三戰區為最初之鏖戰。其時馮玉祥為司令長官，駐無錫，掛虛銜；實際上由副長官顧祝同、前敵總司令陳誠、浦東方面司令張發奎（隊號不憶），負責指揮作戰；浴血之餘，損失慘重；然以此使政府從容撤退，奠長期抗戰之基，厥功尤偉；此為第三戰區抗敵之第一階段．嗣是由顧祝同升任司令長官，轉移至贛東、浙西一帶，終八年之局，雖無激戰，而屹立東南，為唯一之支柱，顧氏誠福將哉。

李宗仁似儒而勇・唐生智好大喜功

李宗仁以台兒莊一役，馳名遐邇，振奮人心；此後移鎮老河口，制襄河之上遊，固漢中之東道；高其壘，伏其銳，似懦而勇，亦智亦愚；太公所謂肅肅而易人，嗃嗃而靜慤者；此重將也，有其望而可資以戰守者也。

滬戰既終，罷兵西撤，金陵為首善之區，自動放棄，則名所不當，孤城死守，則勢所不可；唐生智受命於危難之際，奔赴於撤退之初，多守或出之奇跡，陷落亦自在意中；且長期抗戰，往往為戰略上之撤退；此孤懸之彈丸黑子，寧獨非戰略上之放棄耶？而議者訾之，群起交謫，此不公之論也。先是「九一八」後汪蔣合作時，唐生智到南京由軍事參議院院長轉任訓練總監，蔣委員長及於軍委會特設一執行部，命生智兼主任，專辦抗日準備工作，尤其對京滬、滬杭、杭江、蘇北四區，格外注意，這完全形成後來的第三戰區。在生智以為抗日戰起，戰區司令當然少不了他；不意「八一三」後所發表的各戰區，竟沒有他；他是個好大喜功的人，頓感覺到沒有參加抗日作戰的機會，視為莫大之恥，遂以慷慨憤激之心情，擔任那不可為而為之的南京守將。首都既陷，倉皇出走，迨抵漢皋，乃卸去一切職務，終抗戰期間，未見起用。生智自北伐以來，本有多次有為之機，只因看事太易，舉措錯亂，終致一蹶不振；此憤將也，憤者有觸即發，不計成敗，故動盪多而成功少。

張發奎海隅養晦・朱紹良詩酒風流

張發奎，字向華，廣東陸小畢業（不悉轉學何校），起家於國民革命軍第四軍，北伐時，第四軍有鐵軍、鋼軍之稱，向華遂享令譽；初與唐生智並接近於汪，迨汪任行政院長時，似相泮渙，由是與陳誠相結納，復得蔣委員長之信任，初隸第三戰區，以「貳師」地位轉戰浦東；後任第四戰區司令長官，駐節柳州；勝利後接收華南，一時稱盛。其人短小精悍，有決心、有毅力，惟易於衝動，是驍將也。驍者勇於進取，或仍不甘寂寞歟？今在港，似對台方尚有其微妙關係然，然耶否耶？

朱紹良，字一民，江蘇武進人。出身於福建陸軍小學，轉日本士官。北伐時，在武漢以不附唐生智、鄧演達之容共分立行為，毅然東行，抵南京，任總司令部參謀長，後洊升至甘肅省主席，抗日時，兼第八戰區司令長官，以地居西北，未嘗與敵交綏；蓋安靜地方，即所以保全後方也。一民清談娓娓，和易近人，儀態雍容，藹然儒者。能詩，飲酒至豪邁，以曾在中服務，時以茅台饗嘉賓，蓋儒將而又福將也。

上之諸人，雖皆將星熠熠，風雲一時；及今無論在內在外，或為退老之閒人，或為棲羈之散客，將軍頭白，人事已非，殆不能不興滄桑之感！然而虞淵落照，滄海橫流，其將寄望於一枝獨秀之陳誠矣！

保定軍官學校滄桑史之七：陳誠，彼一時也、此一時也！

吾國歷史，有所謂唐虞禪讓之美談。孟子嘗稱其事曰：「昔者堯薦舜於天，而天受之。曝之於民，而民受之。」曰：「舜相堯二十有八載，非人力之所能為也，天也。」曰：「昔者舜薦禹於天，十有七年。」曰：「匹夫而有天下者，德必若舜禹，而又有天子薦之者，故仲尼不有天下。」由此可見當年堯舜開禪讓之局，對於慎選繼承人，自有其必備之條件：一曰薦之以位，以曝於民。二曰歷之以事，以著其能。三曰久於其職，以養其望。尚書所謂「敷奏以言，明試以功，車服以庸」是也。今世雖號稱民主，繼統人選，無論出於直接或間接之選舉方式；尤其在中國，尚未普遍，做到競選演說，宣布政見，乃至各種競選宣傳地步；其係於在位元首之提携、愛護、支持，固有其不可移易者在。蔣先生之於陳誠是已！

江西剿共靡役不與．台灣土改海外蜚聲

在目前便有最明顯的兩位繼承人，可供我們作示範的研究：其一為美國總統艾森豪之於尼克遜；又其一則為南韓李承晚之於李起鵬。尼克遜能否入主入宮，雖尚待爾後美國人選

之揭曉；然而六、七年來，使其內參大政，外聘各洲，訪南美見應機之智，折蘇酋顯舌辯之才，其宣勤海外，鐫印民心，早已為未來選舉鋪砌坦途，甚合曝之於民之道。反觀南韓，李起鵬於當選之餘，群情鼎佛，闔門自殺，以謝國人；其人、其事、其壯烈之精神，誠足當李承晚之繼承人而無愧；獨惜李承晚不識曝之於民之道，不能於其在職十二年中，使起鵬立功於當世，著望於人心，而竟生吞活剝，一意孤行以成之；坐令演此一幕慘絕人寰之悲劇，不其傎耶！證之古，參之今，對於推薦繼承人之得失，思過半矣！

陳誠在北伐初期，位不及師長，畢業保定第八期。民二十以後，任第十八軍軍長，江西剿共，靡役不從；嗣兼武漢訓練處長，整飭軍旅，刻苦耐勞，由是軍中無不知有陳誠。

民二十六，中日戰起，初任第三戰區前敵總指揮，浴血上海，鏖戰匝月；西撤以還，歷任第六戰區及第九戰區司令長官兼湖北省主席，駐節恩施，轉戰湘鄂之間，同時內用為政治部長，周旋民主人士，主持統一戰線。民三十二，調任中國遠征軍司令官，赴緬甸會合來自印度的盟軍；勝利後任軍政部長、參謀總長、兼海軍總司令。民三十五，調任東北剿匪總司令；一度小休，養病上海，由是國人無不知有陳誠。

卅年來唯一繼承人・六條件立身得其道

大陸撤退，被命為台灣省主席。民三十九，任行政院長，推行土改政策，馳譽海外，號稱特有的成就；由是華僑及與國，無不知有陳誠者。蔣先生之於陳誠，實已盡其；薦位以曝於民、歷事以著其能、與夫久職以養其望之道矣。

陳氏任行政院長，直至民四十三年（一九五四）初選為副總統，又再兼任行政院長，開中華民國副總統兼任行政首長之先例；民四十六，更被推為中國國民黨副總裁；本年，再當選為副總統；至是而陳氏在中華民國之地位，及對蔣先生之分際，實為唯一之繼承人；蓋三十年來，早已「簡在帝心」矣。

陳氏初畢業時，值夏超為浙江省長，以不得志於浙，乃轉而圖南；初隸黃埔，職位甚微，如何見知於蔣，言人人殊；迨「九一八」後，漸至大同，忌之者、頗多造為傳奇式之故事，蓋齊東野人語也。陳氏雖受蔣先生特達之知，然其為人行事，自有其多方之美德：操守廉潔，絕不貪污，一也；持躬節儉，生活嚴謹，二也；辦事勤毅，刻苦耐勞，三也；疾惡甚嚴，不稍寬假，四也；對蔣先生絕對服從，矢忠不貳，五也；尤其他對於所部，推薦惟恐不及，故方面之選，一時稱盛（見下），似深得「以人事君」之道，六也；凡此一方固見其立身有道，而另一方尤在得君之專。惟其態度嚴肅，有蔣先生之風，雖誠慎有餘，而似少向心力；賦性雖強毅，而執持我見，察察為明，尚未屆休休有容、恢廓大度的地步；此余當年在國內所見之陳氏，或其時僅掌軍權，與今日貳元首、總百揆有異；彼一時，此一時，殊未敢漫為論列也。

舉爾所知古有明訓・復國之難無殊創業

陳氏在今日以前之用人，多以第十八軍與保定第八期為其基本幹部，故誚之者有「一二八佳人」之說；然「舉爾所知」，古有明訓，就其親者近者而先用之，次乃及於疏者遠者之賢者，此尋常之步驟，如所舉而賢，實亦不足為病。陳浙之青田人，就余所知，畢業保校之青田同學有三人：第一期杜偉、葉南帆；第二期章爕。杜與有世交（杜之先君持字志遠曾在袁總統時任福建軍務幫辦），僅一度任陳之總務處長，但為時甚暫，後與葉、章等終不復用；而其得力之幹部，以粵籍湘籍同學為多，可見其無同鄉觀念。就中如隨陳任第九戰區之副司令長官薛岳、前放總指揮羅卓英，以長沙大捷有名於時，二人並先後任湖北、廣東省主席；青年訓練團主任王東原曾主湘政，今且為南韓大使；郭寄嶠亦曾在台任國防部長；此皆彰彰在人耳目，下此更難枚舉；吾意今後陳氏用人，其益將擴大其範圍，不以軍人、不以同學為限乎。

領袖，非可一蹴可幾也；必其掃蕩宇內，懾服群雄，耗無量數之金錢，傷無量數之生命，鎔萬流於一爐，樹威信於不敝；然後創立新局，繼體守成；中材之主，未嘗不可步武前人，繼世而統治之也。今則正統猶託於偏安，復國不殊於創業！無論今之領袖與副貳，或未來之領袖與繼承人，皆須本開創之精神，作救亡之奮鬥；在國情凍結之時，猶可諉之於盟國之牽制，寄託於虛幻之將來；然而夜長夢多，失望者眾，將何以慰海內之人心？拯斯民於水火？故昔日之功業，皆成歷史之陳跡；今後之事功，方足為及時之霖雨；故為治世之繼承人易，為亂世之繼承人難；可不戒懼乎！

絕續之交誠不易為・守株待兔似非長策

且繼承者之於領袖，其所謂威，領袖為之立之也；所謂望，領袖為之養之也；領袖春秋高，一旦失所護持覆幬，則桀傲者將退有後言，異己者將伺機竊發，望隆於我者將冷眼以觀其變；絕續之交，誠不易為也。故舜不誅四兇以立威，禹無治水之功以立德，則禪讓之局，未必能成；若子噲之讓子之，徒召燕民之亂，來齊國之兵，非可倖而致也；可不戒懼乎！

孟子曰：「民之憔悴於虐政，未有甚於此時者也；飢者易為食，渴者易為飲；孔子曰，德之流行，速於置郵而傳命。……故事半古之人，功必倍之，惟此時為然。」今之大陸，非如孟子之所言耶？太史公曰：「始發難者，陳涉也。」甚言始發難者之難能可貴也。吾意大陸若有陳涉其人者起而革命，則朞月之間，可以製造一新領袖；或尚不知幾人稱帝，幾人稱王（象徵之說）；尚待吾人守株待兔，遲遲吾行耶？昔項籍三載而成西楚霸王，劉邦五載而成帝業，民之飢渴為之也。陳氏其亦計及此耶！

曩在大陸，同人早已見及蔣先生將以天下之重付託陳氏；議者或有以「國中智能出於陳氏之上者未嘗蔑有，何獨有取於陳辭修？」悻悻然為言者；余嘗笑謂之曰：「誰教諸公腦後有反骨，蔣先生自不能不選拔一忠誠可靠之人。」誠然，蔣先生可能給大家造反造怕了，所以多用忠實的人。時至今日，若在台而猶有鄧演達、唐孟瀟、陳真如……其人者，將不知變生肘腋成何景象也。故若陳氏者，真忠藎之臣，而蔣先生之愛將也。

五十年歲月老英雄・壓軸戲寄望陳副座

夫以保校人數之多，人才之盛，國家培植之殷，軍中服務之久，五十年來，其所表演之功業，不獨等值之不相當，亦實應自慙無以饜人民之望；今者死者死、老者老；退役者、流亡者、踵相接；李宗仁、李漢魂棲遲北美；劉建緒且埋名隱姓，作巴西之移民；即以在台者而論，如顧祝同、白崇禧、劉峙、錢大鈞、朱紹良、熊式輝、李品仙、余漢謀、李宗黃、劉文島……等，或掛名坐老，或歸隊示忠，皆在韜養尸居，美人遲暮，已無作為可言；特如薛岳、羅卓英、王東原、萬耀煌輩，似尚有桑榆之景；此最後之壓軸戲，只寄望於陳副座矣！可不戒懼乎！

老子曰：「治大國若烹小鮮」，此就調和鼎鼐言之也。辭修綜覈名實，宜若善烹小鮮；土改一事，是其明證。雖然，今日之事，大矣遠矣；孟子之論管仲曰：「管仲得君，如彼其專也；行乎國政，如彼其久也；功烈，如彼其卑也；爾何曾比予於是？」管仲之功烈未嘗卑，而孟子短之者，以其得君專、行政久，而感其不足耳；吾願辭修三復斯言！

偶有棖觸，不免大放厥辭，或有失本文之旨，讀者諒之。

保定軍官學校滄桑史之八：運會之弄人與人之自弄

命運之說，誠有哉？誠無有哉？亦曰，盡人事以待天命而已矣！蓋機運歸之天命，而做法在乎人為，人為之不足，則諉之於天已耳，豈有他哉！綜觀保校同人升沉之概況，亦足以見出處之多方，而足資吾人引為法鑑，或聊供談助者。分析言之：有以軍隊興，而以軍隊亡者；有自我得之自我失之，或意外得之意外失之者；有少年騰達，而終身不遇者；有蠢若鹿豕，而專制一方者；有文武兼資，而以幕僚終者；且每一集團，即有部分之同學，各按資歷，層層分布；而以其首長行動之得失順逆，成敗利鈍，每每影響到全部同人之命運者；此又亂世之現象，而人事不上軌道，為厲之階；這其間不知成就多少幸運兒，同時又埋沒了多少真人物；由是而歸田里，老牖下者有之；一不做，二不休，入歧途者有之；此所謂「莫非命也」！茲舉數例，以實吾言：

晏道剛自取其辱・樊崧甫未膺懋賞

西安事變，適然之事也；同學躬逢西安大樓之盛會者，為陳誠、朱紹良、萬耀煌、晏道剛；事後，蔣先生命集合同難者二十餘人於南京官邸攝影留念，陳辭修預行排好座位入報，蔣見晏道剛之名，勃然大怒，當由座中剔出，予以扣留，蓋自命為同難者，已變為階下囚矣。

晏畢業保定一期，與林蔚文相友善，林以侍從室主任轉任銓敘廳長，晏即升任侍從室主任，侍從主任為委員長掌理簿書機要，繁劇責重，晏倖居近侍之臣，值張學良以副帥移鎮西安，蔣即外放晏為學良之參謀長，蓋雖無監軍之名，自是腹心之寄，連洽伺察，責無旁貸；乃事變之起，晏於事先竟毫無覺察，固由學良之守秘，亦見道剛之顢頇；今欲與於同難之列，宜蔣之赫然震怒也。晏由是被禁數年，在陪都始得保釋；此以見得其位者，苟無功能以副之，徒取辱耳。

西安事變之後，洛陽軍分校主任祝紹周，以因應得宜，升任陝西省主席；萬耀煌亦被命為湖北主席；惟率師靖難進守臨潼之師長樊松甫，則幸膺懋賞；蓋因大陸撤退，時不我待，有幸有不幸也。

楊瑞麟敵壘赴義・翟紹祖絕域隕身

一期廣西同學有楊瑞麟者，為蔡松坡任廣西陸軍小學總辦時之高材生，以是見知於蔡；保定畢業後，分發北洋第八師李長泰部充下級官（第八師即段祺瑞馬廠誓師討宣統復辟之部隊），迨松坡雲南起義，以護國軍總司令討袁，第八師由曹錕率領赴川，與蔡對壘於川南，時松坡駐節松坎，楊瑞麟冒險棄職，越過前線，間道投蔡，報告北軍布置及一切敵情，蔡相見之下，嘉其赴義之勇，喜不自勝，倚為左右手，以是北進勝敵，勢如破竹，方將大用，而蔡以病赴東瀛治療，竟至不起；楊瑞麟痛失此有為之統與知音之良師，雖得蔡部滇軍軍長羅佩金之延用，而感傷忉怛，不能自已，翌年六年，遂歿於川。又一期騎兵科徐州同學翟紹祖，於民初以騎兵團長隨蒙古籌邊使徐樹錚出征外蒙，駐軍庫倫，後徐以國內問題，罷籌邊之役，翟遂在庫倫壯烈犧牲。此二人者，一則赴義於敵壘之交，一則隕身於絕域之表；一則關山戎馬，奮不顧身；一則大漠龍沙，馳驅效死；以視一般闒茸無能尅取功名之輩，相去奚翅霄壤；然而時運不齊，功業未著，位卑道遠，名字不彰；今古一例，比比然也（楊事係張任民兄見告，翟事為予所深知）。

軍火買辦娶歐婦・機要參謀作怨鬼

同人初入陸小，各以志願學英、法、德、日、俄五國文字之一，直至陸中、保定均繼續修業不輟；當時德國以陸軍名，故習德文者多，意在留學德國也。孰知清末建立新軍之始，本用德國操法，故聘用德人為顧問及薪習，並送出留德學生，後來改用日式操法，直至國府成立以前，始終未有派遣；以江蘇陸小而言，學法文者只十一人，光緒三十四年派遣留法，竟錄取九人，這真粵語所謂「爆出冷門」矣。留法同學歸國後，情形亦至不一：吳晉與楊宇霆相接納，以買辦型姿態，專做東北兵工廠軍火器材生意，積貲甚厚；在北京東四、八寶胡同營一宅，中式西裝，生活裕如也；夫人為法籍，日周旋於東交民巷，吳則徵逐於前外八大胡同，各行其是，不聞誶詬之聲；後來香港開一汽車行，卒於港。唐文鳴短小而文靜，任張學良機要參謀；民十三，隨張出巡張家口，專車甫入站，唐伸首車窗外，一士兵槍走火，彈適貫其腦而死。陳祖彝文秀而孤僻，僅於北洋時代一任蘇州警察廳長，抗戰期間，病逝於南京。姚錫九為留法習航空之最早者，為人敏慧而微嫌佻達，雖曾在中央及東北服務空軍，終以任汪府航空署長，被置於法。還有一位蘇××，在張宗昌處任高級參謀，此皆所謂「繞樹三匝無枝可棲」之流也。自餘學日文者，多有轉入日本士官，其人其事，難以枚舉，學俄文者，為數更鮮，大抵非譯述，則左傾，於勢然也；凡此皆因學習外國語文之差別而不同其命運者。

賴世璜功罪莫白·熊式輝駕輕就熟

同學中手創軍隊刻苦起家者，固不乏人；而一槍一彈，俱從敵陣搶來，積日累勞，寖假而由連排長階段，逐步擴充乃至成師成軍；就余所知，當以國民革命軍第十四軍軍長賴世璜最為難能可貴；然以賦性贛直，終遭終身之禍，恩怨難明，功罪莫白，誠不能令人恝然於懷，姑為表而出之。

賴世璜，字肇周，江西贛縣人，原隸保定第一期工兵科，以參加癸丑革命，改於第二期畢業；後到廣州在李烈鈞（協和時任大元帥府參謀部長）部服務，嗣轉戰東江，北及粵邊閩南，在崇山峻嶺中慘澹經營至民十、十一之交，駐紮龍岩、永定、上杭一帶，已擁有三千餘人，完成規模粗具之獨立師。時北軍王永泉任福建軍務督辦，臧致平為廈門總司令，楊化昭（一期）以王部師長與賴軍防地相接，賴周旋漳廈，自保以待時；其為人實做苦幹，不慕榮利，自奉儉約，布衣草履，驟見之不知其為師長也。其治軍賞罰嚴明，與士卒同甘苦；尤能革除隨軍眷屬之弊；嘗將所部軍眷，集中於一安全地帶，設一小型工廠，令其製作手工業，得價按勞力平均分配，以是每屆出發，絕無拖家帶眷之累，誠足為軍中模範。余於大陸末期，每見軍隊撤退，必有無數行李雜件，男女老幼，大喊小啼，爭先恐後，喧闐之聲，絡繹載途，不獨影響行軍，實亦消失戰志，是所見均不及賴也。

民十六北伐戰起，賴率所部由東路而閩、而浙、而蘇，所向無前，進駐京滬路線之常州，以功升任為國民革命軍第十四軍軍長，意其必參加第二期北伐，益樹豐功於革命陣營也；孰料於蔣先生第一次下野赴日中央無主時，賴忽以槍斃聞；據聞賴於某次在運河舟中與某參謀長爭議衝突，舉動不免暴躁，隨於上峰前媒孽其短，置之於法，然既非軍前失律，罪不至於死，堂堂一軍長，寧可草菅視之耶。

賴死後，其部隊改為第五師，以熊式輝為師長，旋兼上海警備司令；熊字天翼，保定二期入日本陸大，本係賴之政治部主任兼駐京辦事，又係贛人，對於該軍改編後，自然駕輕就熟，指揮若定；且熊氏清才碩畫，文武兼資，遠非賴之褊狹婞直可比；在滬未幾即獻策拉攏安福系之湯漪（斐予）曾毓雋（雲沛）李思浩（贊侯）魏宗瀚（海樓）……等南下，掛名警部，優予祿養，以為段合肥南下張本，先作釜底抽薪之謀，深得蔣先生之信任，隨後調升江西主席，治贛十年，雖無宏規遠略，然於四省剿匪之間，仰承大府，周旋諸將，左宜右有，因應得宜，不可謂非幹才；勝利後接收東北，逐鹿者多，熊獨以東北行營主任，總制兼圻，蓋雖無汗馬之勞，駸駸乎為國之重臣矣。同一部隊也，賴世璜手創之而殺身，熊天翼繼統之以發達，才智之不相若，禍福之所由分也。大陸撤退後，熊一度寓港，有所經營，詩酒流連，自見儒雅，後移住曼谷，今已赴台歸隊矣。

查凌漢故都賣卜・金德揚不知所終

一期有查凌漢者，字秋槎，合肥人，善卜筮命相之術；其父與段祺瑞少時同為綠營哨官（相當於連長），且有金蘭之誼，後在朝鮮陣亡，合肥時念及之；凌漢畢業後，久不得志，始終不往投段氏，以家貧親老，賣卜於北京前門外之勸業場，合肥為臨時執政之時，有人以查之現狀告，段亟傳見慰勉，並殷殷致聲其寡母，命在執政府服務，查方幸剝復，不意數月後段氏下野，查自嘆命蹇，賣卜如故也。

國軍在成都撤退後，共軍尚未入城，有幾天真空時間，國軍軍官以限於飛機，不得撤離赴台者，不期而聚集多人於成都之北校場，將所有軍衣、勳章、勳表、任命狀、官銜名刺一律置火中焚燒，有謾罵者，有太息者，有流淚者，有苦笑鼓掌者，昔之資為入官之證件，今則化為灰燼，隨風飄蕩，去之惟恐不速也；昔之視為榮譽之勳章，今則鎔為銀餅，供街童拾取投擲以為笑樂，是亦一滄桑也。九期同學金德揚與余同在灌縣，夜坐離堆水壇石上，親為余言之。金本陳誠部師長，陷身大陸，假使在台，或仍是師干之選；今後最少要為順民，或竟至於附逆，是誰之咎哉？亦命也夫！

略舉數則，以見運會之弄人與人之自弄也。

保定軍官學校滄桑史之九：廣東籍各期同學點將錄

昔漢高成帝業，而豐沛子弟，乘雲龍風虎之姿；項籍敗垓下，而江東子弟，有猿鶴蟲沙之痛；蓋地既以人傑而異靈，人亦以成敗而異其傑；觀於保定同學分布發展之情形而益信。

保定軍官學額之分配，既由全國二十二行省（前清地方制度）陸軍小學，按每期每首縣二名下縣一名之規定錄取；故按級遞升至保定畢業乃至分發，除少數特殊者外，多係發回本省；以是各期之散布於各地區者，人數同、資歷同、年齡亦大致相同；然而用捨懸殊，升沉異致者；則以成敗之跡不同，而發展之形斯別；觀其分野，足資證明。

粵籍同學人才薈萃

冀、魯、豫、皖及東北各同學，大體上隨北洋軍隊之沒落，而風流雲散。陝、甘、新疆，介在西北，竟無一知名。四川同學，雖稱活躍，而皆自囿於本省。山西同學，並號篤實，而多託命於晉閻。滇軍領袖，非軍閥、則土酋，其幹部，非行伍、雲南講武堂，故同學無用武之地，僅一李宗黃託跡於黨政之間。黔軍自袁祖銘被害於常德，王天培見戮於徐州，將夷師熸，下焉者更無論矣。福建久淪於北，號稱亡省，雖有張貞之奮鬥，而一木難支；自餘如陳孝威（原名增榮）懷才不遇，託空言以鳴世；陳長捷（天津最後之守將）為唯一之帶兵官，猶不免借資於同期之傅作義，而閩材晉用；李拯中、張襄輩亦僅以幕僚終；惟朱紹良以江蘇武進籍出身於福建陸小，遊學士官，作大方面，總制新、甘，差足為閩同學生色。至浙江雖非蔣先生發祥地，而桑梓之邦，人才濟濟，陳辭修特承倚畀，周至柔（九期）亦歷任鉅艱，他如徐培根、陳焯、祝紹周、樊松甫、華振麟輩，更皆先後騰達，策名清時。至如廣西以桂系獨標一幟，湖南以湘軍翻覆波瀾，雖起伏無常，尚人得其用。江蘇、江西、湖北縱有健者，亦僅挹革命之末光，作個體之附驥。其能平均發展盛極一時者，獨廣東同學耳。

廣東為革命發源地，革命陣線之豐沛也；廣東同學，亦即革命陣線之豐沛子弟也。因是而追隨總理，參加密勿者有人；贊襄元老，維護黨國者有人；或則統率大軍，轉戰南北；或則總攬軍致，安定東南；對鄉邦多安攘之功，對日寇致效死之勇；乃至側身省政，則民財建教，各極其功能；掌理軍儲，則輓粟飛芻，同溫於挾纊；雖或有左傾立異之徒，標奇急功之輩，而風聲所播，猶能震鑠一時；群議所歸，每為原情略跡；其平均發展，充實光輝，足以見形勢之勝人，人才之薈萃；洋洋乎誠大觀哉！

僅就所知分條點將

粵軍肇始於鄧鏗（仲元）之第一師，兩旅長為陳銘樞、陳濟棠，張發奎為團長，其下幹部幾盡為保定同學。自鄧仲元被刺後，北伐時成立國民革命軍第四軍，以張發奎、陳銘樞分任師長；抵武漢後，第四軍又擴編為第四軍與第十一軍，由張、陳分任軍長；寧漢分裂，十一軍瓦解，陳銘樞追隨蔣先生，以其東下之蔡廷鍇團，擴編為第十九路軍，即發動「一二八」淞滬抗日戰役與組織福建人民政府之部隊；第四軍雖幾經分合，但仍在中央建制中；此粵一部分向外發展之大致沿革也。其在粵者，則由陳濟棠編併各部，成立三個軍，以余漢謀（字握奇保定六期）、香翰屏、李揚敬（六期）為軍長，即陳氏多年在廣州樹立半獨立式政權時人號稱南天王之基本部隊；迨後陳氏下野，余漢謀率所部歸命中央，參加抗日戰役；此又粵軍另一系統之沿革也。所有廣東同學，周旋於革命領域，服務於二大系統，游離於內外政軍之間，殆如崑崙之導源百川，又似百川之朝宗大壑，老子所謂「在坑滿坑，在谷滿谷」；不得其位者蓋寡也。

茲為限於時間與篇幅，不能為具體有系統之記述，特就所知，分條點將，為數不及百人，差迨十分一耳；姑視為本文之「廣東同學專號」也可。

入台各同學之概略

關於陳濟棠（陸小四期轉廣東速成）、陳銘樞（真如保一癸丑退學）、張發奎（向華小四）、鄧演達（擇生保六）、蔣光鼐（憬然保一）、黃琪翔（保六），已於前文分述，茲不贅及。

粵籍同學先後入台者，為黃鎮球、薛岳、羅卓英、余漢謀、何彤、葉肇、歐陽駒等。黃字劍靈，保定六期，早時任南京防空司令及防空學校教育長，為防空專家；入台後任後勤總司令，現任總統府參軍長。薛、羅皆抗日名將，現仍為陳辭修之左右手。余漢謀於抗戰時，初任第四戰區副長官，嗣擴充為第七戰區司令長官，今在台任戰略顧問。何彤字葵明，順德人，保定一期畢業，以品學留校任學生隊長；民十回粵，在鄭潤琦師充團、旅長、嗣任一區行政專員；李伯豪主粵時，任民廳長，省參議會副議長及內政部政務次長，現在台任光復大陸設計委員。葉肇保定六期，曾任師長、軍長，第三十六集團軍總司令及廣州衛戍司令，賦性暴燥，有「霹靂火」之名，前年歿於台。歐陽駒字惜白，本係江蘇陸小客籍生，保定六期畢業，吳鐵城任上海警備司令時，曾任參謀長，回粵後任廣州市長，抗戰期間充閩粵贛邊區副總司令，上年病歿於台。還有一位巫琦，係第一期步科，民元，即任姚雨平軍副官長北伐，蓋革命老同志，抗戰前後，僅任廣東糧食、田賦處長，用非所學，韓漢英曾充軍校第四分校主任，及海南專員，今亦在台。此粵籍入台各同學之概略也。

發跡早與學養深者

學譽最優，發跡最早，當局倚畀甚深而惜其不壽者，莫如一期同學馮軼裴。馮原名寶楨，於同期年最幼，北伐時任十四師師長，民十九率二十三路軍與閻馮鏖戰於魯、汴之間，嗣移師皖北，令兼主皖政，堅辭不就，改任中央軍校高教班主任，旅領警衛軍軍長拱衛中樞，彼時軍人中得當局之信任殆無出其右者，惜於民二十以盲腸炎不治逝於南京。

以富於求知慾，於保定畢業後，復入北京大學攻讀者，得三人焉；一期葉卓南、王挺喬，六期李揚敬是也。葉不得志早歿，王亦僅任土地局長及高等法院長等職，惟李揚敬曾隨陳伯南任軍長、省府秘書長、廣州市長，及國大代表等職；前年病歿於九龍荃灣。

隨總理最久、信任最篤、矢志革命、終始不渝者，莫如趙超。趙字勇超，台山籍，一期騎科，為同盟會老會員，任大元帥府參軍，隨侍總理，動皆稱旬，為人氣宇軒昂，性情慷爽，自總理歿後，改任軍委會中將參議，近在港精研佛法，蓋未竟其用也。

軍人而學養湛深，且以書法名於港粵，當推少裴伍蕃。伍畢業保定一期，恂恂有儒者氣，曾任師長、參謀長、師管區司令、司令等職，陳伯南當政時，任總部軍務處長，事務殷繁，因應匪易，伍氏處之裕如也。近在九龍賃小樓一角，渡其恬澹生活，不改其樂也。

粵軍因黨與政治問題，每與南京有所隔閡；而能代表各軍，溝通內外，使能圓滑進行密合無間者，君毅鄧剛當為唯一之長才。鄧於劉紀文長南京市時，曾任公安、社會局長，故於首都情形最稱熟習；嗣任粵軍駐京辦公處長，直至抗日時最後撤退，往來於武漢、曲江、陪都之間，間關奔走，艱苦備嘗，其服務精神，有足多者。劇居九龍錦田辦一小規模農場以自活。

余與趙、伍、鄧三君相識遠在五十年前（宣統元二年間南京陸軍第四中學同班），相別又皆二、三十載，同在港九竟十年不相聞問，最近始得晤面，同學少年，皆垂垂老矣；顛越之情，滄桑之感，能無悵然。

特立獨行饒風趣者

同學中之特立獨行別饒風趣者，略舉數位以概其餘：

吳逸志，廣東潮屬豐順縣人，保定六期，富中西學識，嘗以戰略家自負。抗戰時任第九戰區參謀長，曾於長沙郊外合葬日軍陣亡屍體百餘具為一塚，題倭寇萬人塚以為「京觀」。又嘗利用嶽麓山形勢製為薛伯陵防線模型，以狀洞庭、鄱陽間敵我對壘之狀況。嗣因直接上書羅斯福總統獻議開闢亞洲第二戰場，以期先行結束中日戰事，為協助解決解洲戰事之張本；其獨紓廑籌，不為無見；惟以現職軍人，有所獻替，不呈之本國領袖，殊有未合；結果得一「革職留任」處分。此與抗戰時間福建同學陳孝威之所為，行動相似而性質不同，孝威嘗以所見貢獻於羅斯福、邱吉爾，亦嘗得其覆書贊佩，故有「台留燕趙悲歌地，室有羅邱問訊書」一聯以紀其事，上聯繫指鎮守泰寧事，下聯即指此；蓋其時孝威為無職之報人，與逸志迥不相侔也。現聞吳已由宋子文介往馬尼剌政府，計劃剿共軍事；為鄰邦借箸，可謂別開生面者。

有某君所寫之張競生，現悉張原名國威，大埔人，亦係廣東陸軍小學二期生，以習法文，故曾留學法國，一度任大埔縣長，其人其事，記之者多，茲不贅。

第四期有雲篤生者，曾充廣東兵站總監。感慨時局，看破紅塵，現在泰國剃度為僧。

軍人生活，動稱為「神仙龍虎狗」，此指勝負俄頃，變化無常，或醇酒婦人，或囚首喪面言之也。其實純謹之士，不以環境而轉移，瘋狂與自餒，皆未得其正也。一期有劉博者，規行矩步，在軍校教書，數十年如一日，月薪二百四十元，多方節約，必令其月有存儲，如是他比任何人先在廣州購地築有洋房一幢；此公似可代表一部分安份守己自求多福之人。歐陽新，字冠凡，三水人，第一期工科畢業，分發北洋第五師，旋任該師工營營長，工兵為獨立營，在當年北洋排斥學生之際而有此異數，則歐陽之品德純摯誠信感人，可以想見。民十回粵，曾任第三軍參謀長、第九師師長；抗戰時，任聯立大學軍訓總教官；勤儉過人，久而彌篤；現在港業建築，日必海浴一次，無間風雨寒暑；矍鑠哉是翁，吾人之典型也。

賫志以歿草木同腐

懷才不遇或遇非其時、或不得其壽者，亦大有其人：一期鄧以蟄，民初、蔣先生任第二支隊長時即為其參謀長，後任陳炯明軍務課長，陳敗鄧亦隨之，賫志以歿。蕭樾字越生，中山人，一期工科，以敦品勵學著稱；李白曾聘任為南寧軍校教育長，付以調育桂系幹部之實；受事後成績卓著，不幸短命死矣。馮次淇字少白，東莞人，辛亥即隨姚雨平北伐，抗戰期間任第四戰區總參議；李蟠，周演明皆小學四期，由鄧仲元介紹入黨，民元赴日，努力革命工作，後李任大元帥秘書，工書，歿於渝；周亦僅任僑委會處長及珠江航政局長等職；此皆早期從事革命者。謝瓊翰（鷹白）文采翩翩，僅任十一軍參謀長；周址（之礎）干城之選，僅充警衛軍旅長（馮軼裴死、無發展）。鄒洪雖見知於陳誠，而天不假年。至於鄧演存，以其弟演達而沉埋於大陸；溫克剛以其弟建剛而賫恨於荃灣；此又關於天倫之遺憾，而無可奈何者。演存、字競生，惠陽人，一期砲科畢業；為人端默寡言笑，與弟演達大異其趣，曾任漢陽、石井，琶江兵工廠長，現仍居廣州。克剛保定六期，善書，自其弟在滬出事，迄未任職，年前客死。此並屬於蠖屈未伸之列也。

升沉不同各得其位

至一般雖升沉或有不同，而皆各得其位，茲鱗次記之：

徐景唐字賡陶，小學五期入第一預備，曾於李濟琛任內充訓練副監，嗣回粵任綏靖副主任及軍長各職。

鄧龍光字劍泉，保定六期，曾任三十五集團軍總司令，抗戰時隸第五戰區，轉戰中原，能書。

王俊字達天，六期，曾任步兵專門學校教育長，軍訓部次長，第七戰區參謀長，立法委員。

張達字預達曾任陳部第二軍軍長為香翰屏後任，及綏靖副主任。

胡朝俊一期步科，曾任師管區司令，好為文，議論風生。

陳公俠，曾任軍長，早死。

簡作楨，小四，國大代，廣東兵站總監。

陳驥字湘衢，順德人，曾任師長，後充海南副總司令。

繆培南六期，曾任第四軍軍長，教導師師長，補給區司令。

陳伯南部參謀長，北伐時轉戰至魯東青島一帶。

林時清，旅長，憲兵司令廣東軍校教育長，現在美國。

李漢魂保定六期陳伯南時曾任東區綏靖主任，伯南下野時曾通電為「封劍掛印」之舉，以是一度與中央接近，嗣於李宗仁總統時任內政部長，現偕其夫人吳菊芳在美開飯館。

朱暉日曾任建設廳長公安局長省營產管理處長。

古鼎華九期暫二軍軍長。

華振中民廳長廣東綏靖部副參謀長。

陷身大陸為數尚多

李煜堃字少炎蕭組字組強皆一期工科，曾任綏靖區參謀長及軍校教官等職。

何犖字公卓保定一期，陳伯南時代，任廣州公安局長最久，好古玩前年歿於港。

利樹中曾任憲兵司令。曾強為陳伯南副官長。羅獻祥，陳翰譽，沈重熙，劉壯，馮焯勳，繆霖雨，鄧彥華……等皆各有相當職位不悉其詳。

最後我想淪陷在大陸者，為數尚多，此不獨廣東同學為然；不過實逼處此而淪陷，與甘心靠攏者，自有不同。茲舉王應榆為例：王為保定一期，性情孤僻，舉止嚴肅，雖步趨之間，亦不失為開正步姿勢，以此同學稱之為「精神大家」；畢業後曾到西北甘、新一帶，一度任民廳長，其人守正不阿，應無若何罪戾，但聞現在佛山，為共黨逼作清道伕。

至於靠攏各位，除陳真如、蔣光鼐，黃琪翔，為人所共知，毋庸多逑弘；姑再列舉幾位，以殿本篇。

吳可偉字梧生，保定六期，曾任第四軍軍長，靠攏後一無所得，數年前病故。

李章達，保定一期，為人孤怪，任廣東「人民政府副主席」前年病歿。

李朗如，一期，胡漢民任廣東都督時，曾任都督府副官長及廣九路局局長他是有名陳李濟老闆，可能為財產而靠攏，現充廣州「市政委員」。

我寫這篇稿，整整一夜沒有睡，現在眼花手顫肚皮餓，我發掘出一位特殊人物，報告給廣東同學，有意想不到之光榮；那就是現任共黨廣西省「人民政府主席」張雲逸，也是廣東陸軍小學第四期出身呢！這可與所謂「性學博士」張競生同出於牝牡驪黃之外了。

保定軍官學校滄桑史之十：童年往事、校裡風光

保定軍校校舍，是一簇坤卦形兩旁排比著數十幢平房的舊式建築；進大門當中一座校本部，名尚武堂；兩楹懸袁世凱一聯曰：

「尚父鷹揚，簡練揣摩傳一派；武侯經略，鞠躬盡瘁法千秋。」

我想凡想到保定軍校，就不免遊神於這副對聯；數十年來，究竟誰夠得上師尚父？誰做得了武鄉侯？再說誰是周文武？誰又是昭烈帝？緬懷這一派薪傳，千秋金鑑，似乎終覺有不足之感呢！

九續已來，幾乎寫成升官圖、履歷表；而又夾敘夾議，補苴篇幅，不成體裁；遺漏錯誤，顛倒重複，闕失尤多；最引為憾的，對於各戰役陣亡同學，無從調查，這其間如抗日、剿共、討逆諸役，官文書當有記載；至於辛亥、癸丑之國殤，軍閥起伏中之犧牲者；乃至獨立、抗命、火併、私鬥諸屬於「春秋無義戰」之役者，一旦介入，即有傷亡，此類餒而之宛魂，仍是喪元之勇士，其與草木同腐者，不知其凡幾也；甚望同學諸君裒輯而存之。

向李揚敬學長致歉

本文原底預備寫三兩節，現在寫至十節，未免拉雜餖飣，並且上一節所寫粵東同學，錯誤尤多，茲特於本節分別更正：

（一）關於上文所記同學王挺喬死於荃灣一節，語句誤植，茲將致李揚敬（欽甫）學長函，刊布如次：

欽甫學長惠鑒：多年睽別，至企聲華，仰止高風，彌殷嚮往。弟避地南來，瞬逾十載，自安孤陋，愧少交遊，教讀之餘，偶復賣文為活。近頃以《春秋》雜誌之囑，寫保定同人之匡略，竟於第七十一期王挺喬病歿荃灣之句誤植吾兄名下，昏瞀荒唐，罪該萬死！除以下期本文鄭重更正外，謹先耑函告罪。吾　兄學究人天，道窮縣解；達生達命，方死方生。儻亦恕其荒謬，而一笑置之耶。如蒙曲宥，容日當登門負荊，敬獻三多九如之頌，以贖一眚十死之愆。耑上敬叩

萬福。

伍蕃學長惠函補正

（二）關於第七十期本文所記陷身大陸各同學事，茲承伍蕃（少裴）學長來函補正，特將伍氏原函刊露於下：

昨接電教，囑向欽甫學長晉言，具見虛懷若谷，至深敬佩！原文除李揚敬兄外，仍有下列數人，如有更正時，並請注及，上期所刊「陷身大陸」段內：

（一）李煜堃，字少炎。前五年全家去南美。

（二）蕭組，字繼旃。現住港，常有往還。

（三）蕭祖強，中山人，字健行，一期。在大陸被中共殺害。

（四）何犖，字公卓。在海南撤退到臺灣，住台中。去年患半身不遂病。在臺調養中。

（五）利樹中，大陸陷落到港，寓太子道，辦瑞芳幼稚園。民四十六年在港病歿，該園尤其夫人續辦。

（六）曾強，在港，住黃大仙自建屋。

（七）羅獻祥，字次藜。住港李鄭屋村。

（八）陳翰譽，戰前在粵被害。
（九）沈重熙，字次雲。寓澳門。
（十）馮焯勳，字鶴蓀。現住紅磡黃埔街。
（十一）劉壯，字偉山。任前山中學校長，被中共害死。
（十二）繆霖雨，勝利後在粵病故。
（十三）鄧彥華，同上。
（十四）王應榆，字棻庭。東莞人。最近接函，知去冬被中共殺害。
諸希　察照，並候
時祉。

弟　伍蕃拜啟六月廿日

（三）作者覆伍少裴先生函，原文如次：

少裴學長兄：奉教至感關切，承列示錯誤十數則，惶愧異常！吾　兄久總軍樞，南中史乘，儔輩行藏，遐邇彌道，翔實可佩。謹將　尊函照載春秋下期，以當更正。欽甫學長處已另函告罪，一昨並於樂宮樓巧值，面致拳拳，知注並聞。

尊體想臻康復，容日當再趨談也。

耑復並頌

道祉。

地球末日妙想天開

關於所寫同學情形，既竭吾材，亦嫌苦悶；今當殺青，擬再補充一些童年往事，校裡風光，以作五十餘年前之反照與時代遞嬗之輪蹄，為湊齊篇帙，增益輕鬆，或不嫌其蛇足也。

我是由江蘇陸小與第四陸中升學的，故所知偏於南京方面，其他各省佚聞固多，不遑憶述也。現在舉世慄慄於飛彈戰爭，懼世界末日之來臨，不知距今五十一年前，我們已嘗試過一次地球末日；原來在前清宣統二年秋季，我們正在陸軍中學上學，歐洲天文家宣稱某日某時，彗星接近地球，可能將地球擊成虀粉，那將是地球末日；這時在校有兩期同學，合廣東、四川、福建、浙江、江西、江蘇約兩千人，大家皆篤信科學家之言論，屆期徹夜不肯入睡，或佇立樓頭，或散步操場，或徘徊徙倚，或圍坐成群，三三兩兩，棋布星羅，並皆凝望天空，等待非常之變；於時妙想天開，各抒奇論，有以為如將地球撞成千百個具體而微之小地球運行太空，吾人幸而擁有其一，大可作創世紀之鼻祖；有以為能送入別一行星或竟與彗星合為一體，未嘗非天人之妙境；更有以瞬息之間同歸於盡為快者；結果但見彗星曳尾於空中，光芒四射，竟莫予毒；意者尚有所待而毀滅耶？或尚待吾人之自為毀滅耶？

豚尾雖去假辮有價

初進陸小，約在光緒三十三年，大家腦袋後面，還拖著一條辮子，於是大家多自動剪辮子；其有少數未剪者，由好事之同學乘其熟睡，或於其獨行無備時，三兩人協力強制行之；並州一剪，煩惱三千，既去豚尾之譏，亦掃清廷之陋，誠快事也。但是那時清室認為剪辮子，就是革命黨，於是督撫將軍總辦（校長）監督（教育長）嚴厲查問，視為叛逆；不得已各人又做假辮子一條，敷衍公事；假辮子分兩種：一種自前額覆戴頭上，驟視之幾能亂真，需銀洋三元；另一種縫在軍帽後簷，頭頂沒有覆髮，約銀二元；這是校中理髮匠一筆可觀的收入，同時亦是學生意外之支出也。

清制各省軍要地點，設有駐防旗營，以將軍、都統管轄之；江蘇有江寧、京口（鎮江）兩駐防，每期陸小招生，他們例有定額約十餘名，這些學生成績最壞，但負有偵察漢人行動（革命與否）報告將軍之責，頗有今之特工之芻形，但是他們能力薄弱，為害尚淺；到了辛亥革命，漢籍同學採取報復手段，頗有遇害者；其中也有加上漢姓畢業保定服務軍隊者，大家都一視同仁，恩恩怨怨，亦只在辛亥之俄頃耳。

靜如處女動如脫兔

滿清末葉同盟會以在新軍與陸軍學校為最活躍，可是那種運動極其自然，大家皆本愛國熱誠踴躍加入，也無所謂職業學生，更沒有携帶武器、運用金錢在學校爭取會員興風作浪情事；只是結合同志待機行事，外面沒有發難時，還是安安穩穩，照常用功讀書，決無任何紛擾氣象。就南京學校方面說，那時主持同盟會的是任援道（原名任鉞，字亮才，後改今名），差不多都是由他介紹加盟的，到了辛亥、癸丑，大批人馬，全出於自動在南京、武漢、上海參加，在未有行動以前，幾曾有烏煙瘴氣、擾亂學校社會的事實呢！「靜如處女，動如脫兔」可以喻之。任氏擅長短句，其岳父蔣××為陽羨名詞家；當年南京朝陽門（今中山門）內有半山寺，女牆一角，修竹千竿，為同學息遊之所，任氏每於新竹之上鐫滿江紅新詞，振大漢天聲，同人輒多嚮往；今半山寺早夷為平地，緬懷舊跡，能無愴然。

徐固卿紹曾，為當年南洋第九鎮統制；徐本孝廉公，第九鎮又人才輩出，聲名鼎盛；以辛亥微有跼蹶，後卒不振；其弟紹桂，少子承燮、承晃，並先後寄籍江蘇陸小；承燮字理亭，後赴日留學，與予交最厚，癸丑同寓滬，日必至予寓圍棋消遣，夜深乃返，某日凌晨，忽接報喪單以暴疾卒，相別僅數小時耳；夫人為廣西提督蘇元春女，結褵方七月，有遺腹子，獸之慟，不忍睹也。承晃似在港，數月前輾轉見予，潦倒幾不復識，君子之澤，寧一世而斬耶？滄桑之感，夫復可盡述耶？盛衰之跡，亦足以概其餘矣。

武昌首義時充敢死隊記往

「好鐵不打釘，好男不當兵。」為中國以往普遍流行之諺語。然自甲午、庚子以後，割地賠款，朝野痛心，創建新軍，不遺餘力。一面廣設軍事學堂，其屬於軍官之補習者，則有：講武堂、將弁學堂。其年齡較長急於徵用者，則有：武備學堂、速成學堂。其逐級深造者，則有：陸小、陸中、軍官各學堂。

那時的軍隊，就長江方面言，則有：南洋第九鎮、湖北第八鎮（鎮即師），每鎮轄步兵兩協（旅），騎礮各一標（團），工兵輜重各一營，每協轄兩標，共一萬二千五百人。當時新建陸軍，在北洋六鎮及其他各省新軍中，南洋第九鎮獨享盛名，其間如趙聲、柏文蔚、林述慶等，人才輩出，所有應徵新兵，率多有志之士，秀才入伍，不足為奇投筆從戎，寖成風氣。士兵既多知識份子，故軍隊與學校之連繫，異常親切，儼然為革命之溫床。

初出茅廬的學生敢死隊

武漢起義，全國震動，南京為下游重鎮，所謂吳頭楚尾，息息相關。這時南京各校學生與第九鎮同志洶洶欲動。兩江總督張人駿本庸碌無能之輩，江寧將軍鐵良乃以迅雷不及掩耳之手段，亟收第九鎮彈藥，將該鎮調駐南京城外四十里之秣陵關，而以張勳之巡防軍入城填防，以防變生肘腋。

是時南京學生方面之黨務，以吾友任豁盦為主盟，果夫副之。武昌既首義，第九鎮復撤出秣陵關，陸軍四中及江蘇陸小各同志，皆有迫不及待之勢。遂祕密組織，尅日西上，及到達武昌之，正漢口吃緊之時，其時清軍統帥馮國璋，已進軍漢口劉家廟（按：劉家廟為漢口之外圍要衝），猛攻漢口，湖北軍政府即將南京同人編成學生敢死隊，為守禦漢口之中央隊。另以第八鎮之一部為左右翼。出發前，並由提督黎元洪、總司令黃興及胡瑛等分別訓話，無非激勵青年效命敢死等語。

我們隨即領了武器子彈，連夜過江，這時漢口歆生路和前後花樓一帶（按：歆生路與前後花樓，皆為漢口最繁盛之商業區），已無居民，街面還有好多死屍，我們初出校門，頭一次打仗，大家都還是十六至二十歲的青年，也不管司令官是誰？也沒有得到甚麼命令？也不知道陣線何在？就那麼糊裡糊塗，橫衝直撞，分別散開，揀那些空闊高樓，利用樓窗，對著北軍陣地，整日整夜胡亂的開起槍來，有些小同學，還沒有打過靶，頭一槍放出去，不懂得有後坐力，馬上怪叫起來，說他的右肩帶了花了（軍隊中謂中了彈謂之帶花），真是可笑亦復可憐！

我們這樣好似烏合之眾，而北軍卻是堂堂之陣。我們的步槍零零碎碎的射擊，北軍的機關槍就斷斷續續的回敬，有時敵人一小隊要衝進市區，我們就拚命射擊，到了晚上，我們離開屋宇，向敵陣擾亂，惹得他們槍礮齊鳴，如臨大敵，我們引為無上愉快！

又一次，同學黃伯樵（以後曾任兩路局長今已物故）等數人，徒手搶得敵人機槍　挺以歸，我們就用紅綠綢將他與槍彩排起來，歡呼踴躍，視為無上光榮！這些事回想起來，真叫「初生之犢不怕虎。」敵方也估不透我們有多少人，也不敢向街市前進，於是就派了多人帶了火種，到處放火，這一下漢口頓成火海，北軍更乘勢進攻，一時房屋的爆炸聲，槍礮的轟擊聲，流氓的劫掠聲，敵我的喊殺聲，交織成一片。我們的根據地——大樓起了火，我們的後方也沒有援兵沒有接濟來，也沒有命令要我們退卻。我們看看左右翼的隊伍也不見了，我們也就自動退卻回武昌去了。

我們退卻時，要經過歆生路，面對敵方一開濶地（那時還未建築房屋），北軍機槍不斷射擊，我們就利用其一瞬之間歇，躍進每於一電桿之後，以為掩護。我們浙江小同學王卓，就在此一役中彈陣亡，我們全部就此撤回武昌。進入漢陽門。這是初出茅廬第一章，大家就以球賽歸來的心情，到軍政府報告。敢死隊一幕，總算告一段落。

登上黃鶴樓臨江觀奇景

那幾天我們的職務在真空中，某夜，偕數同學登黃鶴樓，正當清秋氣爽，月色橫空。這時北軍已完全佔領漢口，隔江相持。砲戰不輟。我們看到漢口火勢，已由小而大，由散而聚，由平衍而衝霄，火頭之大者，計之有十三處，最大者為下游之煤油棧，風乘火勢，火映江紅，硝煙與黑燄齊飛，戰血共火光一色，此一景也。北軍砲彈，本可越江而過，然以袁項城故留地步，挾持清室，故每發均落紅心，彈鑽水中，立成深穴，水來補穴，激而上沖，瞬息之間，湧成水柱，水柱下散，回沫四飛，在月光掩映之下，瑩徹照人，綺媚萬狀，激而上者，如玉柱之擎天，散而下者，如葳蕤之冒地，萬流奔壑，一盤滾珠，彷彿似之，此又一景也。數十年來，余每登黃鶴樓，即想見此淒慘而美麗的風景，同時感覺到興亡得失之間，殆有兒戲出之而不可思議者，不禁感慨繫之！

話又說回來，讀者不要以為這樣革命，真同兒戲，要知道古今來手無寸鐵，揭竿起義者，裂裳為旗，耒耜為兵，驅饑民為士卒，以血肉膏虎狼者，其艱難混亂，更千百倍於此。黃花崗鎮南關皆此類也，這才算是革命。如果有了地盤，有了糧餉，可以訓練幹部，調兵遣將，那只能算是征討，算是發展，所以太史公大書特書曰：「始發難者陳涉也。」若陳涉乃真正革命的英雄，劉邦項籍亦不過善於投機，得風氣之先耳。自噲以下，不足論矣。

骸骨既無歸親屬亦無養

這一役前後共五日夜，參加的人名，我現在記不全了，所能憶及的，有：廣東同學何犖、王應榆、陳銘樞、李章達等；四川同學呂超、向傳義等；江西同學彭武揚、張國權、賴世璜等；福建同學李勉堂、張襄、劉垚等；浙江同學王卓、詹猛、杜偉、張燮等；江蘇同學任鍼（援道）、沈晁鑫（靖）、施自鳴、杳春浩、黃伯樵（國祥）、虞典書、翟紹祖、喬士釗、劉彝、臧卓等。

這在當時，全是以無名小卒的學生身分，奮勇參加的。國事一定，照舊回保定軍校當學生，真是天真無邪，不過陣亡了好幾位（連同爾後漢陽之役），骸骨無歸，親屬無養！在杭州西湖，看到一個柱形三合土碑，鐫有「烈士王卓詹蒙之碑」數字，還是後來同學任職浙府者所建立的。

記得南北統一後，袁項城曾設立一「稽勳局」，以老同志馮自由為督辦，也曾列表調查，結果，無疾而終。青年志士執戈奮起，絕無絲毫名利之心，不過對於死難之士，不聞不問，未免說不過去，伊古皆然，可為浩歎！

民卅七年，我入川重過漢皋，老友王右籛（曾隨吳祿禎在石家莊發難，後隨吳光新為段合肥奔走於孫傳芳王永泉間），出鄂人所著《武漢開國錄》一編示余，中對湖北學生之參加者，列舉無遺，尤其對後之顯貴者，更舖張揚厲，獨於南京大批人馬，隻字未及，殆亦「盡信書不如無書」之例也。

每天退五里充任督戰官

漢口既失，次一步驟，便是保守漢陽，反攻漢口。當時公推黃興為漢陽總司令，李書城為參謀長，總部設漢陽城外歸元寺，聘有日本顧問，尅日搭架漢口漢陽間襄河（即漢水）浮橋。並以兵力不足，由湖南調來湘軍王隆中一師，橋歷久始告成，湘軍亦遲遲方至，反攻之日（我沒有日記，事隔數十年，所有時日，大半記不清楚），受北軍火力壓迫，敵前強渡，當然難以完成。是役也，以月餘之準備，遠道之增援，辛苦之架橋作業，興師動眾，竟於一日之內，反攻失敗，黃克強身先士卒，墜入漢水，由侍從救起，僅以身免，幾不幸而為靈均之續，創業艱難，於此可見。

反攻既不成，馮國璋乃由襄水上游蔡甸方面側攻漢陽，於是我軍轉移正面，士氣益不振，每日退卻五里以為常，我們同學在這期間，大半受委為參副及臨時指揮官等職，因為準備時多，反攻時促，並無若何表現，到了天天背進的時候，就改任我們為督戰官，在陣線之後，制止軍隊之退卻。在退卻部隊，你如不讓他們退，他們就先來打死你，這一工作，既要吃敵人的子彈，又要吃同袍的子彈，可算是雙重危險。就在這一階段中，犧牲了不少位，詹猛也是這樣陣亡的，他同旁邊戰友一句話還沒有說完，子彈從腦殼進去，已經嗚呼了。我們後死者留了這條命，多混了幾十年，多做了些跑龍套，多受了許多罪，想起來倒不如在那一片赤心愍然無知的境界中死了，倒還乾淨。言念昔遊，能無慨然！

一身無長物台票與虱子

我們的軍隊天天退，退到歸元寺，就快到漢陽城西門了。總部乃下令撤回武昌，這座漢陽城北對龜山，因為風水的關係，沒有北門，只有東、西、南三門，而城門又已關閉，於是，由西而來的軍隊，均繞南城而東至江邊，輪渡又少，退兵又多，前臨大江，後有追兵，燈籠火把，叫囂震天，萬人爭渡，秩序大亂，船既不敢靠岸，人又爭欲先登，有泅水者，有跳船者，有滅頂者，有望洋興嘆罵不絕口者，「舟中之指可掬」之情況，蓋不過此。

余等自分萬難登輪，遂於黑夜中沿江向九狀洲方面西行，幸於蘆葦叢中覓一漁舟，頗意其為「蘆中人」也。時北軍砲火已達江中，舟及由上遊渡江而南，復沿南岸順流而下，昧爽，抵武昌漢陽曰，守兵謂非有都督護照，不准登岸。出示符號及總司令護照，皆不認可。亂時號令之不一，乃至於此！殊覺令人短氣。遂不作再入武昌之想，天大明，會有紅十字會人員過漢口租界，挈余等數人渡江，隨附太古輪之煤艙，各以三大銀元買得「黃魚」身分回滬。此時身無長物，只有台票數千（湖北發行之銅元票），虱子累萬而已。

抵滬後，已無王景略捫虱而談之雅興，第一件事，便是掃清戰場（沐浴），解甲歸田（解除內外披掛埋葬虱子也）。居無何，南京臨時政府成立，孫先生就總統職，黃克強任陸軍總長兼參謀總長，徐紹楨任衛戍總督，第九鎮已會同聯軍，光復金陵，改編番號，分賦任務。又成立學生軍，及陸軍第七師，各同學亦分在各軍事部門及學生軍與各軍隊任職，正是新邦肇造，氣象萬千。

師長濫殺人馬刀受刑慘

這一支學生軍，後來就送入北京清河陸軍第一預備學校轉入保定軍校，這且不談。單講這第七師，師長洪承點，字醒黃，揚州人。父曾為縣儒學，世家子也。英年駿發，相鏡俊偉，喜騎阿剌伯馬，軍服煌煌，英姿颯爽，黃克強倚為腸心之寄，所部第十四旅，由張勳部巡防營改編，駐紮南京城內三牌樓，多屬江西籍（張勳贛人）。

某夜，忽傳江西兵譁變，城之西北隅，到處亂開槍，肆行搶劫，洪乃派隊鎮懾，凡操江西口音之著軍服者，一律捉拿處死，有死於機槍者，有死於步槍、手槍者，有以馬刀斬首，這一夜被殺者不下數百人。天明，亂始定，洪之司令部，設於清之達官蒯光典住宅，前院羅列竹樹數十株，每樹背繫待斬者二人，並皆驚懼昏瞀，師部職官多為予之同學，是晚予適在該部坐談，以戒嚴路阻不得歸，門外殺人，門內作客，殊感不安。偶至院中閒步，見庭樹列械多人，中有著黑色學生裝者數名，與一般兵士服裝不同，因託而問之，則學生軍也。以係江西人，聞變出街張望，遂被逮，依次即將就斬矣，予亟白之軍法處長熊育衡，幸皆畨釋。甚矣，殺人之不可不慎也。

憶在漢陽時，據報北軍所用間諜，身上皆帶有一枚康熙青銅錢為記，於是鄉民之誤帶青銅錢者，概以間諜論斬。試問清末民間藏有是項銅錢尚多，寧無寃獄！且那時殺人，以子彈難於補充，多用新開口之馬刀，馬刀輕，頸骨難斷，兵士又多不習，每有斬至十餘刀，骨屑四飛，犯人絕痛。歷久頭始斷者。亦云慘矣！

漢陽府署有一老劊子手，虎頭猿臂，面如重棗，見其行刑時，用一大朴刀，方尺餘，自腦後平推，人頭已落地，血自頸腔上噴如柱，流地盈科，劊子手掬而飲之，頗覺輕而易舉。此以視受刑馬刀者，為幸多矣！

憶直奉戰時，在熱河平泉見刑一某司令，臨刑語執行者曰：「給咱們個痛快吧。」當年金聖嘆對行刑者有「好快刀」之傳說。即專制帝王於「凌遲」罪亦有「恩刀」之賜。蓋受刑者，固求減少痛苦而速死，施刑者亦應有最後之仁慈，執行者更宜具熟練之動作，所謂惻隱之心，哀矜勿喜也。今之殺人者，花樣翻新，視同兒戲，有所謂刀斬、椎擊、杖斃、水淹、坑埋、蛇咬、狗嚙各種死法，無奇不有，一若表現藝術者然。雖欲求槍斃而不可得，是則心同於豺虎，行淫於盜賊，是可忍孰不可忍，孟子曰：「不嗜殺人者能一之。」嗜殺如此，孰能一之耶？

上文所述的那一位大開殺戒出風頭的師長洪承點，於袁氏稱帝時，曾上表勸進，以此大不理於民黨，後夫婦俱染阿芙蓉癖，民廿五六年間，偶遇之於滬上，已鳩形鵠面，非復當年矣。

政局動盪下學生做嘍囉

南北統一後，以黃興為南京留守，我們到北京做了幾天小京官，又進學堂，在學不及一年，而癸丑二次革命又起，同學也有一部分參加，也有若干犧牲，最難堪者，上海方面自吳淞最後失敗，尚有流亡同學四十餘人，分文烏有，各領袖俱已出亡，毫無辦法。嗣在福州路嶺南樓集合商議，希望借到一筆旅費，再回學校，而不可得，未免令人痛心。

竊謂二次革命，在民黨最為失算，第一：因宋教仁之被刺，遂啟兵端，總覺揭翥不夠，有點小題大做。第二：辛亥以還，民黨都督，幾半天下，如果埋頭苦幹，生聚教訓，袁世凱亦不敢輕於下手。第三：如能保有江淮以南半壁江山，則袁氏不致稱帝。第四：以辛亥之輝煌基礎，進而消滅北洋派，總比後來廣東一隅之局面，事半功倍，政治成就，且可提前十餘年。總緣辛亥成功太易，遂致掉以輕心，所謂「其進銳者其退速」，對國家之損失，正不可以道里計也。

學生而遭遇到政局動盪，國事多難，多有不肯不加入之心情，而政治領袖，鼓動群眾，又必有爭取學生之趨勢。蓋領袖們最歡迎學生做嘍囉，學生亦甘心做嘍囉而不自覺。但政治之理論不同，而領袖之主張亦各異，水能載舟，亦能覆舟，今曰之擁護我崇拜我者，明日或且去而之他，非必見異思遷也。蓋亦「戲法人人會變，各有巧妙不同」耳。吾老矣，吾為此懼，故略寫學生時代之經歷，敢以質之今後之學生。

曹錕由賄選登台到被囚延慶樓

講到中華民國開國後的一篇爛賬，自然要先談談北洋政府，同時也得品章品章他們的領袖人物；而這些人物中，最平凡、最愚蠢、下台最窩囊的，要算關在延慶樓做階下囚的總統曹錕！

北洋政府的七位元首

北洋政府的元首，截至北伐完成為止，計有袁世凱、黎元洪、馮國璋、徐世昌、曹錕、段祺瑞、張作霖等七人。因為大家都是弄法擅權，名號不一，故袁、黎、馮、徐、曹五人皆稱總統；段則為臨時執政；張為大元帥。其中袁世凱雄才大略，當時既得中山先生之推讓，復得臨時參議院之選舉，重以北洋舊勢力之維護，千載一時，本是有為之局；惜以帝制叛國，憂憤而亡。黎元洪本屬孱主，與北洋素無淵源，以辛亥首義之功，時勢造英雄，一躍而為副總統。袁死黎繼，正位北都，一逼於段，挾印出走，再擁於直，繼徐復職，且曾拜受袁氏「武義親王」之封號，議者頗有微辭。馮國璋原係直系領袖，當選黎任之副總統，再襲黎任期而為總統，存在於直、皖兩系夾縫之中，周旋於當時府、院交訌之局。未幾，遂由段祺瑞所召集之新國會另行選舉徐世昌為總統。徐本滿清巧宦，昔受卵翼於袁，今被擁立於段，趙孟所貴，齮齕遂多，結果挑起皖直之戰；直系既獲全勝，遂亦無愛於徐，乃有恢復法統，擁黎元洪復位之舉；蓋一面藉黎以去徐、一面則又利用黎氏未滿任期之短促，再去黎而擁曹錕，亦非直系真有愛於黎元洪也。曹錕費盡九牛二虎之力贏得「賄選總統」之名以登台。民十三，第二次直奉戰展開，馮玉祥倒戈，直軍大敗，曹錕被囚於延慶樓。段氏久秉國鈞，初則薄總統而不為，跋前疐後，已成強弩之末；在位僅一載餘，終由張作霖以「大元帥」名義，作末代元首，結北洋之局。以上情形，為國民政府未統一之前，北洋政府「世系」之大概情形也。

信任吳佩孚推心置腹

若論北府諸首長：徐黎元洪擁自民軍，雖無治國之才，尚有「菩薩」之號；自餘如袁，雖翊贊共和，而為德不卒，如段雖號稱「三造共和」，而武力統一，迷夢難成，剛愎自用，終肇分裂；馮國璋一焚漢上，再奪金陵，於北為功，於南為罪；自鄶以下，舉屬一丘之貉，蓋無一而非非法者。筆者嘗思：既然大家都為非法，而當時輿論何獨對於曹錕，則大張撻伐，始之以孫段張三角同盟，繼之以奉直大戰，戰勝打倒之不足，而又囚禁之，一若「桀紂之不善，天下之惡皆歸之」者。此中原委，可得而言：

曹錕，字仲珊，天津塘沽人。少時為布販，往來山西歸綏間營運為生。後投軍，挑選入天津武備學堂（軍界習稱「老武備」），由下級官起家，清末在袁世凱所練之新軍北洋六鎮中，已洊升至第三鎮統制。入民國後，以第三師番號助袁征湘征川。迨民八、九年，已任直隸（今河北省）督軍兼直魯豫巡閱使，駐節保定之蓮池書院。冠蓋往來，代表絡繹，駸駸乎已繼馮國璋為直系領袖，而與段祺瑞之皖系相抗衡矣。

曹錕為人庸愚鄙俗，在北洋資格，雖僅次於段（祺瑞）馮（國璋），論其才能氣魄，本不足以當直系之領袖；其能捭闔運用，遙壯聲威，實賴吳佩孚為之主持策劃。吳為曹之次一級直屬將領，自接統其基本部隊第三師駐軍湖南衡陽以來，在南北兩軍對壘中，溝通民黨，通電主和，終且撤兵北上，釀成皖直之戰；雖啟北洋分裂之端，實乃直系稱雄之始；自此曹吳之直系，一戰勝皖，再戰勝奉（第一次奉直戰），吳乃以巡閱副使駐節洛陽；保（定）洛（陽）之間，遙為聲援。吳既擁戴一尊，無功高震主之嫌；曹亦信任不貳，有推心置腹之雅。各省既雲合景從，中樞更仰承鼻息，民十至十二之間，蓋曹吳極盛時也。時人曾為聯諷之曰：「一代顓愚歸保定；八方風雨會中州。」其形容曹之坐擁，吳之威勢，頗有似處。

貽羞中外的公開賄選

當民國七年十月，馮國璋繼黎元洪任總統之任期屆滿時，安福系所召集之新國會選舉徐世昌為總統，當時曹錕即躍躍欲試，圖染指於副總統一席。安福系及新交通系（曹汝霖為首腦）議員既已贊同，惟以舊交通系（梁士詒為首腦）研究系議員，以總統既屬北方人，副總統應留給南方人，為爾後南北議和張本，理由正大，雖以爭持，以故曹的副總統之夢，未能做成。迨至民十二，時移世變，已為直系之天下，故曹氏回憶五年前求為副總統而不可得者，今則矢為大總統而志在必得焉。

選舉總統，必於國會行之，民初之參眾兩院，自民六解散後，至民十一始又恢復；中間經過新國會之庖代，非常會議之播遷，與夫兩院議員（共八百人，時稱八百羅漢）之支離流散；這班議員老爺們，不獨對人民失去代表作用，即其本身亦不復具有信心；此時因曹錕欲圓總統之夢，重行召集，而議員們或千呼萬喚，高自標致；或久蟄思動，受寵若驚；或高談制憲，反對大選；或拜金墮節，如蟻附羶。是時也，真是光怪陸離，不可具象。但在直系，初非有愛於法統，不過要利用此機構，以達到選舉曹錕之目的。於是，一面發動倒閣（王寵惠、張紹曾兩內閣，均由眾議院議長吳景濂發縱打倒），以造成政府真空；一面嗾使軍警索餉，繼之以逼宮奪印，迫令黎元洪去位，以製造大選機會；又一面對議員們拉攏結合、金錢誘惑，冀達到三分之二之法定人數，以完成大選手續。於是哄動南北、貽羞中外之「賄選」問題，成為舉世攻擊、聲罪致討的一大公案。

賄選的手法五光十色

當時運用賄選之手法，五光十色，左右逢源，亦各極其妙，予以分析，約得多種：

（一）賄選票價，硬性規定：「凡於總統選舉會投票選舉曹錕為總統者，每人致送五千元。」（事實上尚有少數死硬派，臨時加價一二千元者。）

（二）眾議院議長吳景濂（混名吳大頭，東北人）於醞釀國會復會聲中，見廣東事無可為，即率領一部分南下護法之國會議員，由粵遵海北上，與直系接洽，包辦大部分選舉。

（三）參議院議長王家襄，素與吳佩孚接近，雖主張先行制憲，但以吳之關係，亦拉攏一部分議員投票。

（四）還有許多游離份子，包括國民黨籍、進步黨籍，及其他各政團，或無所屬者，既嫉吳大頭之包辦，又不甘坐失機緣，於是，紛紛向直系要求設立招待所，或結合五、六人，或報稱十數人，領取津貼，以事招徠。一時某某俱樂部、某某別墅、某盧、某社，風起雲湧，名目繁多；其中一榻烏煙，八圈麻雀，箋花侑酒，滿室生春，阿堵傳神，皆大歡喜；真是無美不備，無醜不臻；至於招受待者之有無多寡，固不計也。

（五）另有一批外含羞惡之心，內隱苞苴之欲，扭扭捏捏，半推半就者；或係真正死硬派不屈不撓避之若浼者，則由交通總長吳毓麟、司法總長程克等善為說辭，另由直隸督軍王承斌、警察總監薛之珩加以威脅；於是游離者既得遮羞而就範，堅決者亦因壓迫而難逃。如是文武並用，軟硬兼施，舉凡在北京之議員，不難盡入彀中矣。此直系賄買議員選舉曹錕之大致情形也。

既有賄選又有賄不選

同時，反曹派方面，為欲分化議員，使不足法定人數，使曹錕選不成總統，於是，亦訂出收買議員價格：「凡不赴北京投票之議員，每人致送三千元。」有些議員認為雖少得二千元，尚保有反對賄選之名，是得賄而仍不失為廉潔也。有人又認為同一賄也，與其少得，不如多得。結果，擁曹錕上台者仍佔多數。所以當時有「賄選」與「賄不選」之說，誠屬滑稽之至。聞「賄不選」方面，在天津由奉張（奉軍張作霖）派人主持；在上海由浙盧（浙督盧永祥）派人主持；其所送之三千元，必待至北京舉行選舉之前夕，始予發給；蓋死受此輩之紿，得款後仍復赴京選曹，兩面拿錢也。堂堂代議士，不能取信於人，一至於此；廉恥道喪，人格破產，不劇可哀耶！

民十二年十月×日上午九時，開總統選舉會，曹錕當選為總統，隨於雙十節就職（按：袁世凱於民國二年，就兩院選舉之第一任大總統，為雙十節。此後徐世昌、曹錕皆在雙十節，蓋以此日為任期開始之日。惟黎元洪以副總統繼袁任，馮國璋以黎出走繼任，皆不在雙十節就職）。這一幕賄選之局，總算順利完成；曹氏亦步入新華宮，大過其總統癮。事後有浙籍議員郡次公者，到滬以所得之五千元賄賂支票在報紙上製版公開發表。蓋邵氏僅接受其支票，既不選曹，亦不兌款，只以之公諸於世，以作曹氏賄選之罪證；是亦賄選尾聲中別開生面之一插曲。

曹錕之賄選既成，各方倒直系之進行益烈，千夫所指，十目所視；口誅牛伐，幾成為舉世共同之目標。其實，賄選之名，雖始於曹錕，而賄選之實，早見於世凱；後且一直隱現於名目不同之各項選舉中；只緣手法高明，司空見慣，亦遂熟視無睹，成為見怪不怪之當然途徑！試問何嘗有人檢舉之耶？諸凡選舉中有所謂招待費、津貼、程儀，祕密費，及競選拉票所用之黑市費；支票送來，青蚨笑納，黑來黑去，予取予求，無一不可名之曰「賄」。仍至一般選民：下焉者喫一碗麵，中焉者喫一枱酒，上焉者或交換條件，或討價還價。烰瘴瀰漫，何黑匪烏？豈真所謂「戲法人人會變，各有巧妙不同」耶！

倒直系之近因，雖假名於賄選；而其遠因，多起源於恩怨。茲為分析言之：

推倒曹吳的恩恩怨怨

（一）吳佩孚自衡陽撤兵，引起皖直之戰；北洋分裂，實始於吳。當時段氏以邊防軍（即段所組之第一次大戰參戰軍）為西路，徐樹錚之奉軍為東路，夾攻保定；使非皖系將領段芝貴、曲同豐失律喪師，萬無敗理；曹、吳徼倖獲勝，段亦覺此恨綿綿。津門悒悒，蓋無日不在謀直之中。故以坐鎮浙杭之盧永祥，與淞滬護軍使何豐林、福建軍務督辦王永泉、廈門總司令臧致平，打成一片，屹立東南。在東北又與奉張首尾相應，為待機倒直之重點布署。

（二）第一次奉直之戰，奉張敗退關外，無日不存勾踐沼吳之心，故以楊宇霆策軍事、振兵工；姜登選、韓麟春練新兵、作士氣；軍事人才，則有日本士官、保定軍官、東北講武堂等一班英武之士，上下相承；尤能結合孫（中山）段（祺瑞），連洽閩浙，分化馮曹（馮玉祥與曹吳之關係詳見後文）。故能一戰而雪前恥；非若直系之乘勝而驕，以為天下莫予毒也。

（三）吳佩孚利用和南，仍得北顧。迨一戰勝皖，虎視洛陽，驕狂自大，剛愎不亞於段祺瑞，而又結合民黨叛徒陳炯明，高倡聯省自治，所謂「衡陽歸鴈一封書」，早已置之腦後；中山先生寧能無動於中！孫段張三角同盟之形成，有由來矣。

（四）馮玉祥在馮國璋任總統時，以一旅長在武穴獨立，後隨陳宧入川，幾經艱阻，於直皖戰後，隸直系屢立功績，得繼閻相文督陝，對曹吳本甚恭順；迨直奉第一次戰機愈迫，及移督河南，為直系鞏固後防，俾直軍向東北推進；是馮於直系，尚有效命之誠；戰事勝利，吳在洛陽頤指氣使，一切政令，每每與馮相齟齬，自非馮之所能堪。由是怨望叢生，遂辭豫督，吳以張福來繼之；此馮之不滿者一。馮離豫北調，初尚許以熱察綏巡閱使，嗣僅畀以陸軍檢閱使之虛名，此其不滿者二。對於黎元洪之逼官奪印，促使下野，馮仍力為之，及曹氏大選成功，於馮並無賞功實任之舉，此馮不滿者三。馮部軍餉，與直軍嫡系部隊，顯分厚薄，而領餉時又須打很大折扣，此馮之不滿者四。曹錕左右，為群小包圍，馮對曹瑛（錕之弟）、李彥青尤為痛恨。彥青本保定澡堂（浴室）擦背小廝，錕初任統帶（相當於團長職）時駐軍保定，見彥青明媚動人，白皙可愛，遽動龍陽之念，收為隨從，數十年來，寵愛不衰；任總統後，委為總統府收支處長，兼軍務廳長，掌軍政大權；軍餉出納，任意低昂，雖總統手諭，不之顧也。某次，馮以軍需屢領欠餉，不得要領，遂親自到京（時馮在張北）謁曹，請得餉銀二十萬手令，轉而持令見彥青，馮為人深沉不露，又素悉彥青為人，入彥青之室先為之立正敬禮，口稱廳長，彥青倨坐如故，僅優禮讓馮坐，馮就拿出西北軍那一套說：「廳長面前，沒有我馮玉祥坐的。」彥青果然大樂，但是餉銀還只領到半數（十萬），馮焉能不恨呢？此馮之不滿者五。（按：這一段故事，是直系某閣員親口告知我的，是千真萬確的事。所以在二次直奉戰，馮玉祥倒戈，揮軍入北京，首先派隊捉拿李彥青，綁赴天橋槍斃，當軍隊到李住宅時，彥青尚擁妾高臥也。）這是馮在二次直奉戰時倒戈入京之遠因，也是奉張所以能將馮收買的道理。

堂堂總統被囚延慶樓

寫到這裡，就要將第二次直奉戰簡單講一下，好闌入本題，說明這一位作階下囚的總統：

二次直奉戰，奉軍本無勝利把握，只因吳佩孚虛驕過甚，不善用兵，又未能默察馮玉祥之心理，竟將直軍精銳，全部用於右翼，而以馮為第三軍總司令，擔任左翼；一日之內，計下十道命令，討伐奉張。在吳以為由京奉鐵路線（後稱北寧路）用重兵出山海關，可以氣吞東北；而馮所擔任之左翼，則為內蒙、熱河荒漠之野，馮決難顯身手；待吳直搗奉天（今瀋陽），大唱凱歌時，意馮且瞠乎其後。初不料馮之部隊，未至密雲縣，即不前進；其先頭部隊，僅及承德以北之建平，即行撤回。至十月二十三日清晨二時，在全城夢寐中，馮之大軍銜枚入京，包圍總統府，逼使曹錕下令停戰。計自民十三年九月十八日下令討奉，至此僅三十五日，即全盤失敗，實乃馮玉祥倒戈之故也。

至十一月二日，曹錕即宣告退職。三日，吳佩孚率部退於塘沽，經海道南下，託庇於岳陽，在北京之曹錕則被囚居於延慶樓。此時段祺瑞、張作霖，俱未入京，一切均馮玉祥主之。後來段祺瑞被推為臨時執政，派執政府衛兵第一團團長武九清率部在延慶樓監視曹錕，雖有異於普通囚徒之鐵窗風味，然以總統之尊，絀體受辱，失去自由，回視一載前之賄選盛況，誠復堪笑堪憐矣！

死後得褒揚庸人之報

此後東北、西北又有離貳，段執政在兩大之間，尋亦下野；曹錕未幾亦恢復自由（日期已記憶不清），先寓北京城內西四牌樓之羊市大街，後回天津本宅，亦即所謂天津曹家花園，因為當年曹有三位夫人，就建築成品字式三座大樓，真是庸俗之至。曹氏性本忠厚而又懦弱，以至帷簿不修，天津人士類能道之。喜寫一筆虎，分贈所部，這是不學而學之舊式軍人唯一露臉的一手。下台後威勢頓失，並聞在家庭亦無財政權，無聊時每到天津國民飯店打小牌，身中只得番餅兩枚，夫人不許多帶錢耳。

抗戰末期，曹病歿於天津；以與日寇未有瓜蔓，重慶國民政府曾發明令褒揚其忠貞，是亦庸人之報也。

外史氏曰：曹錕起自輿臺，厠身軍旅，富貴逼人，欠蹐方面；尤復妄想問鼎，賄選貽譏，群小構兇，閨幃失德，家之不齊，國於何有！吳佩孚曾讀詩書，夙為楨榦，自應善親君側，匡之以道。責備賢者，能無遺憾。故友劉鐵珊將軍（即北伐時守武昌城之吳部師長劉玉春）曩曾告余曰：「日者吳至帥自川歸京，余率所部武昌共戰守之參謀長、旅團長六七人往謁，彼曾無一語相慰藉，默坐久之，卒然問曰：『你們大家讀過易經嗎？』眾皆惘然無以對；余為之缺然，不知更以何言對我之欠共患難之部將也！」云云。劉返津門，鬱鬱不樂，疽發背而死。是吳於忠勇不二之劉鐵珊，且不能將！更何有於馮玉祥耶！甚矣！名實之難副也。

Do人物52　PC0530

臧卓回憶錄

──蔣介石、張學良與北洋軍閥

原　　著／臧　卓
主　　編／蔡登山
責任編輯／辛秉學
圖文排版／周政緯
封面設計／楊廣榕

出版策劃／獨立作家
發 行 人／宋政坤
法律顧問／毛國樑　律師
製作發行／秀威資訊科技股份有限公司
地址：114 台北市內湖區瑞光路76巷65號1樓
電話：+886-2-2796-3638　傳真：+886-2-2796-1377
服務信箱：service@showwe.com.tw
展售門市／國家書店【松江門市】
地址：104 台北市中山區松江路209號1樓
電話：+886-2-2518-0207　傳真：+886-2-2518-0778
網路訂購／秀威網路書店：https://store.showwe.tw
國家網路書店：https://www.govbooks.com.tw

出版日期／2015年11月　BOD一版　**定價**／520元

|獨立|作家|
Independent Author
寫自己的故事，唱自己的歌

臧卓回憶錄：蔣介石、張學良與北洋軍閥 / 臧卓
原著；蔡登山主編. -- 一版. -- 臺北市：獨
立作家, 2015.11
面；　公分. -- (Do人物；52)
BOD版
ISBN 978-986-92127-7-9(平裝)

1. 民國史

628　　104017547

國家圖書館出版品預行編目

讀者回函卡

感謝您購買本書，為提升服務品質，請填妥以下資料，將讀者回函卡直接寄回或傳真本公司，收到您的寶貴意見後，我們會收藏記錄及檢討，謝謝！如您需要了解本公司最新出版書目、購書優惠或企劃活動，歡迎您上網查詢或下載相關資料：http:// www.showwe.com.tw

您購買的書名：________________________________

出生日期：________年________月________日

學歷：□高中（含）以下　□大專　□研究所（含）以上

職業：□製造業　□金融業　□資訊業　□軍警　□傳播業　□自由業

□服務業　□公務員　□教職　□學生　□家管　□其它_____

購書地點：□網路書店　□實體書店　□書展　□郵購　□贈閱　□其他

您從何得知本書的消息？

□網路書店　□實體書店　□網路搜尋　□電子報　□書訊　□雜誌

□傳播媒體　□親友推薦　□網站推薦　□部落格　□其他__________

您對本書的評價：（請填代號　1.非常滿意　2.滿意　3.尚可　4.再改進）

封面設計____　版面編排____　內容____　文／譯筆____　價格____

讀完書後您覺得：

□很有收穫　□有收穫　□收穫不多　□沒收穫

對我們的建議：________________________________

____

____

____

請貼
郵票

11466
台北市內湖區瑞光路76巷65號1樓

獨立作家讀者服務部　　收

（請沿線對折寄回，謝謝！）

姓　　名：________________　年齡：________　性別：□女　□男

郵遞區號：□□□□□

地　　址：________________________________

聯絡電話：(日)________________　(夜)________________

E-mail：________________________________